Sociologie économique

Chez le même éditeur

Collection U

M. Abélès	*Anthropologie de l'État*, 1990.
N. Bonneuil	*Introduction à la modélisation démographique*, 1997.
P. Bréchon *et al.*	*Les valeurs des Français*, 2000.
A. Degenne, M. Forsé	*Les Réseaux sociaux*, 1994.
W. Doise, J.-C. Deschamps, G. Mugny	*Psychologie sociale expérimentale*, 1997, 3e édition, 2e tirage.
C. Dubar	*La Socialisation*, 2000, 3e édition.
C. Dubar, P. Tripier	*Sociologie des professions*, 1998.
M. Duru-Bellat, A. Henriot-Van Zanten	*Sociologie de l'école*, 1995, 4e tirage.
J. Étienne, H. Mendras	*Les grands Thèmes de la sociologie par les grands sociologues*, 1999.
O. Galland	*Sociologie de la jeunesse*, 1997, 2e édition.
R. Ghiglione, B. Matalon	*Les Enquêtes sociologiques*, 1995, 5e édition.
R. Ghiglione, J.-L. Beauvois, C. Chabrol, A. Trognon	*Manuel d'analyse de contenu*, 1990, 3e tirage.
C. Javeau	*Leçons de sociologie*, 1997, 2e édition.
B. Kayser	*La Renaissance rurale*, 1990.
J. Lazar	*Sociologie de la communication de masse*, 1991.
Y. Lemel	*Stratification et mobilité sociale*, 1991.
P. Mann	*L'Action collective*, 1991.
H. Mendras	*Éléments de sociologie*, 2001, 5e édition.
H. Mendras	*Éléments de sociologie – Textes* (U2), 3e édition, 2e tirage.
H. Mendras, M. Verret	*Les Champs de la sociologie française*, 1988.
H. Mendras, M. Forsé	*Le Changement social*, 1991, 3e tirage.
R.K. Merton	*Éléments de théorie et de méthode sociologique*, 1997.
A. Ogien	*Sociologie de la déviance*, 1995.
A. Percheron	*La Socialisation politique*, 1993.
P. Rabardel	*Les Hommes et les technologies*, 1995.
J.-D. Reynaud	*Les Règles du jeu*, 1997, 3e édition.
M. Segalen	*Sociologie de la famille*, 2000, 5e édition.
M. Segalen *et al.*	*Ethnologie – Concepts et aires culturelles*, 2001.
D. Segrestin	*Sociologie de l'entreprise*, 1996, 2e édition.
D. Vinck	*Sociologie des sciences*, 1995.

Collection Cursus

L. Albarello *et al.*	*Pratiques et méthodes de recherche en sciences sociales*, 1995.
G. Delannoi	*Sociologie de la nation*, 1999.
R. Deliège	*Anthropologie de la parenté*, 1996.
G. Ferréol *et al.*	*Dictionnaire de sociologie*, 1995, 2e tirage.
G. Ferréol *et al.*	*Histoire de la pensée sociologique*, 1994, 2e tirage.
G. Gaillard	*Dictionnaire des ethnologues et des anthropologues*, 1997.
J. Guibert, G. Jumel	*Méthodes et techniques pour travaux de terrain en sciences humaines et sociales*, 1997.
P. Guillot	*Introduction à la sociologie politique*, 1998.
J. Lohisse	*Les Systèmes de communication*, 1998.
J. Lombard	*Introduction à l'ethnologie*, 1994, 2e tirage.
G. Ferréol, J.-P. Noreck	*Introduction à la sociologie*, 2000, 5e édition.
R. Pottier, O. Leservoisier	*Les Notions clés de l'ethnologie*, 2000, 2e édition.
A. Raulin	*Anthropologie urbaine*, 2001.
C. Rivière	*Socio-anthropologie des religions*, 1997.
C. Rivière	*Anthropologie politique*, 2000.
J.-M. Seca	*Les Représentations sociales*, 2001.

Carlo Trigilia

Sociologie économique

État, marché et société dans le capitalisme moderne

Traduit de l'italien par Catherine Drubigny
Révisé par Marco Oberti

ARMAND COLIN

COLLECTION U • SOCIOLOGIE

fondée par Henri Mendras,
dirigée par Patrick Le Galès et Marco Oberti

Cet ouvrage est publié avec le concours
de l'Observatoire Français des Conjonctures Économiques (OFCE).

ISBN 2-200-25278-1
Internet : http://www.armand-colin.com

ARMAND COLIN ÉDITEUR • 21, RUE DU MONTPARNASSE • 75006 PARIS

Sommaire

Préface

Sociologie économique : État, marché et société dans le capitalisme moderne

par Marco Oberti

L'IMPORTANCE DU CONTEXTE ITALIEN ET DE LA SPHÈRE INTELLECTUELLE ANGLO-SAXONNE

Comme beaucoup d'autres sociologues italiens, Carlo Trigilia est relativement méconnu en France. Ses premiers travaux publiés dans les années 1970 portaient sur l'évolution de la structure de classes en lien avec la question du développement capitaliste en Italie. Il fait alors partie d'un courant de pensée d'orientation néo-marxiste qui, à la suite de Alessandro Pizzorno et Massimo Paci, analyse les dimensions structurelles, territoriales puis politiques du capitalisme italien alors en plein essor. C'est dans ce cadre qu'il va au début des années 1980, avec Arnaldo Bagnasco, s'intéresser tout particulièrement aux régions des petites et moyennes entreprises de l'Italie nord-orientale et centrale, et montrer la spécificité de la régulation politique locale dans ce type de développement économique. Ce souci de comprendre la diversité socio-territoriale de l'Italie l'amène ensuite à travailler sur le Mezzogiorno dont il montre non seulement la particularité par rapport aux régions de grande industrie du Nord et aux régions des districts industriels mais aussi la diversité interne selon les modes de développement économique, le type d'intervention de l'État et la présence d'une économie criminelle. Cette expérience de recherche a été déterminante pour saisir à quel point les régulations sociales, institutionnelles et politiques étaient fondamentales pour comprendre les dynamiques de développement économique. Le cas de la troisième Italie constituait, de ce point de vue, un cas idéal-typique de construction sociale du marché et d'émergence d'un type spécifique de capitalisme (l'économie diffuse) à une échelle territoriale plus réduite que celle de l'État-nation.

Carlo Trigilia est aujourd'hui considéré en Italie comme l'un des principaux sociologues du développement économique et participe à des recherches comparatives européennes sur les formes institutionnelles qui accompagnent l'économie de marché. Les dimensions territoriales et institutionnelles au sens large sont au cœur de ses travaux en sociologie économique.

Ce parcours explique en partie pourquoi la référence à la sociologie et à la société françaises est peu présente. Du point de vue de la problématique, le thème des districts industriels et celui des sub-cultures politiques associées à ces territoires n'ont jamais été centraux dans la sociologie économique française alors que la « spécialisation flexible » fondée sur la petite entreprise faisait déjà l'objet de travaux américains (Piore et Sabel). Ce n'est qu'au début des années 1990 que ces travaux italiens ont été traduits et discutés en France. Trigilia est donc parti d'une problématique de recherche très italienne sur le développement économique où les questions du territoire et de l'État prennent une forme bien particulière, avec des préoccupations qui n'étaient pas vraiment celles des sociologues et des politologues français. C'est particulièrement évident pour la question de l'État où l'auteur exprime une certaine méfiance, si courante en Italie. Il insiste cependant non seulement sur sa nécessaire action pour dynamiser et valoriser les ressources susceptibles de servir le développement économique, mais aussi pour atténuer les conflits sociaux et produire du consensus social. Cette insistance sur le rôle de « contrôle » de la société au service du développement économique au détriment d'autres aspects de l'État peut surprendre des lecteurs français. La problématique de la gestion collective des risques sociaux, de l'intégration et de la citoyenneté liée aux effets économiques, si centrale dans les travaux français sur l'État, est en effet très peu traitée.

De plus, par sa formation et son parcours universitaire, Trigilia s'est davantage intéressé aux travaux allemands et anglo-saxons, et séjournera au cours des années 1990 à Harvard et au MIT. Ses principales références théoriques ainsi que les expériences concrètes de développement du capitalisme sur lesquels il s'appuie, surtout dans la deuxième partie de l'ouvrage et tout particulièrement dans les chapitres portant sur la nouvelle *Political Economy*, le néo-corporatisme et la crise du fordisme, sont donc, outre celles italiennes, celles américaines, britanniques, hollandaises, allemandes, autrichiennes ou encore scandinaves[1].

LES CLASSIQUES DE LA SOCIOLOGIE DU CAPITALISME ET LA *POLITICAL ECONOMY* COMPARÉE

Cette traduction française est une version réduite et révisée du livre de Carlo Trigilia, *Sociologia economica, Stato, mercato e società nel capitalismo moderno*, publié chez Il Mulino en 1998. La version originale, presque deux fois plus

1 Une note bibliographique complémentaire située à la fin de l'ouvrage indique brièvement les principales thématiques et références françaises dans le champ de la sociologie économique. Dans le cas français, le cheminement de ce champ durant les vingt dernières années apparaît assez spécifique eu égard au développement du champ au niveau international. Tout un courant de la sociologie française s'est par exemple intéressé, de différentes manières, aux conséquences sociales de la restructuration du capitalisme et de l'État-providence. Les questions de précarité et d'exclusion au sens large ont donné lieu à d'importants travaux empiriques et théoriques qui ne sont pas pris en compte ici.

longue, accorde une plus large place au passage de l'économie néo-classique à la sociologie économique dans le cadre de la critique de Marx et de l'historicisme allemand. De même, les parties consacrées aux grands auteurs sont plus courtes dans la version française. En revanche, La réduction du texte est moins importante dans la deuxième partie consacrée au développement plus contemporain du champ et à la présentation de la *political economy* comparée[2].

Malgré une réduction du texte original, l'apport de la traduction en français du livre de Carlo Trigilia nous semble fondamental. Non seulement, il permet d'enrichir la gamme des manuels de sociologie économique accordant une large place à l'histoire de la discipline ; mais il propose enfin une synthèse d'un courant d'analyse assez peu connu en France, la *political economy* comparée.

Concernant le premier point, trois ouvrages étaient jusqu'alors disponibles en langue française. L'histoire de la sociologie économique de Sweberg, traduite en 1987, s'intéresse surtout aux travaux anglo-saxons et comporte quelques faiblesses dans la présentation des courants les plus récents d'analyse sociologique du capitalisme. Il s'agit par ailleurs d'une histoire du champ qui présente rapidement les auteurs mais qui porte dans le fond assez peu d'attention aux différents contextes de transformation des sociétés capitalistes dans lesquels émergent les différents modèles[3].

Le second livre, celui de Gislain et Steiner (1995) est également dans le registre de l'histoire des idées et analyse en profondeur une période précise (1890-1920) que les auteurs repèrent comme étant celle de l'émergence de la sociologie économique. Outre la délimitation stricte de la période considérée, Michel Lallement[4] s'étonnait de la relégation d'auteurs tels que Marx ou Schmoller, qui, avec l'école historique allemande, retrouvent leur juste place dans la généalogie du champ proposée par Trigilia. Dans un petit ouvrage plus récent, Steiner (1999) propose une présentation stimulante de la sociologie économique mais qui choisit de privilégier les travaux sur le marché, la construction sociale des relations marchandes et les réseaux mobilisés dans le jeu économique, et délaisse les courants privilégiés par Trigilia.

Enfin le dernier ouvrage de synthèse (Levesque, Bourque et Forges, 2001) présente surtout les différents courants de la sociologie économique de langue française, la *political economy* étant peu traitée, sinon à travers quelques auteurs présentés soit comme des institutionnalistes soit comme des néocorporatistes.

Avec le livre de Trigilia, le lecteur pourra ainsi découvrir une histoire de la discipline présentant différemment les auteurs, avec le souci évident d'établir un lien plus direct entre l'évolution des paradigmes sociologiques sur l'économie et les phases de transformations et de crise du capitalisme. Mais

---

2 Ce courant était présent dans deux ouvrages publiés en France dans le cadre de l'Observatoire du Changement Social en Europe dirigé par Arnaldo Bagnasco, Henri Mendras et Vincent Wright : Bagnasco A. et F. Sabel C. (dir.), *PME et développement économique en Europe*, Paris, La découverte, 1994 ; et surtout Crouch C. et Streeck W. (dir.), *les capitalismes en Europe*, Paris, La Découverte, 1996.

3 Voir Michel Lallement, « Renaissance de la sociologie économique », *Sociologie du travail*, n° 2, 1996.

4 *Art. cit.*, 1996.

surtout, plutôt que de proposer une histoire traditionnelle de la pensée sociologique sur l'économie, Trigilia introduit les auteurs et les paradigmes les plus importants selon leur façon de concevoir les sciences sociales. Il met en évidence les différentes façons de se référer à l'histoire, aux sciences politiques, voire à la philosophie mais aussi à l'individualisme, au holisme ou à l'empirisme. Trigilia établit ainsi des rapprochements éclairants entre les grands auteurs (Durkheim/Veblen, Polanyi/Schumpeter par exemple), tout en précisant qu'ils peuvent diverger sur d'autres aspects. Si tous les auteurs traités semblent partager l'idée de l'action économique comme une action sociale à part entière, c'est-à-dire qui doit être rapportée à d'autres actions et à l'environnement social pour être comprise, certains (Sombart, Weber, Schumpeter) vont davantage insister sur l'autonomie et la liberté des acteurs par rapport aux règles, là ou d'autres (Durkheim, Veblen, Polanyi) vont davantage mettre en avant les effets des institutions.

La présentation de Max Weber par exemple est particulièrement riche et complète celle plus classique dont on dispose en français. De même, Polanyi, si souvent cité dans les travaux français, trouve ici toute sa place. La notion centrale d'encastrement de l'économie dans la société (*embeddedness*) est clairement exposée et discutée.

L'apport majeur est sans doute dans la deuxième partie de l'ouvrage où l'auteur s'attache à présenter la diversité des travaux s'inspirant de la *Political Economy*. Le parti pris de l'auteur est celui d'une sociologie des modes d'organisation et de gestion du capitalisme dans son rapport avec la société, où la comparaison sert à montrer la diversité des cadres nationaux ou parfois régionaux de régulation des sociétés capitalistes.

Cette *Political Economy* pose donc au centre de son analyse la comparaison des cadres institutionnels des différentes économies, expressions de facteurs culturels, politiques et sociaux. Les travaux sur les syndicats, les relations professionnelles, l'État-providence, les conflits sociaux, les réseaux sociaux, le capital social, etc. apparaissent essentiels en tant qu'ils permettent de comprendre comment se construisent des médiations institutionnelles (mais aussi parfois informelles) entre les forces économiques et les forces sociales, indispensables au fonctionnement d'ensemble de l'économie et de la société. C'est parce qu'elles se construisent historiquement dans des contextes différents qu'il convient d'intégrer le comparatisme dans l'analyse du capitalisme, qui se décline alors d'un point de vue sociologique au pluriel. Derrière ce courant, porté en Italie par la revue *Stato e mercato,* se trouvent des auteurs comme C. Offe, R. Dore, P. Schmitter, W. Streeck, C. Crouch, G. Esping-Andersen ; et côté italien, A. Pizzorno, M. Paci, M. Regini, et A. Bagnasco.

UN PROJET DE RECHERCHE AMBITIEUX

Depuis l'apparition du capitalisme et jusqu'à très récemment, l'ambition des plus grands économistes et sociologues (Marx et Weber entre autres) a été d'en définir la nature et l'essence. Que ce soit du point de vue de sa logique et des rapports sociaux qu'il génère ou de son système de représentation et des comportements qu'il induit, l'objectif était de présenter le capitalisme en tant que système économique et social. Aujourd'hui, sociologues et économistes insistent sur la diversité des capitalismes selon le cadre social et institutionnel souvent lié aux États-nations dans lequel il est né et se développe. C'est précisément à l'analyse comparative de cette diversité que nous invite la *political economy* comparée en prenant en compte les nombreux facteurs rappelés dans l'ouvrage de Trigilia :

— le niveau et la forme d'intervention de l'État, les caractéristiques de l'État-providence et donc la place laissée au marché ;
— la conception, le mode d'organisation et la « culture » des entreprises (les systèmes de valeurs engagés dans l'entreprise) ;
— le système d'organisation et de représentation des intérêts (partis politiques, syndicats, associations professionnelles, etc.) et leur impact sur la négociation collective et les types de conflits ;
— la structure et la gestion des systèmes de formation, tant au niveau de la formation des élites que de la formation professionnelle et technique ;
— la mobilisation des structures intermédiaires (associations, coopératives, groupes organisés liés plus ou moins directement aux entreprises), et l'articulation avec la régulation publique ;
— l'implication de la famille, de la communauté, et plus largement des solidarités traditionnelles dans la vie économique ;
— la production des réseaux de confiance et du capital social susceptible de servir le développement économique ;
— la territorialisation du développement économique ;
— la structure des inégalités et les rapports sociaux sous-jacents.

La difficulté réside à la fois dans la multiplicité des facteurs (la liste peut être plus longue) et la complexité des configurations possibles. La comparaison devient alors l'une des postures fondamentales pour mettre en évidence des caractéristiques délicates à repérer autrement. Nous y voyons donc aussi une invitation à comparer de façon plus systématique la société française à d'autres sociétés développées sur les points indiqués précédemment. Longtemps structuré et régulé sur une base nationale, avec la place prépondérante de l'État et d'une élite politico-administrative et technique formée dans les grandes écoles, le capitalisme français connaît de profondes transformations qui l'obligent à réagir et inventer d'autres formes de régulation tout en composant avec celles héritées de la société salariale fortement institutionnalisée. De nouvelles configurations institutionnelles, sociales et territoriales voient le jour, en lien avec la construction européenne mais pas seulement, et remettent en cause le cadre national. Ce sont ces trajectoires que la *Political Economy* comparée cherche à confronter.

En rendant accessible en français cette approche sociologique du capitalisme, très développée et discutée dans les autres pays, nous espérons contribuer à enrichir les rapports entre sociologie et économie et inviter les étudiants à établir de nombreuses passerelles.

Introduction

Qu'est-ce que la sociologie économique ?

DANS LA VIE QUOTIDIENNE, des avis sont portés sur l'activité économique, par exemple : l'économie italienne est pénalisée par l'inefficience des services publics et des structures étatiques ; les capacités techniques élevées et la formation professionnelle contribuent au succès de l'industrie allemande ; l'essor industriel du Japon a bénéficié de valeurs et de structures sociales traditionnelles persistantes qui auraient favorisé la coopération. Parfois, ces avis ont un caractère plus général. Les nouvelles technologies engendreraient la diminution du poids de la classe ouvrière ; le sous-développement alimenterait la formation de mégalopoles où la majeure partie de la population vivrait dans des conditions déplorables ; le bien-être économique des pays occidentaux atténuerait les conflits de classe et mettrait en difficulté les syndicats et les partis de gauche.

De tels jugements sont plus ou moins fondés. Ils nous intéressent car ils montrent comment le sens commun met habituellement en relation les phénomènes économiques et sociaux. Certains des exemples cités relèvent l'influence des caractères culturels et sociaux d'un pays sur son économie. D'autres soulignent des tendances plus générales et prêtent attention à la relation inverse, celle des phénomènes économiques sur la vie sociale et politique. Dans un premier temps, nous pouvons définir le champ de la sociologie économique comme étant caractérisé par *un ensemble d'études et de recherche visant à approfondir les rapports d'interdépendance entre phénomènes économiques et sociaux*. L'objectif de ce livre est de faire face à ces questions avec plus de rigueur et de contrôle que ne le fait le sens commun, dans l'intention de découvrir des régularités dans les rapports entre les phénomènes étudiés. Cependant, la scientificité dans les sciences sociales a une connotation différente de celle des sciences physiques et naturelles puisqu'elle ne vise pas à établir des lois universelles et nécessaires, comme dans l'étude des phénomènes naturels, pas plus qu'elle ne permet de formuler des recettes sûres pour résoudre les problèmes. Les sciences sociales peuvent seulement prétendre sensibiliser les membres d'une société sur des questions qui concernent la vie en collectivité et aider à éclairer les choix collectifs.

1. DEUX DÉFINITIONS DE L'ÉCONOMIE

Dans un premier sens, nous pouvons considérer l'économie comme *l'ensemble des activités durablement entreprises par les membres d'une société pour produire, distribuer et échanger des biens et des services.* L'économie concerne le processus institutionnalisé — c'est-à-dire régi par des règles tendanciellement stables — d'interaction entre les hommes et la nature pour la satisfaction des besoins d'une société. Ces besoins ne sont pas exclusivement physiques ; ils peuvent être également culturels, scientifiques ou militaires. Cependant, lorsque leur satisfaction requiert la production et la distribution de biens et de services, c'est-à-dire de moyens matériels, on en appelle à l'économie.

Cette définition, apparemment simple et acceptable, n'est toutefois pas partagée par tous les économistes. En effet, les textes d'économie mettent l'accent sur les phénomènes économiques comme synonymes d'« économiser », c'est-à-dire sur *des activités qui se rapportent au choix individuel d'utilisation de maigres ressources susceptibles d'avoir des usages alternatifs, dans le but d'obtenir le maximum.* Dans ce cadre, les motivations des sujets qui effectuent des activités marchandes se rapportent à la poursuite rationnelle des intérêts individuels, tandis que les règles qui conditionnent l'interaction entre les sujets sont celles posées par le marché, à travers l'influence que l'offre et la demande des biens exercent sur les prix. Les modalités de production et de distribution des biens et des services sont donc ramenées au choix « maximisant » des acteurs dans un contexte de marché. On suppose notamment que chaque individu sera amené à acheter une plus grande quantité de biens lorsque le prix est bas, sous l'effet des rapports entre la demande et l'offre, et inversement, lorsque le prix est élevé. De son côté, le producteur de ce bien tendra à en offrir une plus grande quantité si le prix est fort et vice-versa, si le prix est faible. De la rencontre des consommateurs et des producteurs sur le marché dépendent la quantité effective de biens produits, ainsi que leur coût. Le même mécanisme vaut pour les niveaux de revenus distribués entre les différents agents économiques. La rémunération du travail, par exemple, dépendra du rapport entre l'offre et la demande. Si l'offre de travail croît par rapport à la demande, le salaire tendra à son tour à baisser.

La définition à laquelle nous nous référons est plus générale. Elle permet d'évaluer comment la satisfaction des besoins et le comportement économique peuvent prendre des formes variées, en fonction de l'organisation de la société. Dans les sociétés dites « primitives », par exemple, les activités économiques ne sont pas autonomes. Elles s'exercent dans le cadre des structures de la famille et de la parenté qui règlent les modalités de production, de distribution et d'échange des biens. Dans les grands empires de l'antiquité, l'État assume un rôle essentiel dans la régulation des activités marchandes. Dans les sociétés capitalistes fondées sur la propriété privée des moyens de production, l'économie s'émancipe des contrôles sociaux et politiques. La satisfaction des besoins dépend davantage du fonctionnement de marchés

« autorégulés », dans lesquels l'allocation des ressources et la formation des prix sont conditionnées par les rapports entre l'offre et la demande. Ainsi, la récompense du travail individuel n'est ni déterminée par des normes traditionnelles, ni par le système politique, comme dans le système féodal. Elle résulte au contraire du rapport entre la demande et l'offre de travail sur le marché.

Ces définitions des phénomènes économiques représentent deux options interprétatives, deux façons différentes de concevoir l'économie, avec chacune des avantages et des limites. La perspective la plus répandue parmi les économistes a permis une avancée considérable des connaissances sur les mécanismes d'autorégulation de l'économie, c'est-à-dire sur l'influence des mouvements de l'offre et de la demande concernant la formation des prix et l'allocation des ressources. Opérant avec quelques abstractions simples, relatives au comportement utilitariste des acteurs, et considérant les institutions comme une donnée, l'économie a pu développer des modèles théoriques à haut niveau de généralisation, notamment à travers l'application du calcul mathématique. Sur cette base, elle a pu également affiner des instruments prévisionnels et normatifs, ainsi que des critères pour orienter et guider le choix des sujets économiques. Toutefois, sur le plan proprement interprétatif, cette définition appréhende mal les contextes dans lesquels le marché autorégulé a un rôle restreint, voire nul. C'est le cas notamment des contextes pré-capitalistes ou des sociétés capitalistes, examinées du point de vue des différents parcours et des taux de croissance de leur économie. Autrement dit, cette approche ne permet pas de répondre à une série de questions : pourquoi certains pays se sont-ils industrialisés avant les autres ? ; pourquoi certaines économies ont-elles mieux réagi à la crise des années 1970 ? Dans ces situations, le contexte institutionnel joue un rôle essentiel dans la formulation d'interprétations pertinentes.

C'est précisément l'intérêt de l'autre définition. Elle convient davantage à l'étude de l'interaction entre économie et société, et semble mieux adaptée à la perspective avec laquelle la sociologie économique, mais aussi l'ethnologie et l'histoire, envisagent l'économie. Il s'agit d'une perspective plus sensible aux caractères spécifiques de l'économie d'une période historique précise ou d'un lieu déterminé. Les généralisations exigent la plus grande prudence, étant donné les divergences d'approche qui existent entre les différentes sciences sociales et au sein de chacune d'elles. Néanmoins, ces disciplines se distinguent de l'économie parce qu'elles s'intéressent à *l'activité économique comme processus institutionnalisé*. Autrement dit, elles ne partent pas de l'individu isolé à qui l'on impute des motivations utilitaristes pour ensuite en reconstruire les effets agrégés sur le plan de la production et de la distribution des biens et des services. L'accent est mis sur les institutions qui régissent les activités économiques. Par *institutions*, on entend *un ensemble de normes sociales qui oriente et règle le comportement et qui s'appuie sur des sanctions tendant à en garantir le respect de la part de chaque sujet*. Les sanctions peuvent être positives, c'est-à-dire destinées à encourager une conduite précise au moyen de gratifications symboliques ou matérielles, ou négatives, c'est-à-dire destinées à interdire certaines actions. En outre, elles peuvent être informelles, quand elles se basent sur la désapprobation des autres, ou au contraire formelles, comme celles qui sont établies par la loi (dans ce cas précis, on parle de normes juridiques). En ce qui concerne le comportement économique, il existe par exemple des normes de correction dans les affaires qui se fondent uniquement sur l'assentiment social dans un environnement particulier, ou bien des normes qui se basent sur des sanctions formelles (droit civil et du travail) destinées à réglementer les échanges dans le marché des biens, des capitaux, ou dans celui du travail. D'autres types de normes — non moins importantes — définissent les objectifs des personnes, plutôt que la façon d'y parvenir. Ces règles peuvent concerner la conception du travail ou, plus généralement, l'implication dans des activités économiques par rapport à d'autres sphères d'activité ; par exemple, par rapport à la valeur assignée aux activités militaires (dans les sociétés traditionnelles) ou à celle donnée au temps libre et à la consommation (dans les sociétés contemporaines).

Nous reviendrons sur ces distinctions. Dans le langage sociologique, le concept d'institution se réfère à un ensemble de phénomènes plus large que celui habituellement pris en considération par le langage commun. Dans ce cas, on parle surtout d'institutions en référence aux institutions publiques : politiques (parlement, gouvernement), judiciaires ou militaires. Ce concept d'institution est parfois utilisé pour indiquer des collectivités concrètes qui sont régies par les institutions, comme les entreprises, les syndicats ou les organisations patronales. Toutefois, sa signification est plus large parce qu'il inclut aussi le système des règles qui fondent de telles collectivités et qui autorisent leur fonctionnement. C'est le cas notamment des normes qui régissent le droit de propriété ou les relations de travail. Il ne faut pas confondre les institutions avec les *organisations*, réservant l'usage de ce dernier terme pour désigner les collectivités concrètes qui coordonnent un ensemble de ressources humaines et matérielles afin d'atteindre un but précis (par exemple, dans le domaine économique, les entreprises, les syndicats, les chambres de commerce, etc.). On peut imputer des actions aux organisations, pas aux institutions.

Considérer les institutions équivaut à jeter un pont entre économie et société. Cela permet d'« historiciser » les phénomènes économiques, de les situer dans un espace/temps déterminé et d'en spécifier la place dans la société, en évaluant comment le comportement économique et les structures (c'est-à-dire l'ensemble des rapports stables entre les sujets) sont conditionnés par un contexte institutionnel particulier et, réciproquement, l'influencent. Cela ne signifie pas que les choix individuels ne comptent pas, mais qu'ils ne se produisent pas dans le vide, qu'ils sont socialement orientés et qu'ils jouissent de marges de variation plus ou moins grandes selon le type de société. On ne parle donc pas d'économie en général, mais plutôt d'économie capitaliste, féodale, des sociétés primitives ou d'autres types de systèmes économiques, et de leurs caractéristiques concrètes. Dans cette perspective, le concept de *système économique* acquiert une importance cruciale ;

il tend à souligner *les diverses modalités, dans l'espace et dans le temps, selon lesquelles les institutions orientent et régissent les activités économiques.*

2. SOCIOLOGIE, ETHNOLOGIE ET HISTOIRE ÉCONOMIQUE

L'ethnologie économique étudie les structures économiques des sociétés traditionnelles ; parmi les instruments utilisés, l'« observation participante » occupe une place importante, étant donné la difficulté que présente le recours à d'autres techniques dans ce type de contexte. En effet, on a généralement tendance à reconstituer les caractères d'une société concrète considérée dans sa totalité, même si l'on élabore également des généralisations théoriques qui ont pour origine l'expérience de recherche et qui contribuent à leur tour à la guider. La « réciprocité », par exemple, est souvent invoquée comme catégorie pour interpréter les formes institutionnelles d'organisation économique des sociétés primitives.

L'histoire économique se concentre traditionnellement sur le passé. Elle se sert de l'analyse documentaire et propose une orientation « individualisante » qui vise à reconstruire des phénomènes concrets, tels que le processus d'industrialisation d'un pays ou d'une certaine aire géographique. Contrairement à l'ethnologie et à la sociologie, l'élaboration de généralisations théoriques explicites se révèle beaucoup plus limitée et génère une certaine défiance. Pourtant, il ne faut pas négliger le fait que même l'historien se sert inévitablement d'hypothèses de nature théorique sur des relations causales qui lient entre eux les phénomènes étudiés. À la différence de ce qu'il advient pour l'ethnologue ou le sociologue, ces références restent cependant plus implicites. Elles ne sont pas formalisées et ne sont pas élaborées de façon autonome par rapport aux objets spécifiques d'enquête. Naturellement, les exceptions ne manquent pas. Les historiens qui se mesurent directement avec les outils et les hypothèses de la sociologie et de l'ethnologie sont en effet de plus en plus nombreux.

La société contemporaine constitue l'objet d'enquête prédominant de la sociologie économique, même s'il existe également une importante tradition d'études sur le processus de modernisation. Les instruments d'enquête utilisés sont l'analyse documentaire et, en ce qui concerne l'étude des sociétés contemporaines, l'enquête empirique fondée sur les interviews et le recueil direct d'informations souvent traitables de manière quantitative. L'optique tend à être plus généralisante que celle de l'histoire. Il s'agit davantage d'élaborer des généralisations théoriques sur les rapports entre phénomènes économiques et non économiques (notamment sur les conditions sociales qui ont favorisé le développement capitaliste, sur les relations entre industrialisation et conflit social, sur les liens entre structures économiques et urbanisation, etc.). Malgré des divergences sur le degré de généralisation auquel devrait tendre la discipline, la formulation de modèles théoriques limités à des contextes spatio-temporels particuliers prévaut dans la pratique de la recherche.

3. LE STATUT SCIENTIFIQUE DE LA DISCIPLINE

La sociologie économique se placerait donc dans une position intermédiaire entre l'optique généralisante de l'économie et celle plus individualisante de l'histoire. Quelles sont les implications de cette caractéristique sur le statut spécifique de la discipline ? Selon un point de vue répandu, la recherche des « lois » générales de liens entre les phénomènes est un objectif essentiel de l'activité scientifique.

D'après cette conception « moniste », il n'y aurait pas de différence qualitative entre sciences physiques, naturelles et sciences sociales. Quatre aspects contribuent à en esquisser le profil :

a) il n'existe qu'une méthode scientifique qui se base sur la formulation d'hypothèses et la vérification empirique ;

b) l'activité cognitive est destinée à l'élaboration d'explications causales entre les phénomènes, c'est-à-dire à la restitution des conditions à partir desquelles il est probable qu'un certain événement se vérifie ;

c) l'activité scientifique a un caractère nomologique : dans le temps, à travers l'accumulation des connaissances, elle tend à formuler des lois générales ;

d) la différence d'objet entre sciences physiques et naturelles et sciences sociales comporte uniquement des problèmes techniques spécifiques à ces dernières. Si les régularités qui peuvent être observées dans la nature sont plus facilement repérables ou plus fréquentes que celles présentes dans les phénomènes sociaux, ceci implique seulement une plus grande difficulté de l'observation dans les sciences sociales ; par exemple, une difficulté à appliquer des techniques expérimentales. D'où le retard qui caractérise les sciences sociales par rapport à celles physiques et naturelles. Un tel retard est néanmoins rattrapable avec l'accumulation des connaissances.

Les aspects les plus controversés de ce cadre sont les points *c)* et *d)*. Prenons-les en considération en suivant le raisonnement proposé par Raymond Boudon [1984], au moyen de quelques exemples (que nous avons toutefois simplifiés). Le premier est tiré de la théorie économique. Il prévoit que si le prix d'un produit augmente (A), la demande de ce produit baisse (B). Comme on le voit, il s'agit d'un exemple classique de loi dans le sens prévu par le point *c)*, ou d'une loi conditionnelle du genre « toutes les fois que se vérifie un certain phénomène A, s'ensuivra un autre phénomène B ». Il est pourtant facile de voir que la validité de cette loi (dans le cas où nous nous limitons au même type de produit) est liée à certaines conditions K. Nous pouvons en effet supposer que le produit P peut être substitué par un autre produit Q qui a les mêmes caractéristiques mais un prix inférieur et qui est pareillement connu par les consommateurs. Dans une situation de ce genre, chaque consommateur sera porté, avec une forte probabilité, à déplacer sa demande vers le produit le moins coûteux. L'effet d'ensemble des décisions individuelles de ce type portera alors à une diminution globale de la demande de P.

Évidemment, le choix individuel n'est pas toujours aussi simple et les effets agrégés aussi prévisibles. Au contraire, la plupart du temps, c'est l'inverse qui se vérifie. Nous pouvons en effet supposer que, dans la réalité, le produit Q n'est pas aussi connu que P ; que bien qu'étant connu, il n'ait pas les mêmes caractéristiques ; que Q n'existe pas et que P est l'unique produit disponible sur le marché. Dans ces trois cas — dans un crescendo progressif — les marges d'incertitude relatives au choix individuel s'élargissent. Il faut alors évaluer s'il est préférable de dépenser plus dans l'ancien produit, d'économiser dans le prix et de perdre un peu en qualité, ou encore de continuer à demander P. L'estimation fera désormais intervenir d'autres critères de choix des consommateurs. De tels critères sont appelés « préférences » en économie et « orientations normatives » en sociologie. Ils sont indépendants de la situation de choix et ressentent les expériences des acteurs qui peuvent être extrêmement variables dans l'espace et dans le temps. Les effets agrégés de tels choix seront donc plus difficilement définissables *a priori*, ce qui gêne considérablement la formulation de prévisions générales.

Prenons maintenant en considération un deuxième exemple, lui aussi suggéré par Boudon, mais cette fois-ci de nature sociologique. En reliant les phénomènes économiques et sociaux, on serait tenté de formuler une loi du type : si les conditions économiques se détériorent (A), alors la violence collective (révoltes, agitations, grèves...) augmente (B). En réalité, les études historiques et empiriques ne confirment pas cette liaison, du moins dans sa prétendue généralité. En comprendre les motifs aide à se rendre compte des obstacles importants à la formulation, dans le domaine de la société, de lois semblables à celles des sciences naturelles.

Une dégradation semblable des conditions de vie ne détermine pas une disponibilité identique à participer à des formes de mécontentement collectif. Ce choix sera en fait influencé par les ressources disponibles et par les orientations normatives des acteurs qui, à leur tour, conditionneront le degré de tolérance de la détérioration intervenue et la légitimité attribuée à la violence collective. Même en supposant que la disponibilité individuelle augmente, il ne s'ensuivra pas encore un effet de groupe. Pour que celui-ci se manifeste, il est indispensable de tenir compte d'autres variables. Il faut que des leaders organisent la protestation. En outre, les organisateurs potentiels estimeront les chances de succès et, par conséquent, le cadre institutionnel (comme l'existence de la liberté de manifestation ou, dans le cas contraire, la force des appareils répressifs...). En définitive, il s'avère impossible d'établir une connexion causale générale entre la dégradation des conditions économiques et la violence collective.

Ces simples exemples montrent la difficulté à établir des lois du type « si A, alors B » dans l'étude des phénomènes sociaux. Deux aspects sont particulièrement mis en évidence : d'une part, la complexité des conditions qui influencent l'action ; d'autre part, le rôle essentiel des orientations normatives des acteurs. Ces dernières contribuent fortement à compliquer les facteurs dont il faut tenir compte pour formuler des lois conditionnelles, parce qu'elles introduisent un élément hautement variable. Elles peuvent en effet être changeantes, dans l'espace et dans le temps, en relation au contexte au sein duquel elles se sont formées. Dans cette situation, il est encore possible de formuler des lois générales, mais — comme nous l'avons vu dans le premier exemple — il faut les fonder sur des conditions restrictives qui en limitent l'applicabilité empirique.

Cette voie est plus fréquemment empruntée par l'économie. Sa propension à faire abstraction des institutions et de l'influence de celles-ci sur les actions individuelles pousse à rechercher des situations idéales où le choix est objectivement rationnel ; où, par conséquent, tous les sujets tendent à agir à l'identique (dans l'exemple cité, à ne plus consommer le produit P). Il en résulte une certaine tendance à privilégier des modèles analytiques et déductifs dans lesquels il est possible de déterminer *a priori* le comportement de l'acteur. De tels modèles peuvent présenter un intérêt du point de vue théorique, parce qu'ils autorisent l'application de techniques d'analyse mathématique sophistiquées. Cela ne signifie pas pour autant que les situations considérées soient aussi les plus fréquentes sur le plan historico-empirique.

D'autre part, l'importance assignée aux formes institutionnelles de l'économie donne lieu à une image plus complexe et variable de l'acteur, qui ne se réduit pas aux simples motivations utilitaristes. D'où la tendance à limiter les généralisations et à les borner à des frontières spatiales et temporelles plus définies. D'où également une orientation plus inductive. Autrement dit, en plus d'être limitées, les connexions causales seront mieux fondées empiriquement. Évidemment il s'agit de tendances qui servent à faire le point sur les différentes perspectives. De même qu'il existe des économistes qui travaillent davantage sur le plan empirique, certains sociologues se consacrent essentiellement à l'élaboration théorique.

Tout cela signifie-t-il que la connaissance des phénomènes sociaux oscille entre une théorisation abstraite et un empirisme incapable de généralisation ? Pas nécessairement. En effet, lorsque l'on considère le travail de recherche concret, on s'aperçoit que les meilleures contributions, c'est-à-dire celles les plus efficaces en termes de résultats cognitifs, tendent à échapper à ces deux extrêmes. Elles se tiennent distantes non seulement de l'orientation nomologique du « monisme positiviste », mais aussi de celui radicalement individualisant du « dualisme historiciste ». Concernant ce dernier, seules les sciences naturelles peuvent établir des relations causales générales. En revanche, chaque phénomène social a un caractère distinct qui n'autorise aucune généralisation théorique.

L'application de la méthode scientifique, fondée en dernière instance sur la vérification des hypothèses, ne requiert pas nécessairement la formulation de lois générales. La sociologie économique et les sciences sociales en général peuvent par contre aspirer à l'élaboration de modèles. Tandis que la loi a une prétention d'applicabilité générale, les modèles constituent des reconstructions idéales de situations particulières, définies par des conditions spécifiques qui en limitent la validité dans l'espace et dans le temps. Elles sont élaborées à partir de la réalité historique et empirique, mais elles ne l'épuisent pas. Elles servent à l'interpréter. Boudon nomme cette conception des sciences sociales « théorie formelle », se référant ainsi à Simmel. Cette perspective, proche des constructions idéal-typiques de Weber, renvoie à l'« individualisme méthodologique », qui tente d'expliquer les phénomènes sociaux à partir des motivations individuelles. En sociologie, l'accent est généralement mis sur l'influence des facteurs sociaux (valeurs, normes, rapports de pouvoir) sur l'action individuelle, alors qu'en économie, prévaut habituellement une conception plus atomistique de l'acteur qui fait abstraction des facteurs extra-individuels et insiste davantage sur la poursuite rationnelle de l'intérêt individuel de la part de chaque sujet. Il faut néanmoins souligner qu'au-delà de ses variantes, l'individualisme méthodologique s'oppose dans l'ensemble au « collectivisme » ou au « holisme méthodologique ». Dans ce cas, les motivations des acteurs ne sont pas particulièrement prises en considération et les actions individuelles peuvent être ramenées aux conditions qui les influencent.

4. LE PLURALISME INTERPRÉTATIF : SCIENCE ET VALEURS

La ligne de fracture entre l'individualisme et le holisme méthodologique traverse l'histoire des sciences sociales et se reflète aussi dans la sociologie économique, alimentant ainsi le pluralisme interprétatif : la coexistence de différents modèles d'analyse en concurrence les uns avec les autres.

Les conditions qui influencent l'action sont multiples. Elles varient dans l'espace et dans le temps. Il s'avère extrêmement délicat de les isoler et de les connaître toutes. Ce même constat vaut pour les motivations. Il n'est pas facile de restituer les orientations normatives des acteurs, les critères de choix qui les guident et, par conséquent, le sens qu'ils attribuent à leur action. C'est d'ailleurs la raison pour laquelle certains considèrent qu'il est vain de chercher à expliquer les motivations individuelles. Le résultat de ces contraintes est donc d'accroître la position discrétionnaire du chercheur lorsqu'il sélectionne certaines conditions et motivations et qu'il les met en rapport. Si la marge de discrétion s'agrandit, les valeurs du chercheur prennent une place importante, d'autant que ce dernier fait lui-même partie de la société qu'il étudie, qu'il a des préférences et des critères d'orientation propres qui le guideront également dans son travail scientifique.

Il ne faut donc pas sous-estimer le fait que les sciences sociales ont pour objet une société qui change dans le temps et que ceux qui l'étudient y sont à leur tour insérés et en sont influencés. Notons que les valeurs du chercheur sont aussi présentes dans le champ des sciences naturelles. La différence tient à la plus grande place que l'objet étudié confère à ce facteur dans le domaine des sciences sociales et, par conséquent, au plus grand pluralisme interprétatif qui en découle. Devons-nous pour autant tirer des conséquences sceptiques quant au caractère scientifique de l'étude des phénomènes sociaux ?

Si les valeurs du chercheur jouent un rôle essentiel dans la sélection des problèmes et dans le choix des cadres de référence à partir desquels construire des interprétations et des modèles, cela ne signifie pas pour autant que les résultats sont inévitablement arbitraires et qu'ils ne peuvent être soumis à une critique rationnelle ; surtout si les valeurs du chercheur sont explicitées et si des éléments de vérification et des preuves sont clairement présentés. Cela permet en effet à la communauté scientifique de soumettre à un examen rationnel les différents modèles, en en évaluant la congruité par rapport aux problèmes qu'ils entendent expliquer. La pluralité des interprétations est donc intrinsèquement liée à l'historicité de la société elle-même.

Weber a montré que les valeurs ultimes, les fins à poursuivre, ne peuvent être scientifiquement fondées. Elles ne peuvent être que le fruit d'un choix collectif. Cependant, les sciences sociales donnent, à un tel choix, une contribution importante de clarification des alternatives, des conditions de réalisations, des avantages et des inconvénients. Dans cette perspective, l'une des tâches de la sociologie économique ne serait pas, par exemple, de démontrer que l'organisation économique du Japon est « scientifiquement » supérieure à celle des États-Unis ou de l'Europe, ou inversement. Clarifier les origines de certains choix permet d'éviter toute tentation de transplantations faciles et d'imitations. En outre, afin d'orienter les décisions collectives, il est important d'évaluer les conséquences d'une certaine forme économique, de son dynamisme, ainsi que ses implications en termes de conditions de travail, de vie sociale, de pouvoir politique.

Les sciences sociales peuvent contribuer à la production consciente de la société. Toutefois, pour que cela se produise, deux conditions étroitement liées sont nécessaires. La liberté de recherche et de discussion scientifique, ainsi que les institutions dans lesquelles elles se déploient doivent être valorisées et protégées. Cela ne peut advenir que dans une société ouverte et démocratique.

Première Partie

Les classiques de la sociologie du capitalisme

Chapitre 1

De l'économie classique à la sociologie économique

1. LA NAISSANCE DE L'ÉCONOMIE

Aucune société ne pourrait survivre sans une activité économique pour assurer sa subsistance. Pourtant, l'économie comme discipline scientifique n'apparaît qu'au cours du XVIIIe siècle. Pourquoi un tel retard ? Ce n'est que lorsque la manière dont les hommes produisent et distribuent des biens et des services se libère des réglementations et des obligations religieuses et politiques qu'il devient possible d'étudier les « lois » de l'économie en tant que telles. L'économie peut alors être analysée comme un phénomène qui s'autorégule en fonction de principes qui lui sont propres. Ces principes peuvent se résumer de la façon suivante : la production et la distribution dépendent du jeu de l'offre et de la demande sur le marché ; un jeu dans lequel sont engagés des sujets enclins à maximiser les possibilités de gain individuel.

Karl Polanyi [1968 ; 1977] fait partie des auteurs qui ont le plus insisté sur le lien originel entre enquête économique et marché. Dans la *réciprocité*, les biens et les services sont produits et distribués sur la base d'obligations de solidarité partagées vis-à-vis des autres membres du groupe parental ou de la tribu. De telles obligations sont généralement liées aux prescriptions d'une religion dominante. Elles prévoient des formes de réciprocité à la fois à l'intérieur de la famille et de groupes plus larges. De cette façon, différents types de produits peuvent être échangés. L'économie de ces sociétés dites « primitives » se caractérise par un échange continu de dons et de contre-dons. Évidemment, dans cette situation, ce n'est pas la recherche du profit personnel qui motive le comportement économique des individus. En outre, les quantités de biens produits et distribués ne sont pas influencées par le libre jeu de l'offre et de la demande sur le marché. En revanche, pour comprendre l'économie de ces sociétés primitives, il est nécessaire d'analyser le réseau complexe des devoirs sociaux réciproques qui unit les membres entre eux et qui en détermine le comportement.

Souvent, même dans les sociétés primitives, la redistribution s'adjoint à la réciprocité. Par exemple, on délivre au chef du village ou de la tribu un certain nombre de produits qui sont emmagasinés, conservés, puis redistribués à l'occasion de cérémonies particulières et selon des règles variables qui comportent des degrés différents d'inégalité. Une telle forme d'organisation de l'activité économique permet une division du travail spécialisée dans le cadre de territoires plus vastes. Elle a donc tendance à caractériser davantage les économies des grands empires bureaucratiques, comme ceux de la Mésopotamie antique, de l'Égypte, des Incas au Pérou ou de l'empire romain. Dans ces exemples, la redistribution sur une vaste échelle s'accompagne de l'affirmation de structures politiques différenciées, d'un « centre » qui établit les droits et les devoirs des sujets. Le volume des activités économiques augmente. On commence à utiliser la monnaie. Le comportement économique n'est plus uniquement défini par des obligations sociales partagées, mais aussi par des règles spécifiques imposées par le pouvoir politique et, le plus souvent, légitimées par la religion. Par conséquent, même dans ce cas, il s'avère impossible d'entreprendre une étude de l'économie qui fasse abstraction des structures politiques dans lesquelles les activités productives sont incorporées.

Selon Polanyi, la réciprocité et la redistribution représentent des mécanismes de régulation essentiels pour comprendre le mode d'activité économique du féodalisme européen, avec son réseau complexe de relations entre le monarque et ses vassaux, entre ces derniers et les habitants de leurs fiefs. Dans le contexte européen s'est peu à peu constitué, à partir du Moyen Âge, un espace croissant et autonome de marché entendu comme instrument d'organisation de l'activité économique, aux dépens des deux autres « formes d'intégration » : la réciprocité et la redistribution. Pour comprendre ce processus, il ne faut cependant pas identifier toutes les formes d'échange avec *l'échange de marché*. Polanyi en distingue plusieurs : l'« échange de dons » est, comme nous l'avons vu, typique d'une relation de réciprocité régulée par des normes partagées. L'« échange administré » est au contraire caractérisé par des transactions rigoureusement contrôlées par le pouvoir politique, comme dans le cas des grands empires de l'antiquité. Dans ces deux situations, l'échange des biens n'est pas tributaire du rapport entre l'offre et la demande, mais de normes sociales ou politiques. En revanche, le rapport entre l'offre et la demande se présente comme la caractéristique essentielle des échanges de marché au sens strict. Ces derniers croissent lentement mais progressivement dans le monde occidental. Au cours du XIXe siècle, les « marchés autorégulés » — c'est-à-dire les marchés qui déterminent les prix à travers le jeu de l'offre et de la demande — deviennent ainsi l'instrument premier dont dépendent la production et la distribution des biens et des services dans les pays plus développés. Le comportement économique n'est plus soumis à des obligations sociales ou politiques. Il répond à l'« espoir du gain » et à la « crainte de la faim ». Le système politique se limite à garantir de l'extérieur les droits de propriété et la libre négociation, tandis que les possibilités de vie des sujets reposent de plus en plus sur la vente des ressources dont ils disposent sur le marché. C'est dans ce cadre que peut se développer une recherche économique autonome fondée sur les lois du marché.

2. LA FORMATION DE L'ÉCONOMIE POLITIQUE ET LA « GRANDE SYNTHÈSE » D'ADAM SMITH

De nombreuses contributions d'analyse économique se sont accumulées dans le temps, surtout à la fin du XVIe siècle, mais ce n'est que dans la deuxième moitié du XVIIIe siècle, avec les physiocrates et l'œuvre d'Adam Smith, que l'idée d'une sphère économique comme système autonome de parties inter-agissantes arrive à maturation. Parallèlement, la distinction entre l'analyse « scientifique » du fonctionnement de l'économie et les propositions de politique économique se précise. La formation de l'économie politique s'accompagne d'une réflexion explicite et consciente sur les rapports entre économie et société. Il existe donc une sociologie économique qui précède celle qui s'est développée à l'intérieur de la tradition sociologique et qui, d'une certaine manière, en constitue la prémisse. Ce n'est que plus tard, vers la fin du XIXe siècle, avec les économistes néo-classiques, que la division du travail entre économie et société s'affirmera.

Des considérations sur les activités de production et de distribution des biens se retrouvent aussi dans des périodes très antérieures à celles que nous avons indiquées. D'ordinaire, les analyses d'Aristote et des scolastiques médiévaux, en particulier Saint Thomas, sont considérées comme les plus solides et les plus influentes. En effet, le terme « économie » est d'origine grecque (de *oikos*, « demeure » et *nomia*, « ensemble de normes »). Il est utilisé par Aristote dans le sens d'« administration du patrimoine domestique ». C'est seulement au cours du XVIIe siècle, avec les travaux des premiers économistes *mercantilistes*, que son usage s'étend du domaine privé à celui public, pour indiquer l'étude des caractères et des problèmes économiques d'une société étatique. On parle alors d'économie politique (en 1615, Montchrétien publie un *Traité d'économie politique*). Cette expression renvoie à deux aspects : d'une part, les liens étroits de l'économie avec les États nationaux, c'est-à-dire l'émancipation encore limitée des activités économiques par rapport aux réglementations politiques ; d'autre part, la maigre distinction entre analyse des phénomènes économiques et discussion des politiques publiques. Plus tard, vers la fin du XIXe siècle, on usera le terme *économics* à la place de *political economy*. Cette dénomination, introduite en Angleterre et aux États-Unis par le manuel d'Alfred Marshall [*Principles of economics*, 1890], tend à privilégier l'autonomie de l'économie par rapport à la politique.

La diffusion au cours du XVIIe siècle d'une pratique de l'économie politique destinée au renforcement des États nationaux naissants constitue un passage essentiel. La vision de l'économie proposée par les mercantilistes est peu systémique et très pragmatique. Thomas Mun, William Petty ou John Law ne se préoccupent pas de découvrir des « lois générales » et d'en justifier le fondement. Ils recueillent des données sur des aspects concrets, comme par exemple le commerce ou la taxation, pour prodiguer des conseils pratiques en termes de politique économique. À cette orientation, que nous pourrions définir comme inductive et concrète, s'oppose celle plus déductive et systémique qui caractérise les *physiocrates* français.

Les *économistes* — ainsi se définit le groupe, avec un terme devenu usuel par la suite — développent leurs propres analyses autour de la moitié du XVIIIe siècle, avec comme principaux représentants François Quesnay, le marquis de Mirabeau, Pierre-Paul Mercier de la Rivière, Pierre-Samuel Dupont de Nemours. La *physiocratie* signifie le « gouvernement de la nature ». Les physiocrates partent en effet du postulat selon lequel il existerait des lois naturelles de la société semblables à celles qui gouvernent le monde physique. Il y aurait donc un « ordre social naturel » qui peut être connu au moyen de la raison. Plus la société s'organise en conformité avec ces lois, avec l'aide de la science, plus elle est susceptible d'accroître à la fois le bien-être individuel et collectif. Le droit à la propriété représente un aspect essentiel des lois naturelles. Si ce droit est adéquatement reconnu et garanti, la poursuite de l'intérêt individuel en sera facilitée, qui contribuera à son tour à créer davantage de richesse individuelle et collective. Il faut donc libérer l'agriculture des vieilles obligations d'origine féodale, libéraliser le commerce céréalier, rationaliser le système fiscal avec une imposition unique. En somme, il faut renforcer le rôle de la bourgeoisie agricole. Dans son célèbre *Tableau économique*, publié pour la première fois en 1758, Quesnay propose l'idée d'une « machine qui s'autorégule », c'est-à-dire comme un ensemble de phénomènes qui interagissent entre eux, qui se conditionnent réciproquement selon des lois qui leur sont propres et qui peuvent être étudiés indépendamment des autres formes de relation sociale. Par conséquent, il s'agit d'une contribution essentielle au fondement de l'économie comme science autonome.

Dans l'œuvre d'Adam Smith (1723-1790), économie et société, marché et institution sont encore étroitement liés. Bien qu'un stéréotype largement diffusé en ait fait le défenseur du *laissez faire* (une expression qui ne lui appartient pas), Smith considère que la recherche de l'intérêt individuel et le fonctionnement du marché ne peuvent favoriser le bien-être collectif que s'ils sont contrôlés par des règles institutionnelles précises (socioculturelles, juridiques, politico-organisationnelles). Pour lui, les institutions font donc partie intégrante de l'étude sur les « causes de la richesse des nations ». L'économie et la sociologie économique sont, par conséquent, encore intimement mêlées dans son œuvre.

Pendant plus de dix ans, Smith enseigne la philosophie morale à l'Université de Glasgow et, en 1759, il publie *La théorie des sentiments moraux*. Dans cet ouvrage, il s'efforce de démontrer que les bénéfices publics ne dérivent pas de vices privés, selon la formulation caustique de Mandeville dans *La fable des abeilles* [1714], mais de la poursuite de l'intérêt individuel, sous une forme socialement contrôlée. Comment l'intérêt individuel est-il socialement encadré ? À travers un mécanisme que Smith appelle de la « sympathie ». Celle-ci repose sur l'identification avec les valeurs partagées par les autres membres de la société de laquelle les individus reçoivent des approbations et des désapprobations en fonction de leur comportement. Les sanctions imposées à ceux qui violent les règles formelles établies par les lois interviennent ensuite pour renforcer ces mécanismes. De la sorte, l'action humaine est façonnée par la société et les institutions (les normes formelles et informelles) et ne peut être expliquée par une tendance individuelle « naturelle » à rechercher un intérêt personnel. En somme, Smith n'est pas un utilitariste.

An Inquiry into the Nature and Cause of Wealth of Nations, publié en 1776 est le texte fondamental pour la formation de l'économie comme discipline scientifique. Smith y présente, de manière plus systématique et précise, les « lois » de fonctionnement du marché dans la production des biens et dans la distribution des revenus. Toutefois, à côté de la statistique économique, une partie importante de l'œuvre est dédiée aux « causes de la richesse des nations », c'est-à-dire à la dynamique économique. Alors que dans l'analyse statistique le rôle des institutions est considéré comme une donnée, dans cette dynamique, les institutions sont vues comme une variable qui, en fonction de ses caractéristiques, favorise plus ou moins le développement.

Smith se demande comment la production des biens et la distribution des revenus s'effectuent. Il suppose — comme le feront les économistes après lui — que les vendeurs sont nombreux, que les informations circulent librement et que les ressources du capital et du travail peuvent être déplacées d'un emploi à l'autre. Dans une telle situation institutionnelle, la quantité de biens produits tend à correspondre à la demande existante pour de tels biens. La demande des consommateurs détermine, en dernière instance, ce qui est produit, en fonction des coûts de production de chaque bien. Ainsi, lorsque la quantité offerte de certaines marchandises est en dessous de la demande, la concurrence entre les acheteurs pour obtenir le bien désiré induit les prix à la hausse. Pour cette même raison, il devient plus avantageux d'employer des ressources supplémentaires dans la production de ce bien, en les remplaçant par d'autres emplois. Évidemment, l'inverse tend à se vérifier lorsque la quantité offerte est supérieure à celle demandée. Même en ce qui concerne la distribution des revenus, on suppose l'existence d'un prix défini par le marché pour les salaires, les profits et les rentes. Par exemple, le salaire a tendance à augmenter quand la demande de travail est supérieure à l'offre et vice-versa. Smith décrit donc une situation dans laquelle les modalités de rémunération des membres d'une société pour leur participation au processus économique ne sont plus déterminées sous une forme traditionnelle (réciprocité) ou à travers des normes juridiques garanties en dernière instance par la force de l'État (redistribution) comme dans le système féodal. Elles dépendent désormais du marché et de ses lois.

Dans l'analyse du développement économique, les institutions ne constituent plus une donnée, mais une variable. La richesse des nations est en effet liée au montant du capital investi dans les activités économiques. Avec sa hausse, le marché des marchandises produites et échangées s'élargit et la division du travail augmente. Ce facteur est très important pour Smith, parce qu'il conditionne l'augmentation de la productivité, c'est-à-dire la quantité des biens qui peut être produite par chaque travailleur avec une plus grande spécialisation. De quoi dépend alors le montant du capital qui est investi ? Pour qu'il y ait une croissance économique effective, il faut que le capitalisme prenne une forme concurrentielle et que l'accumulation du capital soit stimulée et régie par des institutions appropriées.

La première condition nécessite que dans chaque activité productive il y ait un nombre élevé de capitalistes, en concurrence entre eux, qui investissent des fonds sans être capables de manipuler les quantités offertes et les prix. Smith pensait qu'une situation de ce genre résultait fondamentalement de choix politiques, notamment la diminution des obstacles institutionnels à la mobilité du capital et du travail. D'où sa critique à l'égard des politiques protectionnistes et d'encouragement au mercantilisme, sur laquelle il insiste longuement dans la *Richesse des nations*. D'où également sa thèse sur le rôle limité de l'État dans l'économie.

Qu'est-ce qui détermine la supériorité du capitalisme concurrentiel par rapport au capitalisme monopolistique ? Il existe deux réponses à cette question. La première, plus traditionnelle, concerne les mécanismes d'allocation efficace des ressources données : le monopole altère les prix et la quantité parce qu'il fait en sorte que ce qui est demandé soit obtenu de façon plus coûteuse par les consommateurs. La deuxième réponse a été souvent négligée. Smith pense qu'un taux de profit bas favorise la prospérité de la société. Une concurrence plus intense diminue le taux de profit de chaque capitaliste, mais stimule l'esprit d'entreprise et l'innovation, et agit en faveur de la croissance de la division du travail et de la productivité. De toute évidence, pour Smith, la simple poursuite de l'intérêt individuel n'est donc pas suffisante pour assurer le développement.

À côté de l'influence des faibles profits, deux autres conditions institutionnelles définissent l'ordre du capitalisme concurrentiel. D'abord, l'engagement direct du capitaliste, en tant qu'entrepreneur, dans la gestion de l'entreprise. Smith manifeste son opposition au modèle de la société par actions. En effet, parce qu'ils ne gèrent pas leur propre argent, les managers ne seraient pas encouragés à se comporter avec la même efficacité que les chefs d'entreprise propriétaires. Ensuite, pour améliorer la productivité, Smith est favorable à une politique de hauts salaires de la part des entrepreneurs. En effet, Smith suppose que des salaires plus élevés incitent les ouvriers à être plus actifs et plus zélés que lorsqu'ils perçoivent des salaires inférieurs. Ils favorisent donc la croissance de la productivité.

Enfin, l'État ne doit pas entraver le développement avec des politiques protectionnistes qui gênent le marché. Il doit néanmoins s'acquitter de trois fonctions essentielles : assurer la défense nationale, garantir la sécurité et la bonne administration de la justice, pourvoir à l'instruction et aux œuvres publiques nécessaires à l'activité économique. Dans tous les cas, il s'agit d'activités extrêmement importantes pour la société, mais qui ne peuvent pas être assurées correctement par le secteur privé car le profit engendré n'est pas suffisant. Smith est particulièrement conscient qu'une qualification élevée du travail constitue une ressource essentielle non seulement pour l'équilibre social et politique d'un pays, mais aussi pour le développement économique lui-même. Cette ressource n'est cependant pas fournie par le marché qui, au contraire, tend à l'appauvrir avec la division du travail.

Pour Smith, le modèle du capitalisme concurrentiel est capable de concilier efficacité économique et consensus. D'abord, parce que le développement augmente le bien-être de toutes les classes sociales. Ensuite, parce que le marché concurrentiel réduit les inégalités (profits bas et salaires élevés) et les rend davantage tributaires de l'implication individuelle dans le travail. Cette image du développement capitaliste, dans laquelle l'économie favorise une capacité d'intégration sociale élevée, a été soumise à de rudes épreuves et à des démentis sévères de la part de l'histoire. La longue marche de l'essor capitaliste a en effet été beaucoup plus difficile, contrastée et jalonnée par des tensions et des conflits que Smith, considérant la phase initiale de ce parcours, ne le prévoyait. Son modèle des rapports entre économie et société dans le capitalisme concurrentiel constitue toutefois un point de référence essentiel non seulement pour la construction de l'économie, mais aussi pour celle de la sociologie économique.

3. LA SCIENCE « FUNESTE »

En l'espace de quarante ans, c'est-à-dire de la publication de *Wealth of Nations* [1776] à celle de *On the Principles of Political Economy and Taxation* de David Ricardo [1817] et de *Principles Political Economy* de Thomas Malthus [1820], un double mouvement s'affirme dans la pensée économique. D'un côté, une évaluation plus pessimiste sur les possibilités de croissance de la richesse et de diffusion du bien-être s'oppose à l'optimisme originel de Smith. De l'autre, l'analyse économique s'intensifie et se consolide, tout particulièrement dans le contexte anglais, et s'accompagne d'un « tournant économiciste ».

L'orientation plus pessimiste de l'analyse économique — qui autorisera plus tard Thomas Carlyle à parler de science « funeste » — mûrit dans un contexte anglais, où s'opère la révolution industrielle. Le rôle du marché comme instrument de régulation de l'activité économique s'est désormais étendu et renforcé, mais ses conséquences sociales sont lourdes et ne semblent pas s'atténuer. L'abandon des campagnes, l'urbanisation, les conditions de vie et de travail difficiles et précaires pour une masse grandissante d'hommes, de femmes et d'enfants provoquent des tensions et des préoccupations de plus en plus vives. Les conditions misérables d'une grande partie de la population sont pourtant considérées par les économistes comme une nécessité qui ne peut être soulagée par la croissance économique. En somme, la misère est vue non pas comme un problème social, mais comme un phénomène naturel.

Malthus (1766-1834) souligne la tendance qu'ont les êtres vivants à se reproduire quand les moyens de subsistance dont ils disposent le permettent. Il en résulte une menace permanente de surpopulation. En effet, chaque augmentation de salaire conduit les travailleurs à se multiplier. L'offre de main-d'œuvre disponible augmente et pousse une nouvelle fois les salaires à la baisse, en raison de la plus grande concurrence sur le marché du travail. De cette manière, la faim équilibre les excès du sexe. Dans ce cadre, les possibilités d'accroître la richesse produite sont beaucoup plus limitées que chez Smith. Les institutions de l'économie capitaliste ne se légitiment plus par leur capacité à produire davantage de richesse, mais comme un moindre mal. D'où l'opposition aux mesures, alors en discussion en Angleterre, visant à atténuer la pauvreté (les *poor laws*). Des interventions de ce type, selon Malthus, n'auraient fait qu'aggraver les choses, en remplaçant artificiellement une croissance de la population pour laquelle il n'aurait pas été possible de trouver des moyens de subsistance suffisants et, par conséquent, en déformant le fonctionnement du marché du travail.

Pour David Ricardo (1772-1823), la question essentielle est la redistribution du revenu produit entre les différentes classes (propriétaires terriens, capitalistes et travailleurs). La pression démographique engendre la mise en culture continue de nouvelles terres qui entraîne une augmentation de la rente des propriétaires terriens. En conséquence, le taux de profit de l'agriculture diminue et le prix des biens agricoles monte. Il en résulte une hausse du coût de la vie pour les travailleurs. Les salaires augmentent et le taux global de profit baisse. L'accumulation du capital et la croissance de la richesse en sont ainsi freinées. Ricardo tirait de ce raisonnement une implication politique importante. Selon lui, il fallait éliminer toute forme de protectionnisme agricole fondé sur des droits d'importation (les *corn laws* ont été introduites en 1815). L'importation des produits agricoles à plus bas prix aurait en fait ralenti le fléchissement du taux de profit, en limitant les rentes. Elle aurait donc servi à la création de richesse. Avec cette position rigoureusement libérale, Ricardo entrait en polémique avec Malthus qui, dans le conflit d'intérêt entre propriétaires et capitalistes, avait au contraire pris position pour les premiers. Avec une vision qui aurait plus tard plu à Keynes, Malthus est en effet arrivé à la conclusion que dans l'économie capitaliste était présente une tendance à la surproduction : les marchandises produites risquaient de ne pas être toutes vendues par manque d'une demande correspondante de la part des consommateurs. En effet, la consommation des capitalistes et des travailleurs n'était pas suffisante pour absorber la production. Ce n'est qu'à travers la consommation des propriétaires terriens et des travailleurs non directement productifs, employés dans les services, que le soutien de la demande des biens produits était possible. De cette manière, on pouvait contrecarrer la chute du taux d'accumulation et, par conséquent, la diminution de la richesse.

Les économistes classiques ont en commun une même vision de l'analyse économique. L'adjectif *classique* souligne d'ailleurs cette caractéristique. Il existe pourtant des différences essentielles entre ces auteurs. Pour Malthus et Ricardo, qui adoptent une explication plus simple que celle avancée par Smith, la croissance dépend fondamentalement de l'augmentation des profits. Autrement dit, un taux de profit plus élevé permet d'obtenir plus de ressources à investir et donne aussi plus d'encouragement à le faire. Pour Ricardo, il s'avère indispensable de limiter la rente agricole au moyen d'un libéralisme rigide. Pour Malthus, en revanche, la rente agricole (mais aussi les secteurs du travail non productifs) doit être protégée parce qu'elle permet de consommer les biens produits en trop par les capitalistes. C'est justement sur ce dernier point que la position de Smith paraît divergente. Selon lui, les bas taux de profit et les hauts salaires stimulent — comme nous l'avons déjà vu — l'esprit d'entreprise des capitalistes et l'engagement des travailleurs, donc la division du travail et la croissance de la productivité. Cela crée un volume global plus important de profit et, par conséquent, plus de richesse, à parité de travail, qui peut être réinvestie dans de nouvelles activités. Pour Smith, le progrès technique doit donc être incorporé dans l'explication de l'essor économique. La prise en compte de ce facteur le conduit à une vision plus optimiste que celle de Malthus et de Ricardo.

En outre, pour Smith, les acteurs économiques sont des sujets *qui interprètent la situation* dans laquelle ils opèrent et qui poursuivent leur intérêt selon des normes de conduite influencées par le contexte social dans lequel ils agissent. Il y a donc une variabilité du comportement qui est fonction des institutions, c'est-à-dire de facteurs non économiques, comme le caractère plus ou moins concurrentiel de l'organisation marchande, les modalités de gestion des entreprises (direction par des managers ou par des entrepreneurs propriétaires), l'implication des ouvriers dans le travail, la capacité de l'État à produire des biens collectifs. Pour Malthus et Ricardo, l'acteur économique ne représente plus un sujet qui interprète la situation avec une autonomie relative, mais un simple *calculateur* qui maximise son intérêt personnel, rigidement défini par sa position dans l'économie : salarié, capitaliste ou propriétaire terrien. Il n'est pas nécessaire de s'occuper des institutions pour en découvrir les effets sur les phénomènes marchands. L'analyse économique peut devenir radicalement autonome du contexte institutionnel. Économie et sociologie économique peuvent donc s'étudier séparément. Il en résulte une plus grande précision analytique et une possibilité de généralisation plus élevée, mais au prix d'un éloignement de la réalité historico-empirique qui suscite un certain nombre de critiques.

4. LA CRITIQUE DE L'HISTORICISME ALLEMAND

Au cours du XIXe siècle, la révolution industrielle progresse en Angleterre et commence à se manifester aussi dans l'Europe continentale. Les vieilles économies traditionnelles et artisanales sont menacées par la concurrence de la production industrielle. L'essor économique et la diffusion du marché déterminent ainsi de nouvelles différenciations territoriales. Dans le même temps, la transformation des campagnes et la croissance de la classe ouvrière s'accompagnent de conditions de vie et de travail extrêmement pénibles pour de larges pans de la population. Les contours de la « question sociale » naissante se dessinent. Dans ce contexte, l'économie classique est accusée d'être incapable d'expliquer les phénomènes concrets et de fournir un guide d'intervention valable. D'un côté, l'historicisme allemand concentre sa critique sur les disparités territoriales du développement économique et sur les modalités permettant de les combler. D'un autre côté, Marx introduit les rapports entre les classes sociales dans le développement capitaliste.

Durant les premières décennies du XIXe siècle, la situation de l'Allemagne se caractérise par une forte fragmentation politique (l'unification ne s'est réalisée qu'après 1866). La croissance économique est beaucoup plus limitée que celle de l'Angleterre ou de la France voisine. L'école historique allemande d'économie politique s'est posé le problème des écarts de développement économique entre les différents états nationaux et a critiqué le caractère abstrait des schémas théoriques de l'économie classique, ainsi que son incapacité à rendre compte de cette question. La solution se trouve dans une analyse ancrée dans la réalité, se référant davantage à la méthode historique plutôt qu'à celle analytico-déductive. De la sorte, les différences territoriales donnent un rôle déterminant aux facteurs non économiques. L'étude historique doit déterminer comment les aspects culturels, sociaux et politiques se combinent avec les variables économiques, en donnant lieu à des formes spécifiques d'organisation marchande. L'insistance sur la variabilité des économies concrètes et sur leur évolution dans le temps met en discussion l'orientation de libre-échangisme rigide de l'économie classique et légitime des formes de politique économique plus interventionnistes, surtout en matière de protection douanière.

Les historiens allemands ont proposé des « stades de développement » de l'économie résultant de la combinaison de facteurs économiques et institutionnels. Une première formulation de ces stades est présente dans les travaux de Friedericht List, un précurseur de l'école historique, mais c'est principalement durant la deuxième moitié du XIXe siècle que des analyses de ce genre seront systématiquement développées par différents auteurs : Wilhelm Roscher, Karl Knies, Bruno Hildebrand et, plus tard, Gustav Schmoller et Karl Bücher. Cette perspective aboutit à une indétermination théorique sur laquelle Max Weber (1903-1906) attire l'attention, dans sa célèbre critique. Il démontre de façon probante que ces travaux souffrent d'une sorte de descriptivisme encyclopédique dans lequel sont considérées de multiples variables. En définitive, l'explication des divers parcours du développement économique aboutit à l'utilisation d'instruments interprétatifs ambigus qui ne sont pas contrôlables scientifiquement, à l'instar du concept de *Volkgeist* (« esprit du peuple »). Ce concept exprime la conviction que la marche de l'économie est fondamentalement influencée par la culture d'ensemble d'une population déterminée. Une vision de ce type reste toutefois théoriquement faible. L'historicisme se saisit donc des limites réelles de l'économie politique et insiste sur le rôle des institutions dans l'analyse économique, mais ne parvient pas à donner une réponse satisfaisante au problème des différences dans l'espace et dans le temps du développement des échanges marchands.

5. LA CRITIQUE DE MARX

Pour remédier aux limites de l'économie classique, Marx propose de ne pas séparer l'étude économique du contexte institutionnel et de replacer l'analyse des phénomènes marchands dans l'histoire. Pour l'idéalisme allemand et pour Hegel en particulier, l'histoire est un devenir continuel dans lequel, à travers différentes phases, se détermine une réalisation progressive de la raison humaine, considérée comme une entité supra-individuelle. Chaque moment historique doit être analysé dans sa *totalité*. Les aspects culturels, politiques et économiques se révèlent en effet étroitement interdépendants. Marx s'inspire de la vision hégélienne du développement historique selon laquelle l'évolution culturelle conditionne l'organisation productive, mais il renverse le rapport entre les aspects culturels et socio-économiques. Ce sont ces derniers qui constitueraient le véritable moteur du devenir historique. L'intention de Marx est plus théorique. Il ne se propose pas de montrer une dépendance réciproque entre les divers aspects de la réalité sociale. Il entend formuler une théorie générale du développement historique. Son attention se porte donc sur la société capitaliste et sur ses transformations, sur ses « lois de mouvement ».

Pour Marx, la propriété privée des moyens de production et le travail salarié sont autant d'instruments qui règlent la production des biens et la distribution des revenus. À la vision harmonieuse, typique de Smith, selon laquelle l'économie capitaliste, en régime libéral, favoriserait à la fois la croissance de la richesse et la coopération entre les classes sociales, Marx oppose une vision *dialectique :* le capitalisme génère une polarisation croissante des classes sociales qui conduit à une intensification progressive du conflit entre les classes qui, à son tour, porte au dépassement des vieilles formes d'organisation économique.

Le pronostic pessimiste sur les possibilités de l'économie capitaliste de continuer à produire et à distribuer des richesses est fondamentalement lié au poids attribué à l'exploitation de la classe ouvrière comme moteur de l'économie à travers la plus-value et le profit [Marx, *Le Capital* (1867-1894)]. Dans une économie capitaliste fondée sur la propriété privée des moyens de production, il n'y a pas de création de biens, s'il n'y a pas de profit possible pour les détenteurs du capital. Mais quelle est l'origine du profit ? En fait, à partir du moment où le travailleur est utilisé dans le processus productif, il crée une valeur ajoutée par rapport à celle nécessaire pour payer son salaire. Cette différence constitue une production de travail supplémentaire qui est source de plus-value, donc de profit. Toutefois, dans une situation de concurrence, chaque entrepreneur capitaliste a intérêt (voire est contraint) à introduire de nouvelles machines et, par conséquent, à augmenter le capital fixe au détriment des travailleurs. De cette manière, il réduit le coût du travail et jouit de plus de profit, tant que les autres capitalistes ne seront pas amenés à introduire les mêmes innovations. Cette dynamique a deux conséquences fondamentales : tout d'abord, elle provoque la hausse du chômage et détériore les conditions vie de la classe ouvrière ; dans un deuxième temps, elle détermine une chute tendancielle du taux de profit qui limite l'incitation à la production. En effet, le profit, dans la vision marxiste, dépend exclusivement de l'exploitation du travail, qui a pourtant tendance à se réduire parce que l'on emploie davantage de machines et moins de main-d'œuvre. À cela, il est possible d'ajouter qu'avec le temps et les crises cycliques, l'organisation de la classe ouvrière s'intensifie, ce qui induit une diminution des marges d'exploitation.

Le point le plus contestable de la vision de Marx est donc la non-prise en compte du progrès technique dans la création de richesse. En effet, l'introduction de nouvelles technologies provoque en général une hausse de la productivité du travail. Si les salaires n'augmentent pas plus que la productivité, cela engendre à son tour non pas une baisse mais une croissance des profits. Ces derniers peuvent être destinés à de nouveaux investissements, donc à une nouvelle demande de travail qui compense celle supprimée par la mécanisation. Cependant, le poids excessif donné à l'exploitation de la classe ouvrière dans l'analyse du développement économique conduit Marx à une conception pessimiste et à surestimer le conflit de classe et ses effets.

Naturellement, Marx savait parfaitement que la formation d'un prolétariat comme acteur historique conscient cherchant à modifier l'ordre de l'économie et de la société n'avait pas seulement des déterminants économiques [*L'idéologie allemande* (1845-46) et *Le Manifeste du Parti Communiste* (1848) écrits avec Engels]. La concentration dans les grandes usines et dans les grandes villes industrielles, les facilités de communication, l'homogénéisation des conditions de vie et de travail, l'organisation syndicale et politique et la lutte contre les capitalistes ; tous ces aspects jouent un rôle important dans le développement de la conscience et de la solidarité de classe. Dans ses œuvres historiques (*Les luttes de classe en France*, 1850 ; *Le 18 Brumaire de Louis Napoléon Bonaparte*, 1852), Marx semble également conscient des différenciations plus complexes de la structure de classe et de l'influence autonome de la culture et de la politique sur la conscience et l'action des groupes sociaux. Malgré tout, il reste convaincu que la dynamique *économique* du développement capitaliste devrait créer une polarisation progressive et une conflictualité destructrice entre les capitalistes et les travailleurs.

Le conflit de classe est surévalué pour deux raisons : d'une part, Marx pensait pouvoir établir les lois de l'économie avec la même précision que les sciences naturelles ; de l'autre, il considérait les facteurs socioculturels et politiques « super-structurels » par rapport aux déterminations « structurelles » plus profondes des facteurs économiques. La capacité de l'économie capitaliste à se reproduire à travers des changements continus, son aptitude à créer et à distribuer de la richesse, à garantir la mobilité sociale, n'ont pas abouti à la polarisation prévue par Marx. Dans le même temps, les spécificités culturelles, politiques et institutionnelles des différents pays ont lourdement pesé sur les modalités du conflit de classe et, par conséquent, sur ses effets sur le développement économique.

Marx veut remplacer l'économie classique par une sociologie économique du capitalisme, mais sa formation philosophique le pousse irrémédiablement vers la formulation de lois du développement historique qui échappent au contrôle scientifique effectif, bien qu'il leur attribue la même valeur que les lois naturelles. Après Marx, l'étude des classes et du conflit, que ce soit dans les unités productives ou dans la société, reste un aspect de première importance pour évaluer les modalités du développement économique et ses différences géographiques. La sociologie économique s'attache cependant davantage à l'interdépendance entre les phénomènes économiques et sociaux et reconnaît une plus grande autonomie aux institutions culturelles et politiques dans l'influence sur le conflit de classe et l'organisation marchande.

6. LA « RÉVOLUTION MARGINALISTE »

Au cours des dernières décennies du XIXe siècle, prend forme une définition différente des rapports entre l'analyse économique et celle des institutions. Avec la « révolution marginaliste », l'économie néo-classique se sépare plus nettement et rigoureusement de l'étude des institutions. Elle coupe court aux liens explicites avec un contexte historique particulier et assume une perspective plus générale et a-historique. Dans le même temps, l'étude des rapports entre institutions et activité économique « s'autonomise » et se spécialise. Elle devient le pivot d'une perspective analytique et disciplinaire plus précise : celle de la sociologie économique.

La décennie 1870 marque un moment particulier dans l'histoire de la pensée économique, avec la publication des travaux de l'anglais Stanley Jevons [1871], de l'Autrichien Carl Menger [1871] et du français Léon Walras [1874], à qui l'on attribue généralement la naissance de la « révolution marginaliste » et de l'économie néo-classique. Ces trois auteurs, en travaillant indépendamment, parviennent à des conclusions similaires.

La question fondamentale à laquelle ils tentent de répondre est très bien synthétisée par la formule de Jevons : « comment une population, qui a des besoins et des capacités propres, qui possède certaines terres et autres moyens de production, peut-elle employer le travail dans le but de maximiser l'utilité du produit ? ». Comme on le voit, on est loin de l'étude sur les causes de la richesse des nations. L'éloignement de la perspective de l'économie classique a trois conséquences particulièrement importantes :

a) l'analyse statique s'affirme au détriment de celle dynamique ;

b) l'approche dominante a un caractère normatif et déductif, plutôt que descriptif et interprétatif ;

c) les variables institutionnelles sont exclues du cadre explicatif.

Le développement économique ne constitue plus la préoccupation première de l'économie. Il est remplacé par la question de l'allocation efficace de ressources en fonction des fins, celles-ci étant considérées comme données. L'analyse prend désormais un caractère statique. Les néo-classiques ne se proposent plus de décrire et d'interpréter une forme d'organisation historique précise, mais ils veulent explorer, *en général*, la façon la plus rentable d'exploiter les ressources, dans certaines conditions. L'économie devient une théorie du choix : elle étudie la conduite humaine comme une relation entre des buts et des moyens rares appliqués à des usages alternatifs. L'action d'économiser, c'est-à-dire le choix d'allocation plus efficiente des faibles ressources disponibles, devient l'enjeu d'une étude économique. Cette perspective implique en retour une orientation analytique déductive. On postule des objectifs déterminés de la part des acteurs (maximisation de l'intérêt ou utilité), des conditions qui en dictent l'action (marché de concurrence parfaite) et on en déduit des résultats déterminés (équilibre économique). D'où le caractère normatif que le discours économique a tendance à prendre. En fait, on recherche l'allocation de ressource la plus efficace dans le cas où les hommes se comportent d'une certaine façon et agissent dans le cadre de certaines règles du jeu. Ce n'est que dans la mesure où de telles conditions se rapprochent de celles existantes dans la réalité historique et empirique que l'analyse n'est plus seulement normative, mais aussi capable d'expliquer une situation concrète.

L'économie se libère de la référence aux variables institutionnelles. L'unité de l'analyse est constituée par des individus isolés qui déterminent leurs propres fins indépendamment les uns des autres, et qui cherchent à maximiser les ressources dont ils disposent selon une concurrence parfaite. Cela implique que :

a) les fins de chaque sujet, sous la forme d'une hiérarchie stable de préférences de consommation et de travail, sont des données ;

b) même les moyens disponibles (comme les ressources naturelles, technologiques, du capital, du travail) sont considérés comme des données. Leur distribution entre les divers acteurs, liée aux facteurs institutionnels, n'est pas prise en compte ;

c) chaque individu cherche à maximiser sa préférence en échangeant des ressources dans les différents marchés (des biens et des facteurs). Son comportement est donc exclusivement influencé par le calcul rationnel individuel des moyens par rapport aux fins, et non par des facteurs dépendant du contexte institutionnel.

Comme l'explique l'économiste néoclassique Menger (1882), lorsque l'on introduit des variables institutionnelles, il devient alors impossible de maintenir ce niveau de régularité et de prévisibilité *a priori* dans le comportement des acteurs. Or celui-ci s'avère nécessaire à la formulation de modèles de fonctionnement de l'économie de marché à un niveau de généralisation élevé. Par contre, l'appréciation de l'influence des facteurs sociaux sur le comportement économique de chaque sujet requiert une optique inductive, qui part de l'expérience (comment se comportent, de fait, les individus) pour formuler des généralisations empiriques et des relations causales limitées entre les phénomènes étudiés. Cependant, de cette façon, on introduit inévitablement une variabilité plus grande dans les comportements, qui n'est plus compatible avec l'analyse économique. Par conséquent, analyse économique et analyse des institutions doivent être séparées.

La rupture avec les classiques porte donc l'économie à se retirer du terrain institutionnel pour s'adapter aux canons de généralisation théorique et de précision analytique des sciences plus consolidées, comme celles de la nature. En outre, l'application du calcul mathématique caractérise désormais de façon croissante l'économie. L'attirance observée chez les économistes pour l'analyse mathématique et la formalisation est en effet très liée à la fascination exercée par les sciences physiques et naturelles. Elle est également favorisée par la quantification plus facile des phénomènes économiques. Elle conduit cependant à exclure des aspects et des problèmes moins formalisables et, par conséquent, renforce l'orientation analytico-déductive de la discipline.

7. POURQUOI LA SOCIOLOGIE ÉCONOMIQUE NAÎT-ELLE EN ALLEMAGNE ?

Entre la fin du XIXe et le début du XXe siècle, la discipline s'émancipe de l'économie et acquiert un profil spécifique dans le domaine de la sociologie. Cette mutation se produit surtout en Allemagne, avec les travaux de Max Weber et de Werner Sombart. Une telle localisation n'est pas fortuite. Le contexte intellectuel allemand apparaît très différent de l'anglais et du français. Le premier est influencé par une longue tradition économique et par l'orientation évolutionniste en sociologie liée à l'œuvre de Herbert Spencer (1877-1896). Le deuxième est marqué par l'influence du positivisme d'Auguste Comte (1830-1842) sur la sociologie naissante. Dans ces deux cas, la sociologie comme science autonome émerge avec une forte connotation positiviste. Elle prône l'application de la méthode des sciences naturelles à l'étude des phénomènes sociaux, afin de déduire des lois de fonctionnement de la société. La tendance à formuler une théorie générale — une science synthétique du social — finit par décourager l'affirmation de la sociologie économique comme champ d'étude spécifique et autonome.

Le contexte socioculturel allemand est fortement influencé par la philosophie idéaliste qui, d'un côté, oriente la tradition économique vers l'historicisme et, de l'autre, éloigne la sociologie du positivisme franco-anglais. Nous devons surtout à Max Weber (1864-1920) le fondement méthodologique de la sociologie économique comme discipline autonome. Au début du XIXe siècle, il se mesure systématiquement, dans de nombreux écrits (1903-1906 ; 1904), à deux courants de pensée : l'historicisme économique et la philosophie idéaliste allemande qui critique le positivisme sociologique. S'il estime nécessaire de développer une interprétation théorique plus précise et rigoureuse que celle des historiens, Weber pense que cela ne peut conduire à la recherche de lois générales de la société. En cela, il s'accorde avec la critique philosophique de la sociologie. Les hommes, en tant qu'êtres conscients, forgent les institutions et les modifient continuellement avec l'évolution culturelle. Il est impossible d'opérer des généralisations pour prévoir le cours de l'action humaine, cette dernière n'ayant pas les caractères de régularité et d'uniformité qui caractérisent les phénomènes naturels. Pour autant, l'étude scientifique des phénomènes sociaux reste envisageable. D'après Weber, le chercheur de la société, comme celui de la nature, se sert de concepts, de généralisations et d'abstractions parce qu'ils sont indispensables à toute science. L'historien qui prétend décrire une réalité empirique déterminée utilise inévitablement des schémas théoriques d'explication, même s'ils sont souvent implicites, peu rigoureux ou discutables. Il y a pourtant une spécificité des sciences sociales que Weber ne manque pas de souligner. Celles-ci n'ont pas pour objet de formuler des lois générales, mais d'expliquer des phénomènes historiques. Les généralisations et les explications causales de la sociologie ont immanquablement des coordonnées temporelles et spatiales qui en limitent la validité.

Quel est alors le rapport entre sociologie et histoire ? La première est orientée vers l'étude des comportements et de leurs causes, alors que la deuxième est tournée vers l'explication des phénomènes singuliers. La connaissance sociologique possède son autonomie et sa spécificité, mais elle reste instrumentale. Elle sert à rendre intelligible l'histoire, à éviter les risques d'indétermination théorique et l'usage de concepts ambigus. La sociologie, dans la mesure où elle étudie le comportement comme étant influencé par le rapport avec les autres, peut donner des contributions plus efficaces à la connaissance. Par exemple, elle peut chercher à évaluer de quelle manière les activités économiques sont motivées par les attentes de comportement partagées qui orientent l'action, notamment par la croyance protestante ou par certaines formes d'organisation de l'État, c'est-à-dire par des normes formelles ou informelles qui constituent les institutions d'une société.

Le double refus d'une sociologie générale positiviste et de l'historicisme ouvre la voie à l'affirmation de la sociologie économique comme discipline autonome. La « science économico-sociale » ou la « sociologie de l'économie » a pour objet d'étudier l'interaction réciproque entre les phénomènes économiques et socioculturels. Elle s'intéresse aux phénomènes « économiquement importants » — c'est-à-dire aux facteurs non économiques, comme les institutions religieuses ou politiques, du point de vue de leur influence sur le comportement économique — et aux phénomènes « économiquement conditionnés » — c'est-à-dire aux institutions économiques envisagées sous l'angle de leur influence sur les autres institutions sociales. En cela, Weber récupère la leçon de Marx, mais contrairement au déterminisme économique marxiste, il souligne davantage l'interdépendance entre phénomènes économiques et sociaux.

Weber et Sombart individualisent dans la sociologie économique une voie différente, et d'une certaine façon intermédiaire, entre l'historicisme et l'économie théorique néoclassique. Ils se rangent du côté de Menger dans le débat méthodologique ayant opposé ce dernier aux historiens. Weber souligne que les propositions de l'économie théorique classique et néo-classique constituent des « types idéaux » qui partent du présupposé que l'action économique est exclusivement déterminée par la poursuite rationnelle des intérêts individuels. Ces constructions idéal-typiques sont utiles pour mesurer et comparer le comportement effectif des acteurs. Néanmoins, le comportement économique concret n'est que très rarement (et de façon approximative) stimulé par des motivations utilitaristes. Weber et Sombart ne sont donc pas intéressés par cette approche. En revanche, ils pensent qu'il est important d'engager une étude théorique de l'économie dans son contexte socioculturel qui dépasse les limites de l'historicisme. D'où leur intérêt pour le phénomène du capitalisme occidental, ses origines, son fonctionnement, ses perspectives. Leur sociologie économique propose une contribution théorique à la connaissance historique et se développe comme sociologie du capitalisme moderne. Dans la poursuite de cet objectif, ils ont offert un apport décisif à la définition d'un espace analytique pour la sociologie économique.

Chapitre 2

Origines et développements du capitalisme : Simmel et Sombart

SOMBART, WEBER ET SIMMEL ont été influencés par l'historicisme allemand. Toutefois, leur intérêt pour les variables institutionnelles de l'économie se conjugue avec une plus grande ambition théorique. Contrairement à leurs maîtres, les fondateurs de la sociologie économique considèrent qu'une étude scientifique des rapports entre économie et société est possible. Celle-ci n'est pas destinée à la formulation de lois générales de la société, comme celles recherchées par la sociologie organiciste et positiviste, mais débouche sur des modèles analytiques de phénomènes historiques tels que le capitalisme ; ou bien dans des formes de généralisation limitées dans l'espace et dans le temps qui se fondent sur les résultats de l'étude historique et qui servent à leur tour à l'orienter. Le capitalisme devient donc l'objet de recherche privilégié de la sociologie économique. Dans ce chapitre, comme dans le suivant, nous prendrons en considération les réponses de cette discipline à la question des origines, des caractères et de l'évolution du capitalisme. Nous verrons une première formulation dans l'œuvre de Simmel et dans les apports plus spécifiques de Sombart et de Weber, deux auteurs qui contribuèrent fortement à l'affirmation de la sociologie économique, au début du XIXe siècle.

1. LA « PHILOSOPHIE DE L'ARGENT » DE SIMMEL

Simmel (1858-1918) n'envisage pas la sociologie comme une science synthétique de la société, à la manière des positivistes. D'après lui, la société ne constitue pas un système, c'est-à-dire un organisme composé de parties différentes dont les fonctions sont interdépendantes. Elle est plutôt formée par un ensemble d'institutions qui naissent de l'interaction entre les hommes et qui, une fois consolidées, en conditionnent le fonctionnement. Simmel parle à ce propos de « formes pures ». La sociologie étudie donc les origines et les caractéristiques de ces formes ou des modèles de comportement institutionnalisés.

La monnaie est l'une de ces institutions. Selon Simmel, sa fonction est fondamentale parce qu'elle conditionne de façon grandissante et profonde les relations entre les hommes dans la société moderne. Dans son œuvre *La philosophie de l'argent* [1900], il montre que la découverte des origines et des implications de l'utilisation de l'argent ou de l'économie monétaire s'avère essentielle pour comprendre la société moderne. Weber notera opportunément que Simmel a tendance à identifier excessivement l'« économie monétaire » et le « capitalisme ». En effet, pour Simmel, le capitalisme comme système économique spécifique de production et de distribution des biens est, en réalité, une conséquence de l'économie monétaire. Malgré tout, l'étude sur les causes non économiques de l'économie monétaire et sur ses retombées sociales possède des éléments communs importants et évidents avec la sociologie du capitalisme développée par Sombart et Weber. Quatre aspects méritent d'être signalés :

a) l'insistance sur les présupposés culturels et institutionnels de l'économie monétaire ;
b) la reconnaissance que certains sujets (étrangers, juifs), en vertu de leur condition sociale de marginalité, exercent un rôle de tout premier plan dans la diffusion de l'économie monétaire ;
c) l'interprétation des répercussions sociales de l'économie monétaire en termes de personnalisation et de rationalisation croissantes des relations humaines et des modes de vie ;
d) l'image du socialisme, en désaccord avec celle de Marx, comme développement ultérieur de la rationalisation devant conduire à plus grande bureaucratisation.

Simmel se demande quels sont les « présupposés non économiques » de l'argent et de l'économie monétaire. Le système capitaliste suppose l'accumulation privée du capital ; celle-ci requiert que la monnaie se propage comme instrument des échanges et que le cercle des individus engagés dans l'économie monétaire s'élargisse. Néanmoins, pour que l'argent puisse exercer pleinement sa fonction de propulseur des activités économiques, une condition non économique fondamentale s'impose : il faut que croisse la confiance dans l'argent et que son utilisation puisse toujours disposer d'une contrepartie en biens concrets. L'accumulation du capital implique donc une accumulation de la confiance et cette condition culturelle est, à son tour, soutenue par des facteurs institutionnels : la légitimation et l'efficacité du pouvoir politique et les garanties fournies par l'ordre juridique. En ce sens, l'argent devient une « institution publique ».

Toutefois, il existe un rapport d'interdépendance entre l'économie monétaire, d'un côté, et l'État centralisé et le système juridique, de l'autre. La première croît grâce aux deuxièmes qui la garantissent, mais ces derniers se renforcent en relation avec les effets induits par la diffusion de l'argent comme moyen d'échange. Simmel souligne à ce propos que l'économie monétaire représente un puissant facteur de dissolution de l'« économie naturelle » fondée sur l'autoconsommation. Elle favorise la formation de l'État centralisé, qui exerce désormais un rôle essentiel, notamment celui du contrôle de la monnaie. L'État moderne se développe à travers l'extension de l'impôt qui permet le maintien d'une bureaucratie et d'une armée soumise au pouvoir central. Ces instruments contribuent, en retour, à affaiblir l'ancien ordre féodal et à renforcer l'économie monétaire, en garantissant la multiplication des échanges.

Les individus et les groupes sociaux exclus de la pleine jouissance des droits en vigueur dans une société se consacrent le plus naturellement à l'accumulation du capital. Pour eux, l'argent représente un instrument permettant d'obtenir une position sociale impossible à atteindre avec les moyens normaux. Ces sujets ne subissent pas les sanctions sociales et juridiques qui éloignent souvent de l'usage de l'argent les membres d'une société traditionnelle fondée sur l'« économie naturelle ». Il suffit de rappeler l'hostilité de l'église médiévale à l'égard de l'usure. Les principaux représentants de cette marginalité sociale sont les étrangers et les juifs, et Simmel fait aussi référence aux *moriscos* en Espagne, aux parias en Indes, aux quakers en Angleterre. Les étrangers et les groupes sociaux exclus introduisent le phénomène de l'argent et de l'économie monétaire dans la société traditionnelle et sont donc les principaux protagonistes de la mutation qui prépare le terrain pour l'avènement du capitalisme.

Simmel s'intéresse ensuite aux conséquences de l'économie monétaire sur les relations sociales et sur les styles de vie. Pour lui, l'argent est un phénomène ambivalent qui présente des aspects à la fois positifs et négatifs. Tout d'abord, il favorise la croissance de la liberté individuelle parce qu'il permet de modifier les rapports sociaux tant dans la sphère de l'échange que dans celle de la production. S'il est possible de choisir parmi de nombreux fournisseurs, les relations entre les acheteurs et les vendeurs se personnalisent et leur indépendance réciproque s'accentue. Non seulement l'économie monétaire offre à l'entrepreneur la possibilité de désigner librement ses partenaires économiques, mais elle garantit un éventail plus large d'objets divers qui rompt avec les formes de consommation traditionnelle. La liberté s'accroît donc aussi vis-à-vis des objets.

Dans la sphère de la production, à la relation de dépendance du serf à l'égard du seigneur, ou de l'apprenti à l'égard du maître des corporations, succède un contrat de travail spécifique et déterminé, qui personnalise le rapport, le lie à la poursuite d'un objectif limité qui n'inclut pas la sphère extra-professionnelle et qui, surtout, le rend remplaçable de part et d'autre. Certes, Simmel n'ignore pas que cette liberté est plus réduite pour les salariés. Il admet que l'essor capitaliste peut comporter une détérioration des conditions de rémunération et de vie des travailleurs. Cependant, Simmel considère cette évolution comme le prix de la liberté : « le travailleur paye avec l'insécurité du salaire le prix de la liberté », prix qui en vaut la peine parce qu'il permet au travailleur moderne d'acquérir une conscience de soi, il « ne se sent plus soumis en tant que personne. Il fournit uniquement une prestation établie avec précision, parce qu'elle a un équivalent en argent ».

L'économie monétaire conditionne toujours plus étroitement le comportement individuel et les hommes perdent leur contrôle sur les finalités que l'argent impose à l'organisation sociale. D'un côté, le développement économique favorise la croissance de la science et de la technique, mais de l'autre, ces dernières acquièrent une valeur propre, indépendamment de la capacité des hommes à vérifier la qualité effective des besoins qu'elles permettent désormais de satisfaire. Non seulement les moyens tendent à se transformer en fins, mais les rapports sociaux perdent en qualité. La liberté individuelle comporte une dépersonnalisation croissante des relations. La rationalisation et l'intérêt personnel se diffusent dans tous les domaines de la vie : la faculté de calcul devient « l'essence de l'époque moderne ». L'utilisation du temps et de l'espace est de plus en plus soumise aux exigences de l'économie monétaire qui, comme un corrosif puissant, dissout les vieilles solidarités traditionnelles : les valeurs qualitatives se transforment en valeurs quantitatives.

Simmel ne voit pas dans le socialisme une solution aux effets de l'économie monétaire qui imprègnent toujours plus la société moderne. Pour lui, le socialisme représente avant tout une forme de réaction à la perte des anciens liens collectifs traditionnels et la tentative de reconstruire de nouvelles solidarités de groupe. Paradoxalement, le succès éventuel d'une telle réaction semble destiné à accentuer les caractéristiques constructives que la rationalisation et la calculabilité des rapports sociaux imposent aux hommes. En effet, la victoire du socialisme porterait inévitablement à un « socialisme d'État », très éloigné de ces idéaux d'intérêt collectif que la doctrine socialiste souhaiterait réaliser.

2. « LE CAPITALISME MODERNE » DE SOMBART

Pour Sombart (1863-1941), la construction d'une sociologie économique est centrale. La première édition de son livre *Le capitalisme moderne* date de 1902. En 1916, une seconde version est profondément modifiée. Quant au troisième et dernier volume de l'œuvre, relatif à l'apogée du capitalisme, il n'apparaît que dix ans plus tard, en 1927. Dans la *Préface* de la deuxième édition, Sombart souligne que son approche « se donne pour tâche l'insertion de la vie économique elle-même dans le grand contexte de l'existence sociale de l'homme » [1916]. Il est donc nécessaire de dépasser l'opposition entre économie politique néo-classique et historicisme, entre école « abstraite-théorique » et école « empirique-historique ». La nouvelle « science sociale de la vie économique » a donc des prétentions théoriques. Elle vise l'explication scientifique des phénomènes économiques, mais dans un cadre historique. En ce sens, il n'y a pas d'histoire sans théorie.

Pour Sombart, l'économie est « l'activité humaine tournée vers la recherche des moyens de subsistance ». Comme toutes les autres créatures, l'homme doit pourvoir à la satisfaction de ses besoins avec des produits qu'il extrait de la nature par le travail. Ses besoins varient dans le temps. Au cours du développement historique, de nouveaux besoins « culturels » s'ajoutent à ceux nécessaires à la survie physique. Et, dans tous les cas, les biens et les services doivent être distribués et consommés selon certaines règles.

Sombart distingue trois aspects :

a) la *mentalité économique* ou l'*esprit économique :* l'ensemble des valeurs et des normes qui orientent le comportement des individus participant à l'activité économique ;

b) l'*organisation économique :* l'ensemble des normes formelles et informelles qui, dans une société, règle l'exercice des activités économiques de la part des individus ;

c) la *technique :* les connaissances techniques et les procédés utilisés par les sujets pour produire des biens et des services et satisfaire leurs besoins.

Ces trois aspects varient dans l'espace et dans le temps. Ensemble, ils permettent d'individualiser un *système économique :* « une forme particulière d'économie, c'est-à-dire une organisation déterminée de la vie économique à l'intérieur de laquelle règne une certaine mentalité économique et s'applique une certaine technique ».

Dans l'esprit économique, Sombart différencie l'orientation destinée à la *couverture des besoins* de celle vouée à l'*acquisition.* Dans le premier cas, le comportement économique vise à la satisfaction des besoins naturels et culturels (ces derniers étant définis de façon stable et rigide, pour les divers groupes sociaux, par la tradition) ; la production est surtout orientée vers la consommation. L'affirmation du principe acquisitif implique en revanche que l'activité économique soit essentiellement dirigée vers la recherche du plus grand gain monétaire à travers le marché. Une autre différence importante oppose l'esprit *traditionaliste*, qui se fonde sur l'obéissance passive aux règles transmises, à l'esprit *rationaliste*, qui recherche systématiquement les moyens les plus adaptés aux buts. Ce dernier est donc disposé à l'innovation dans le comportement et ouvert aux nouvelles techniques. Enfin, la mentalité économique peut être de type *solidariste* ou au contraire plus marquée par une orientation *individualiste.*

Quant à l'organisation, les principaux aspects qu'il convient de considérer sont : le caractère *obligé* de l'activité, lié à des normes qui en régissent le fonctionnement (par exemple, l'ordre corporatiste dans la société médiévale ou au contraire l'existence d'une large sphère de *liberté économique* juridiquement reconnue) ; la *propriété privée* ou *publique* des moyens de production ; la production destinée à la *consommation* ou à l'*échange* à travers le marché ; l'entreprise structurée sur le modèle de la *petite firme* de nature familiale ou au contraire sur de *grandes firmes* avec une force de travail salariée.

En reliant les différentes dimensions, le système capitaliste est caractérisé par une mentalité acquisitive, rationaliste et individualiste, qui s'exerce dans le cadre d'une organisation économique libre, fondée sur la propriété privée des moyens de production et sur des industries qui produisent des biens pour le marché, en utilisant le travail salarié. Sombart oppose ce système à deux autres types : l'économie directe — dans la double forme d'économie directe paysanne et du propriétaire terrien — et l'économie artisanale.

En outre, pour chaque système, il est possible de repérer trois périodes : l'*aube*, la *maturité* et le *déclin.* Au début, un système cohabite avec d'autres dans une phase de transition. Une *époque économique* est une période historique dans laquelle domine un certain système de production. Une phase initiale, celle du *premier capitalisme* s'achève à la fin du XVIIIe siècle, et une période successive, celle de l'*apogée du capitalisme*, dans laquelle ce système devient dominant, marquant une époque économique qui embrasse tout le XIXe siècle et se conclut avec la Première Guerre mondiale. Au cours des années suivantes, émergent en effet des éléments d'*organisation* qui conduisent à une atténuation des caractères capitalistes originels de l'économie.

2.1. Les origines du capitalisme

Comment passe-t-on d'un système économique à l'autre ? Sombart refuse le holisme méthodologique et donne une explication du changement économique en partant des motivations spécifiques des acteurs et des conséquences de leurs actions. Les entrepreneurs représentent les « forces motrices » du développement, parce qu'ils sont porteurs d'une nouvelle mentalité économique et qu'ils modifient la combinaison des facteurs productifs et l'organisation de l'économie à l'intérieur de l'ancien système pré-capitaliste. Certes, leur comportement est influencé par les institutions en vigueur dans la société comme l'État et le droit, ou encore la religion, la culture dominante, les connaissances scientifiques et techniques... Toutefois, lorsque sous l'influence de ces facteurs se forme un nouvel esprit économique, les entrepreneurs introduisent d'importantes innovations.

Pour Sombart, la mentalité capitaliste se compose de deux éléments distincts : l'esprit entrepreneurial et l'esprit bourgeois. L'esprit d'entreprise est une « aspiration au pouvoir », entendue comme la volonté d'affirmation et de reconnaissance sociale qui pousse les hommes à rompre avec la tradition et à chercher de nouvelles voies. « C'est l'esprit de Faust », précise Sombart, un esprit dont est profondément imprégnée l'âme de l'homme occidental. Bien sûr, ses origines sont liées à l'histoire religieuse de l'Occident, au christianisme. Sombart met cependant en évidence la progressive laïcisation, le caractère « terrestre et mondain » qui s'exprime par une autonomisation croissante de sphères de plus en plus larges des activités de l'homme européen vis-à-vis de la tradition et du contrôle de la religion. Cette émancipation à l'égard de l'Église et des conceptions médiévales se manifeste d'abord dans la sphère politique, avec la construction de l'État moderne, et dans celle de la connaissance scientifique, avec ses applications techniques. Il s'étend ensuite progressivement à l'économie. L'esprit d'entreprise s'identifie alors à la poursuite d'un gain qui ne se limite plus à la conquête, à l'aventure ou à la recherche de métaux précieux, mais qui s'exerce de manière systématique, à l'intérieur même de la vie économique, dans l'organisation de l'activité productive.

Pour que le système capitaliste puisse voir le jour, il faut aussi que l'esprit d'entreprise se fonde avec celui bourgeois. L'orientation acquisitive, c'est-à-dire la recherche du profit dans l'économie, doit se combiner avec le rationalisme, soit une orientation tournée vers l'« administration ordonnée du capital », faite de « diligence, modération, parcimonie, économie, foi dans les contrats ». Sombart trouve déjà des traces de cette mentalité dans les *Livres de la famille* écrits vers 1450 par Léon Battista Alberti, un architecte descendant d'une famille de marchands florentins ; et sous une forme encore plus nette dans les écrits du XVIIIe siècle de Benjamin Franklin, auxquels Weber fera lui aussi référence. Ces traits bourgeois ont pour origine la matrice religieuse non seulement catholique et protestante, mais également juive. Ils se manifestent surtout dans les villes européennes et sont intimement liés aux affaires des communes et des groupes sociaux qui progressent dans ces contextes : les marchands et les artisans. C'est dans cet environnement que prend corps l'entrepreneurialité *bourgeoise*. Pourtant, la matrice chrétienne et l'environnement urbain ne suffisent pas à expliquer sa formation. Des groupes sociaux marginaux ont favorisé l'émergence de l'entrepreneurialité bourgeoise : les hérétiques, les étrangers et les juifs (les deux derniers étant déjà présents dans l'analyse de Simmel). Pourquoi les conditions de vie de ces groupes favorisent-elles la formation de l'entrepreneurialité ?

Les *hérétiques* désignent ceux qui n'appartiennent pas à l'église d'État. Avec la création de l'État moderne et la Réforme protestante, se forme en Europe la catégorie sociale des hérétiques ou des hétérodoxes, de tous ceux qui n'adhèrent pas au culte soutenu (juridiquement ou de fait) par l'État. Ceux qui ne font pas partie de la religion dominante finissent par avoir formellement ou de fait un statut de semi-citoyens. Pour eux, l'accès aux métiers publics ou à d'autres formes de reconnaissance sociale et professionnelle est difficile, voire fermé. « Exclus de la participation à la vie publique, les hérétiques ne pouvaient exprimer toute leur force vitale que dans l'économie. Elle seule pouvait leur offrir la possibilité de se procurer cette position importante dans la communauté que l'État leur niait ».

Les migrations impliquent toujours une sélection. En effet, ceux qui décident de partir sont souvent les plus entreprenants, les plus déterminés et les plus audacieux. En outre, ces sujets, une fois devenus *étrangers* dans un pays différent de celui d'origine, sont davantage portés à rompre avec les vieilles habitudes et les relations sociales traditionnelles. Enfin, parce que leurs possibilités de mobilité sociale sont très limitées dans les secteurs extérieurs à l'activité économique : « Pour l'émigrant comme pour le colonisateur, il n'y a pas de passé, il n'y a pas de présent, il y a *seulement le futur* [...] Pour lui, le gain reste l'unique chose importante, l'unique moyen de construire son avenir ».

La contribution des *juifs* au développement capitaliste s'est particulièrement exercée à travers l'entrepreneurialité commerciale ou créancière. La propension des juifs à entreprendre s'explique surtout par leur condition d'étranger dans les différents pays du monde où ils se sont dispersés. La diaspora juive a déterminé une situation de marginalité sociale qui s'est vue renforcée par la tendance des juifs — liée à leur identité religieuse — à s'isoler, à ne pas s'identifier à une nationalité déterminée et à maintenir des liens internationaux dans le cadre de leur communauté d'appartenance. Ce facteur favorise fortement l'orientation et le succès entrepreneurial, parce qu'il nourrit ces rapports de confiance qui facilitent les activités économiques dans le marché international.

À l'instar de Simmel, Sombart accorde un rôle important à l'État. L'esprit d'entreprise occidental s'exprime originellement dans la construction de l'État moderne. Ce dernier stimule l'innovation technique, qui augmente l'efficience militaire et renforce le pouvoir central. Le soutien à la politique de conquête et de campagnes coloniales, ainsi que l'orientation mercantiliste sont aussi liés à la lutte pour la suprématie entre les différents États. Leur objectif est d'accroître la disponibilité des métaux précieux, qui augmentent les ressources de la finance publique, donc la puissance militaire. L'interdépendance qui s'établit entre l'État, le progrès technique et la politique d'acquisition des métaux précieux a des répercussions tant directes qu'indirectes sur l'essor capitaliste. L'État agit sur l'entrepreneurialité d'origine politique, à travers les politiques mercantilistes (protection tarifaire, expéditions coloniales, etc.). Il intervient également sur l'entrepreneurialité d'origine économique. Il contribue notamment à créer la situation sociale des hérétiques, des dissidents de la religion d'État qui, par le biais des migrations, alimentent aussi l'esprit d'entreprise des étrangers. De plus, avec ses commandes militaires, l'État concourt à élargir le marché pour l'industrie naissante. La nouvelle technique rationnelle, issue du progrès des connaissances scientifiques, soutient la croissance de l'industrie capitaliste et améliore les conditions de transport des biens.

Le facteur décisif qui permet d'exploiter le capital, le marché et les nouvelles technologies de production et de transport reste, d'après Sombart, l'entrepreneurialité. Comme nous l'avons déjà suggéré, l'État y contribue avec le mercantilisme et l'entrepreneurialité politique. Néanmoins, la rencontre entre l'esprit d'entreprise et l'esprit bourgeois s'avère décisive. L'esprit bourgeois se forme indépendamment de l'État, sous l'emprise culturelle de la religion chrétienne et dans l'univers particulier des villes européennes, marquées par l'expérience des communes. L'État participe à ce processus, dans la mesure où il contribue à créer ces conditions d'exclusion de la citoyenneté qui rendent les hérétiques, les étrangers et les juifs plus sensibles à l'esprit bourgeois.

Une fois que l'entrepreneurialité bourgeoise a fait jaillir l'étincelle du développement capitaliste, s'opère un vaste processus de *dissolution des ordres économiques anciens*. Sombart se réfère à la disparition des formes traditionnelles de production agricole, du travail à domicile dans les campagnes et de l'artisanat. Tous ces changements économiques et politiques déterminent une prolétarisation du travail agricole et une crise de l'organisation artisanale qui libèrent une force de travail pour l'industrie moderne naissante. Les paysans sont progressivement privés de leurs droits sur les propriétés communales et voient se réduire les possibilités de gain supplémentaire liées à l'industrie rurale et au travail à domicile.

Avec le temps, le développement capitaliste contribue à la *mutation de l'ordre juridique et des politiques étatiques*. Si dans la phase du passage de l'économie pré-capitaliste au premier capitalisme, le mercantilisme et la régulation politique jouent un rôle considérable, dans la phase suivante, une orientation plus libérale de l'État en économie s'affirme. L'action répressive de l'État sécurise le commerce et l'introduction d'un système monétaire rationnel facilite les échanges. C'est ainsi que, au cours du XIXe siècle, le capitalisme arrive à son apogée.

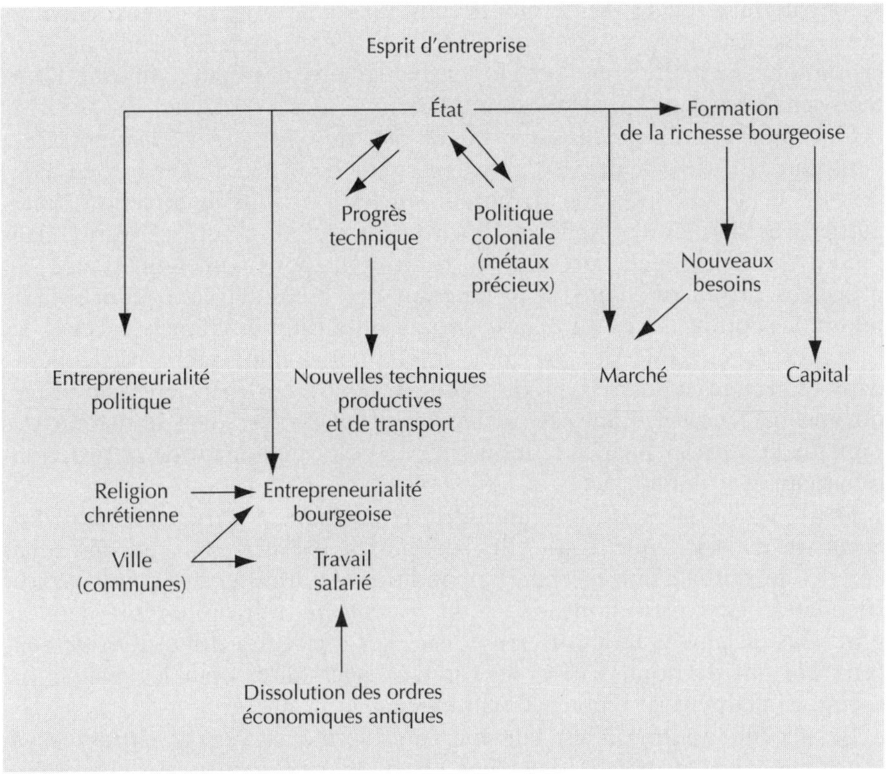

Figure 2.1. Le modèle de développement capitaliste de Sombart

2.2. L'apogée du capitalisme

Dans le troisième volume de son œuvre, Sombart décrit les changements intervenus dans la phase de pleine maturité du capitalisme qui s'achève avec la Première Guerre mondiale. Ces transformations peuvent toutes être rattachées au processus historique de rationalisation qui investit la vie économique et qui s'exprime par la tendance à rechercher et à appliquer les moyens les plus adaptés à la poursuite du profit. La rationalisation conditionne toujours plus la production, la distribution et la consommation des biens. Nous pouvons en mesurer les effets en considérant les diverses composantes du système économique.

L'intensité croissante de l'esprit capitaliste et son extension à des groupes sociaux plus larges résultent à la fois d'un changement interne et de facteurs externes. La mentalité entrepreneuriale est caractérisée par une transformation idéologique qui conduit à la *sécularisation de l'esprit capitaliste.* Les motivations religieuses qui soutenaient le comportement des entrepreneurs cèdent leur place à un credo plus laïc : « la foi n'est désormais qu'une question de pratique dominicale ». À sa place s'affirme « un concept moderne bourgeois-capitaliste du devoir » qui tend à juger l'application dans le travail et le rendement comme sources primaires du bien-être économique et de la reconnaissance sociale. Se développe ainsi un « amour de sa propre activité » qui pousse les entrepreneurs à délaisser les intérêts extérieurs au travail (l'art, la politique, les amitiés, etc.) et à intensifier les énergies vitales qui sont désormais canalisées dans l'activité économique.

Une plus grande *spécialisation de la fonction entrepreneuriale* permet à l'entrepreneur de déléguer à d'autres une série de tâches au départ peu différenciées et de se concentrer davantage sur les fonctions de direction stratégique. Ces dernières varient en fonction du secteur d'activité. Ainsi, dans l'industrie mécanique, prévaut le *technicien*, pour sa connaissance du processus productif ; dans la production des biens de consommation de masse, les compétences du *commerçant*, c'est-à-dire les connaissances et les capacités de contrôle des marchés, revêtent une importance particulière ; dans les grandes industries qui disposent de ressources financières élevées, les qualités du *financier* sont essentielles car il sait évoluer dans le marché des capitaux et associer finance et industrie. Le point culminant de ce processus est atteint avec le financier.

Dans ce cadre, s'affirme une *démocratisation de l'entrepreneurialité.* Sombart constate que toutes les catégories sociales peuvent désormais accéder au statut d'entrepreneur, à condition de disposer des connaissances adéquates. Les institutions de crédit jouent un rôle important dans ce processus de plus grande ouverture, car elles mettent à disposition de tous ceux qui ont de bonnes idées les capitaux nécessaires pour les réaliser (ce thème sera largement repris par Schumpeter).

Le marché du travail est surtout conditionné par l'*exacerbation de la concurrence* sur le marché des biens et par le *renforcement du mouvement ouvrier.* Avec les revendications syndicales et politiques du mouvement ouvrier, non seulement l'intégration sociale des travailleurs s'améliore (notamment grâce à la nouvelle législation sur le travail), mais les entrepreneurs sont aussi amenés à innover continuellement, pour augmenter la productivité et compenser ainsi la hausse du coût du travail. Enfin, le progrès technique toujours plus rapide modifie continuellement les conditions concurrentielles, en permettant de fabriquer de nouveaux biens ou de produire ceux existants à des prix plus bas. Il en résulte une poussée à la rationalisation de l'évolution technologique, qui se manifeste par une plus grande *institutionnalisation de la recherche appliquée et de la formation*, et par une incorporation croissante de ces activités à l'intérieur même des entreprises, surtout des plus grandes où s'affirme la figure de l'« inventeur spécialisé de profession ».

Le premier domaine de la rationalisation concerne donc l'ordre juridique et l'intervention de l'État dans l'économie. Comme nous l'avons déjà noté, pour Sombart, le passage de la phase mercantiliste à celle libérale est soutenu par l'essor de la bourgeoisie entrepreneuriale. La liberté de mouvement de l'entreprise est reconnue avec la séparation entre le droit public et privé, avec la montée en puissance des formes de protection juridique des contrats et avec l'introduction d'un système monétaire rationnel.

Le développement capitaliste, en désagrégeant l'organisation économique traditionnelle des campagnes et celle de l'artisanat urbain, crée une offre d'emploi croissante qui, à travers les migrations et l'urbanisation, alimente les entreprises industrielles. Pour faire face au problème de l'adaptation culturelle et professionnelle des nouveaux salariés, les entrepreneurs ont recours à une discipline de fer, accompagnée par des encouragements économiques (comme le travail à la pièce) ; mais ils cherchent surtout à intervenir sur l'organisation du travail et sur le recrutement. D'où la *poussée à la décomposition du travail.* Les fonctions complexes sont décomposées en une pluralité de tâches plus accessibles, même pour les travailleurs peu qualifiés. Le poids des ouvriers spécialisés se réduit et leur rôle dans le processus productif change, tandis que les employés semi-qualifiés et les ouvriers ordinaires augmentent. La parcellisation des tâches transforme les rapports entre le travailleur et la machine. L'autonomie des ouvriers diminue, de même que leur capacité à influer sur l'organisation du travail. C'est le système des machines (dont l'exemple le plus typique reste la chaîne de montage) qui conditionne, avec ses modalités de fonctionnement, la distribution de la prestation du travail.

Cette évolution comporte plusieurs avantages pour l'entreprise capitaliste : elle permet de réduire le coût du travail parce qu'il est désormais possible de puiser dans une offre plus grande ; elle facilite aussi l'adaptation et la formation des travailleurs ; en outre, elle permet l'application de nouvelles méthodes d'« organisation scientifique du travail », fondées sur la planification plus rigide des temps et des procédures. La rationalisation « taylorienne » de l'utilisation du travail s'étend également au recrutement, qui est organisé selon des procédures plus formalisées, destinées à vérifier l'aptitude psychophysique des travailleurs vis-à-vis des tâches qui leur sont demandées (se diffuse, par exemple, la pratique des tests).

L'entreprise a tendance à s'organiser de plus en plus comme une *bureaucratie*, avec une hiérarchie des rôles rigoureuse et des procédures précises de rapport entre les niveaux et les compétences diverses de l'exploitation. Les travaux d'étude menés par les chercheurs et les ingénieurs, par exemple, sont nettement séparés des fonctions d'exécution confiées aux ouvriers. Citant l'industriel de l'automobile Henry Ford, Sombart estime qu'il faut éliminer autant que possible les éléments personnels et « communautaires », pour augmenter la prévisibilité et la planification des comportements, et rendre les hommes davantage interchangeables par rapport aux tâches qu'ils doivent accomplir dans la machine-entreprise.

La grande entreprise concentrée permet d'utiliser au maximum les économies d'échelle, en produisant de grandes quantités de produits à des coûts plus bas. Cette tendance se réalise davantage dans les secteurs de la production de masse de biens standardisés, tandis que les entreprises plus petites se maintiennent dans des branches productives caractérisées par une standardisation mineure des biens ou par une demande plus limitée et variable.

La consommation représente le dernier aspect de la rationalisation. Afin de réduire l'incertitude et d'accroître la stabilité du processus de production, il faut que les entreprises contrôlent la demande des biens à la fois dans la quantité et dans la qualité. Pour optimiser le processus de rationalisation, les entreprises doivent donc augmenter la production de biens standardisés ou la fabrication en série. C'est dans ce cadre que la tendance à l'*uniformisation des besoins* doit être analysée.

Sombart remarque que celle-ci est avant tout une conséquence du développement économique lui-même. Les communications augmentent, la population urbaine croît et les possibilités de consommation des couches sociales intermédiaires et inférieures s'améliorent. Tout cela détermine un dépassement des barrières culturelles traditionnelles et rurales qui, autrefois, segmentaient davantage, selon les lieux et les groupes sociaux d'appartenance, la demande en biens de consommation.

La mode, au départ réservée aux groupes sociaux restreints des classes aisées, se généralise et se diffuse plus rapidement avec l'urbanisation. Elle répond en effet à un besoin d'affirmation et de reconnaissance sociale, dans un contexte où les liens de type communautaires se relâchent. En influençant le cours de la mode, les entreprises peuvent accélérer le rythme d'introduction de nouveaux produits (en exploitant aussi les nouvelles opportunités offertes par la technique). De l'autre, elles peuvent standardiser davantage les besoins en créant un marché de masse. Cette dernière tendance se réalise à travers la production en série de biens de qualité inférieure qui imitent les modèles d'élite imposés par la mode et désormais demandés par un large public de consommateurs.

Avec la plus grande uniformisation des besoins et la croissance d'un marché de masse standardisé, la rationalisation capitaliste de l'économie s'étend et se consolide. Les grandes entreprises bureaucratiques dominent la scène du capitalisme mature. Ce système économique atteint alors son apogée.

Cependant, en se rationalisant, le mode de production capitaliste alimente les germes de sa propre destruction. Les premiers signes de décadence commencent à se manifester après la Première Guerre mondiale. À partir de 1920, on entre dans une phase que le sociologue allemand appellera également le *capitalisme vieillissant*. Sombart ne s'attend ni à un effondrement de l'organisation économique, ni à des crises de plus en plus graves, comme dans les prévisions marxistes. Contrairement à Marx, Sombart estime que le développement technique et l'augmentation du capital fixe ne comportent pas une chute du taux de profit et une hausse du chômage. L'introduction de nouvelles technologies accroît la productivité et, dans le cas où les salaires n'augmentent pas plus que cette dernière, elle permet d'accroître les profits et de les destiner à de nouveaux investissements qui peuvent compenser ou résorber le chômage provoqué par la plus grande mécanisation. D'après Sombart, le chômage est donc conjoncturel. Il procède de la restructuration productive continuelle, mais il n'est pas destiné à croître structurellement au point d'alimenter un processus social révolutionnaire. Pour faire face au problème social du chômage et améliorer les conditions de vie et de travail des couches sociales inférieures, les pays ont tendance à expérimenter des systèmes économiques qui se fondent sur l'*économie de plan*. La planification en régime capitaliste implique un retour à une intervention majeure de l'État dans l'économie, un poids plus grand du secteur coopératif et des formes plus étendues de régulation politique de l'économie, à la fois directes (à travers l'intervention publique et la législation) et indirectes (à travers le rôle plus important de la négociation syndicale sur les conditions de travail). En somme, on se dirige vers un *capitalisme stabilisé et régulé*. Les différences entre ce type de système économique et un socialisme technicisé et rationalisé sont minimes. Le socialisme ne pourrait qu'accentuer ces tendances et non les supprimer. Ces changements auraient pour résultat l'atténuation des oscillations cycliques de l'économie et des conséquences sociales en termes de chômage. Écrivant à la veille de la grande crise des années trente, Sombart devine l'importance de la nouvelle politique économique (qui sera par la suite définie « keynésienne », du nom de l'économiste anglais qui incarne le mieux cette tendance) pour le développement capitaliste. L'analyse de Sombart se conclut donc par une prévision extraordinairement lucide sur le futur du capitalisme.

Chapitre 3

Capitalisme et civilisation occidentale : Max Weber

ON PEUT CONSIDÉRER SOMBART comme un sociologue économique au sens strict, peut-être le premier dans l'histoire de la discipline. La personnalité scientifique de Max Weber est beaucoup plus complexe. La sociologie de l'économie représente certainement une composante centrale de son œuvre, mais elle a progressivement pris une tournure plus riche et ambitieuse que celle de Sombart, au point de devenir une histoire de l'Occident moderne. Sombart pressentait que le régime capitaliste avait profité des conditions culturelles et institutionnelles spécifiques à l'Occident : la religion, l'État, l'expérience communale. Toutefois, il n'avait pas approfondi ces aspects. Il les avait laissés en arrière-plan, préférant se consacrer à leurs conséquences sur la formation de l'entrepreneurialité et sur le développement économique. Il avait cherché à regarder de l'avant, plus que n'avait pu le faire son ami et collègue Max Weber (1864-1920), décédé vingt ans avant lui. Il s'était donc plus particulièrement intéressé aux transformations du capitalisme au cours du XIXe et XXe siècles. La sensibilité extrême pour la complexité des phénomènes historiques et sociaux pousse au contraire Weber à considérer le passé plus que le présent. Il ne veut laisser aucune zone d'ombre sur l'ensemble des conditions culturelles et institutionnelles qui ont favorisé l'éclosion du capitalisme occidental. Sa recherche sur les origines du régime capitaliste devient donc, au fur et à mesure, une recherche sur les origines de la rationalisation occidentale.

En étudiant la situation de l'agriculture dans l'Allemagne orientale, Weber [1924a] est frappé par la tendance des travailleurs engagés dans les domaines des grands propriétaires (les *Junker*) à délaisser leur statut de paysan lié de façon durable à l'entreprise pour celui de salarié ou à émigrer. Pourtant, les conditions de vie des paysans stables sont meilleures que celles des salariés saisonniers et ceux qui émigrent ne proviennent pas de régions où la main-d'œuvre est surabondante et les salaires inférieurs. Les ouvriers agricoles souhaitent plutôt se libérer des rapports de dépendance à l'égard des *Junker*, en dépit d'une perte de sécurité économique immédiate. Même l'attitude des opérateurs boursiers allemands — que Weber analyse dans son étude sur *La bourse* [1894] — n'est pas compréhensible en des termes strictement utilitaristes, selon les schémas de la théorie économique classique. La comparaison entre la situation allemande et l'anglaise est suggestive. Les hommes d'affaire anglais et allemands désirent évidemment gagner le plus possible, en jouant sur les prix différentiels. En Grande-Bretagne, comme aux États-Unis, les bourses sont des clubs réservés aux commerçants de profession. Il s'agit d'institutions autogérées qui décident de manière autonome les critères d'admission. Les postes se transmettent ou s'acquièrent au moyen d'une importante caution. La bourse constitue donc une « aristocratie de l'argent » qui exige le respect de standards éthiques élevés et exerce un contrôle puissant sur ses membres. Le cadre institutionnel de l'Allemagne n'est pas le même. Les opérateurs économiques sont davantage exposés aux risques de comportements incorrects. Paradoxalement, c'est l'accès plus limité à la catégorie sociale des commerçants en bourse qui favorise la situation anglaise, alors que dans le cas allemand, l'accès est moins réglementé et la bourse s'apparente plus au libre marché.

Weber est également frappé par le problème des disparités territoriales du développement économique internes à l'Allemagne, mais aussi entre l'Allemagne et d'autres pays, notamment anglo-saxons. Dans une conférence tenue en 1904 à Saint-Louis, Weber expose les dissemblances internes du développement de l'Allemagne. Du sud à l'ouest du pays, la petite propriété paysanne prédomine et les cultures sont plus diversifiées. Par contre, à l'Est, et au Nord-Est en particulier, ce sont les grandes propriétés foncières qui dominent, ainsi que les cultures extensives de grains, de betteraves et de pommes de terre. Comment expliquer une telle divergence ? Au début du XIXe siècle, lorsque les obligations féodales ont été abolies, deux parcours distincts se sont affirmés. Dans le Sud et dans l'Ouest, la terre a fini en grande partie dans les mains des paysans, tandis que dans l'Est, elle a été conservée par les propriétaires fonciers qui ont commencé à gérer les domaines avec le travail libre. Cette différence plonge ses racines dans le Moyen Âge. C'est à partir de cette époque que le Sud-Ouest, contrairement à l'Est, s'est doté des conditions nécessaires au renforcement de la paysannerie. Les seigneurs du Sud-Ouest ont préféré se convertir en rentiers, exigeant des revenus pour la location des terrains et des taxes diverses sur les commerces locaux. Ceux de l'Est se sont par contre consacrés directement à l'exploitation des terres. Pourquoi une telle différence ? Est-ce parce que les paysans de l'Est se sont montrés incapables d'opérer une transformation semblable à celle du Sud et de l'Ouest, qui a porté au passage à la petite et moyenne entreprise ? Weber trouve la réponse dans le rôle fondamental des villes, dans le tissu urbain faible de l'Est comparé à la trame plus dense du Sud et de l'Ouest. L'environnement urbain favorise également l'émergence de l'entrepreneurialité.

1. L'ESPRIT DU CAPITALISME

Dans son œuvre célèbre, *L'éthique protestante et l'esprit du capitalisme*, Weber analyse les origines de l'entrepreneurialité en la mettant en relation avec une mentalité ou un « esprit économique » particulier. Il considère l'esprit du capitalisme comme un type idéal. Celui-ci ne s'apparente nullement à l'« impulsion acquisitive ». En effet, l'avidité de l'argent a toujours existé. On relève déjà des traces de sa présence dans les sociétés pré-capitalistes. D'ailleurs, dans ces contextes, la quête du profit est encore plus émancipée car elle n'est pas entravée par des normes éthiques. Cette soif d'acquérir n'aboutit cependant pas au dépassement du traditionalisme économique, bien qu'elle en constitue une composante essentielle. Pour comprendre les nouveautés introduites par l'esprit du capitalisme, il est donc nécessaire de mieux définir l'orientation économique traditionaliste. Tout d'abord, le profit ne se justifie pas du point de vue éthique, mais il est toléré. Pour cette raison, sa recherche s'effectue surtout dans les rapports avec les personnes extérieures à la famille et à la communauté locale, avec les étrangers. Ensuite, le désir d'acquisition se manifeste dans le commerce, dans la guerre ou dans la piraterie et, plus généralement, dans le « capitalisme d'aventure ». Par contre, il n'investit pas la sphère de la production, qui reste gouvernée par la routine traditionnelle.

Dans l'esprit du capitalisme, la recherche du profit devient justifiée, voire même sollicitée sur le plan éthique. Non seulement l'engagement dans le travail comme « profession » devient un devoir moral, mais il s'accompagne de la condamnation de toute « jouissance insouciante », de toute finalité hédoniste dans l'utilisation des gains. Le profit ne doit pas être employé uniquement pour accroître le patrimoine familial. Il doit fructifier, en réinvestissant le capital dans des activités productives. La recherche du profit est fondée sur le calcul rationnel du rendement du capital. Si au départ, le besoin d'acquisition s'exprimait dans le commerce et dans le capitalisme d'aventure, dorénavant, il se manifeste de plus en plus dans l'organisation rationnelle du processus productif. Ainsi, non seulement le caractère statique de l'économie traditionnelle (destinée à la satisfaction des besoins surtout à travers une production d'autoconsommation) est rompu, mais la sphère de la production pour le marché est elle-même révolutionnée par des entrepreneurs privés qui utilisent du capital. Les « nouveaux » entrepreneurs (que Weber connaissait personnellement à travers l'histoire de sa propre famille) modifient les produits, les méthodes de production, les rapports avec les fournisseurs et avec le marché, en vue de dégager le maximum de profit. Ils ne jouissent pas de capitaux importants. Ils disposent seulement de sommes d'argent limitées, souvent prêtées par les parents. Ils ont néanmoins une arme essentielle pour vaincre les résistances et les hostilités que suscite leur action : ils possèdent des qualités éthiques qui alimentent la « lucidité », l'« énergie » et l'implication dans le travail, autrement dit l'« esprit du capitalisme ». Comment cet esprit s'est-il formé ? Quelles sont ses origines ?

La diffusion de l'esprit capitaliste peut être vue, selon Weber, comme une conséquence non intentionnelle de l'éthique économique du protestantisme, surtout dans sa composante calviniste. Plutôt que de proposer une véritable démonstration causale, le sociologue allemand préfère souligner les « affinités électives » existant entre les deux phénomènes.

L'un des aspects fondamentaux de la croyance calviniste réside dans l'idée de prédestination. Dieu a créé le monde pour sa propre gloire. Les fins divines ne sont cependant pas connaissables par les hommes, excepté celles que Dieu a daigné révéler. En outre, les hommes ignorent leur destin individuel. Ils savent seulement que certains seront sauvés et d'autres damnés. Les élus sont prédestinés : ils ont été choisis par Dieu au moment de la création et leur destin ne peut être modifié par leurs actions. En outre, ils ne peuvent conquérir leur salut avec des moyens « ecclésiastiques et sacramentaux ». Les calvinistes nient en effet que l'état de grâce puisse être perdu ou racheté à travers l'administration de sacrements de la part de l'Église, en particulier avec la confession et la communion. De plus, à la différence des luthériens, le repentir individuel ne permet pas d'obtenir le salut dans l'au-delà.

Selon Weber, c'est ainsi que s'accomplit « ce grand processus historico-religieux de *désenchantement* du monde qui débuta avec la prophétie hébraïque antique et qui, en accord avec la pensée scientifique grecque, rejeta comme superstition et impiété tous les moyens magiques de recherche du salut ». Toutefois, en portant à son paroxysme un tel processus, le calvinisme engendre chez ses adeptes une solitude effroyable. En effet, personne ne peut aider les croyants calvinistes à acquérir le salut, aucune église, aucun prêtre, aucun sacrement. Cette situation est évidemment destinée à générer chez eux une angoisse. L'impossibilité de modifier leur destin individuel devrait conduire les fidèles au fatalisme et à la passivité. Pourquoi, à l'inverse, les calvinistes ont-ils tendance à l'action et à l'innovation dans le domaine économique ?

D'un côté, les pasteurs calvinistes encourageaient les fidèles à se percevoir comme élus et à considérer tout doute à ce propos comme une tentation ; de l'autre, ils les invitaient à s'engager assidûment dans le travail professionnel, afin de renforcer leur confiance dans leur condition d'élu. Nous pouvons dès lors comprendre comment la conception calviniste favorise involontairement l'esprit du capitalisme. L'idée de la prédestination suscite à la fois une angoisse et un besoin psychologique d'être rassuré. Par ailleurs, le croyant doit se comporter comme s'il était élu en s'impliquant de manière rigoureuse dans le monde par son propre travail. Le succès de son activité professionnelle finit par être interprété comme le signe de l'élection divine, ce qui amène le sujet à s'y consacrer encore plus, en vue de maintenir et de renforcer cette condition.

Cependant, l'esprit du capitalisme ne se caractérise pas uniquement par la recherche du profit comme un devoir éthique. Il implique également l'utilisation productive du capital et la condamnation du luxe et des plaisirs. Cette deuxième composante est aussi présente dans le calvinisme qui proscrit l'usage de la richesse pour satisfaire les plaisirs matériels ; il décourage la consommation ostentatoire et l'attachement aux biens extérieurs. La combinaison de l'application au travail et de la restriction de la consommation favorise la formation du capital à travers la contrainte ascétique à l'épargne.

Après avoir formulé sa thèse sur l'adéquation entre éthique protestante et esprit du capitalisme, Weber insiste sur le rôle des sectes protestantes [1920-21] qui caractérisent le tissu associatif de la société américaine. Il souligne les différences de comportement qui opposent les membres d'une église à ceux d'une secte. Dans le premier cas, qui correspond à l'expérience historique de l'église catholique, on est en présence d'une association qui administre la grâce, c'est-à-dire l'accès aux biens religieux garantissant le salut. La secte est au contraire une association volontaire qui regroupe tous ceux qui, en raison de leur conduite, apparaissent qualifiés du point de vue éthique et religieux. En d'autres termes, on naît dans l'église alors que l'on est admis dans la secte. Mais pour devenir membre, il faut prouver que l'on observe certaines normes et, une fois admis, il faut confirmer sa propre qualification éthico-religieuse par une discipline ascétique et laborieuse. De plus, en réfléchissant sur la situation américaine, Weber remarque que l'exclusion d'une secte est économiquement pénalisante pour les individus isolés, parce qu'elle suscite un manque de confiance qui gêne, par exemple, l'obtention de crédits. Il existe donc un intérêt matériel à maintenir un comportement éthiquement qualifié, intérêt qui acquiert au fur et à mesure une plus grande importance avec l'atténuation des motivations religieuses originelles.

Les sectes ont donc une forme organisationnelle qui tend à stimuler chez ses membres une conduite plus rigoureuse et cohérente que celle générée par l'église. Pour cette raison, à côté de la rationalisation éthique du comportement protestant, il faut considérer l'organisation particulière des sectes protestantes. « Les deux choses s'intègrent réciproquement dans la même direction d'efficacité : en aidant l'« esprit » du capitalisme moderne à générer son *ethos* spécifique, à savoir l'*ethos* spécifique de la bourgeoisie moderne ».

Weber a donc montré les « affinités électives » entre éthique protestante et esprit du capitalisme et non un rapport de causalité entre les deux phénomènes qui aurait exigé une vérification empirique [Poggi, 1984]. La « thèse webérienne » sur le rôle du protestantisme dans le développement du capitalisme a fait l'objet d'un débat intense, dès la première parution de ses études [Besnard, 1970 ; Marshall G., 1982]. Les critiques se sont cependant souvent accompagnées d'une mauvaise compréhension de la position de Weber. On lui a notamment reproché une explication du capitalisme fondée exclusivement sur l'influence du protestantisme. A ces critiques, le sociologue allemand répond (dans la réédition de *L'Éthique* dans la *Sociologie de la religion*) que la recherche sur les origines de l'esprit du capitalisme ne coïncide pas avec celle des causes du développement capitaliste, lesquelles sont bien plus complexes : « il ne s'agit nullement de défendre la thèse bêtement doctrinaire selon laquelle l'« esprit capitaliste » [...] aurait pu émerger *seulement* comme émancipation d'influences déterminées de la Réforme ou encore celle selon laquelle le capitalisme en tant que *système économique* serait un produit de la Réforme ». C'est d'ailleurs la conscience du caractère nécessaire mais insuffisant de l'étude sur l'esprit du capitalisme qui pousse Weber à élargir progressivement le champ de ses recherches.

2. CARACTÈRES DU CAPITALISME MODERNE

Weber définit le « capitalisme moderne » comme *une forme d'organisation économique qui permet la satisfaction des besoins à travers des entreprises privées qui produisent des biens pour le marché sur la base d'un calcul de rentabilité du capital à investir (c'est-à-dire des attentes de profit) et qui emploient une force de travail salariée formellement libre.* Cette définition contient trois éléments qui permettent de distinguer le capitalisme moderne à la fois des formes d'organisation économique non capitalistes et des autres types de capitalisme.

La première dimension est celle de la *satisfaction des besoins par le biais du marché.* Cette distinction permet de différencier le capitalisme moderne de l'« économie domestique » ou de l'économie paysanne, dans laquelle la production des biens est surtout destinée à l'autoconsommation ou à la couverture des besoins d'une famille ou d'une communauté locale. De plus, le degré d'extension de la production pour le marché distingue le capitalisme moderne d'autres formes de capitalisme ayant historiquement existé (par exemple, en Occident pendant le Moyen Âge, ou en Asie) mais dont le poids dans la satisfaction des besoins de la population est resté très limité comparé à l'économie d'autosubsistance.

Deux autres dimensions permettent de différencier ultérieurement le capitalisme moderne des autres formes plus traditionnelles. Dans le régime capitaliste avancé, le calcul du capital est particulièrement développé grâce aux mesures comptables et organisationnelles, comme la comptabilité rationnelle et la séparation juridique entre entreprise et patrimoine familial de l'entrepreneur. Selon Weber, cette *rationalisation du calcul* du capital est à son tour favorisée par une troisième condition qui n'existe pas dans l'économie domestique et dans le capitalisme traditionnel : *l'organisation rationnelle du travail salarié formellement libre.*

Weber pense que la recherche du profit ne constitue pas un élément propre au capitalisme moderne : il a toujours existé et, avec lui, le calcul de la rentabilité du capital. En revanche, ce qui singularise le capitalisme moderne, c'est que la recherche du profit se réalise non seulement à travers un calcul plus systématique et rationnel que celui réalisable dans les formes de capitalisme traditionnel, mais surtout se déroule dans la sphère de la production pour le marché, avec une force de travail salariée. Inversement, les formes traditionnelles se manifestent dans le commerce des biens et dans le crédit (en particulier avec les étrangers) quand elles sont orientées par les opportunités de profit offertes par le marché (*opportunités économiques*) ; ou par les *opportunités politiques.*

Pour Weber, à l'exception du commerce et du crédit, les formes traditionnelles sont surtout politiques. Elles reposent généralement sur l'usage de la force (comme dans le cas du capitalisme de pillage ou d'aventure, c'est-à-dire des guerres, de la piraterie...) ou sur l'utilisation de ressources garanties par l'État (comme dans le cas de l'adjudication des impôts, de l'acquisition de services publics par des organismes privés ou des monopoles du commerce colonial concédés par l'État...). À la distinction entre *capitalisme économique et politique* correspond celle entre *entrepreneurialité économique et politique.* L'action entrepreneuriale est « une conduite orientée de manière autonome sur la base du calcul du capital ». Elle vise à accroître le pouvoir de disposition de l'entrepreneur sur certains biens, ou bien elle renvoie au désir d'acquisition qui se réalise à travers la recherche du profit et le calcul du capital. L'orientation acquisitive peut s'exprimer de deux manières. Elle peut

Tableau 3.1. Capitalisme politique et économique

	Sphère de la circulation	Sphère de la production
Ressources politiques	Capitalisme de guerre et d'aventure. Piraterie	Capitalisme industriel et travail servile
	Capitalisme colonial et d'adjudication fiscale. Usure	
	Capitalisme commercial créancier et boursier	Capitalisme industriel et travail formellement libre

Source : Schluchter [1980]

dépendre de la possibilité d'achat sur le marché ou, au contraire, être de nature politique, comme celle précédemment évoquée.

Weber développe donc à la fois un concept plus extensif du capitalisme, qui inclut les formes traditionnelles et modernes, et un concept plus limité, qui se réfère aux formes économiques commerciales, créancières et industrielles. Parmi ces diverses configurations, c'est le capitalisme industriel qui constitue le véritable trait distinctif du capitalisme moderne : il s'agit d'une forme d'organisation économique qui exploite les opportunités de profit déterminées par le marché des biens et localisées non seulement dans la sphère de la circulation (capitalisme commercial et financier), mais aussi dans celle de la production. Weber estime donc, en accord avec Marx sur ce thème, que le capitalisme moderne ne peut exister sans la classe ouvrière. L'appropriation des moyens de production par les capitalistes et la formation du travail salarié constituent les passages préliminaires essentiels de cette forme d'organisation qui, lorsqu'elle se diffuse, caractérise une « époque économique » tout entière : Weber se sert du même concept que celui utilisé par Sombart dans *Le bourgeois.*

Pour éclairer les spécificités du développement occidental par rapport aux autres capitalismes (aventurier, guerrier, politique ou commercial), Weber s'appuie sur une étude historique comparée. Après ses travaux sur le protestantisme, il publie une série d'essais sur *L'éthique économique des religions universelles*, entre 1915 et 1919 : *Confucianisme et taoïsme*, *Hindouisme et bouddhisme*, *Judaïsme antique ;* entreprise interrompue par une mort prématurée [Ces études ont été rassemblées dans *Sociologie des religions* (1920-1921)].

Afin de mieux présenter la théorie webérienne, considérons tout d'abord la série de conditions qui rend possible la satisfaction des besoins par le capitalisme.

1. La première condition est *l'appropriation des moyens de production par l'entrepreneur.* La propriété privée des instruments de production et l'absence d'obstacle à leur commercialisation sont fondamentales pour

permettre le calcul du rendement et les décisions d'investissement selon les opportunités offertes par le marché.

2. Le mode de satisfaction capitaliste des besoins suppose donc le marché. Il faut une *liberté de marché*, c'est-à-dire une absence de barrière de nature culturelle et politique à la consommation de biens déterminés. Seule l'existence d'un marché suffisamment ample permet le calcul du rendement et de l'investissement. La liberté est nécessaire pour le marché des biens, mais aussi pour celui des facteurs de production (terre, capital, travail). En effet, le calcul du rendement n'est possible que lorsque la prestation des facteurs productifs sur la base des opportunités de marché n'est pas entravée.

3. Contrairement aux formes d'organisation qui utilisent les esclaves ou les serfs, le capitalisme moderne exige l'existence d'une *force de travail libre* qui permet de prévoir avec précision le coût du travail nécessaire aux investissements et réduit les coûts fixes.

4. La *technologie rationnelle* permet de calculer avec exactitude le coût de fabrication des biens. Elle permet une diminution significative des dépenses, donc une production pour la consommation de masse, essentielle pour le capitalisme moderne.

5. La *commercialisation de l'économie* requiert la disponibilité des instruments juridiques tels que les actions et les titres de crédit. D'un côté, ils facilitent la séparation entre le patrimoine familial et le patrimoine de l'entreprise, donc le calcul plus rationnel de l'entreprise ; de l'autre, ils favorisent les possibilités de transfert du capital et permettent une liaison plus rationnelle entre l'épargne et l'investissement avec, à la clé, la création de la bourse.

6. Enfin, les transactions économiques sont garanties par un ordre juridique qui réduit les risques et rend plus prévisibles les relations entre les opérateurs privés, et entre ces derniers et l'administration publique. D'où l'importance d'un État qui soutienne le *droit rationnel* et rende aussi la loi calculable.

Weber attribue à ces présupposés un caractère idéal-typique. Il sait parfaitement que de telles conditions ne sont jamais pleinement remplies. C'est d'ailleurs pour cette raison que la validité empirique de la théorie économique néo-classique est limitée. En effet, celle-ci considère ces présupposés totalement opératoires dans ses modèles analytiques. Weber pense, au contraire, qu'ils ne sont qu'un instrument pour mesurer le degré de rapprochement de l'économie concrète du modèle idéal-typique de l'économie de marché capitaliste, à son stade initial. De cette façon, Weber tente de mieux cerner pourquoi le capitalisme moderne est un phénomène typiquement occidental et aussi pourquoi, à l'intérieur de l'Occident, le phénomène se manifeste selon des modalités et des intensités variées.

3. NAISSANCE DU CAPITALISME MODERNE

Pourquoi le capitalisme moderne s'est-il affirmé en Occident ? Weber distingue des conditions qu'il considère typiquement occidentales, dans la mesure où elles se sont manifestées seulement dans cette aire territoriale (ou y sont apparues plus fortes qu'ailleurs), et d'autres facteurs complémentaires non nécessairement occidentaux auxquels il n'accorde pas un rôle décisif : la guerre, les conquêtes coloniales et l'afflux de métaux précieux, la demande de biens de luxe de la cour, la position géographique favorable. Les conditions spécifiquement occidentales sont de nature culturelle et institutionnelle : l'influence de l'*éthique économique* d'origine religieuse sur la formation de l'entrepreneurialité, la *ville occidentale*, l'*État rationnel* et la *science rationnelle*. La religion influence le capitalisme moderne à la fois *directement*, par la formation de l'éthique économique, et *indirectement*, à travers la contribution qu'elle donne à l'émergence des conditions institutionnelles (ville, État, science). Ces dernières acquièrent néanmoins une importance et une autonomie causale spécifique.

Toutes les éthiques économiques ont été durablement marquées par le *traditionalisme*, c'est-à-dire par le respect des pratiques productives et commerciales transmises dans le temps. Les résistances au changement sont d'autant plus fortes que la tradition est légitimée par la magie. Autrement dit, plus on croit que le monde est dominé par des puissances surnaturelles, plus on décourage l'innovation par crainte de représailles des esprits. L'émergence des religions mondiales dans les grands empires bureaucratiques (comme en Chine et en Inde), ou dans les cités et dans les micro-états (comme en Grèce et en Palestine) entraîne le « désenchantement du monde » à partir du Ve siècle avant J.-C., avec le confucianisme, le bouddhisme, la philosophie éthique grecque, l'hébraïsme et, plus tard, avec le catholicisme et l'islamisme.

Une conséquence fondamentale de cette évolution est la séparation entre monde naturel et surnaturel. Le destin individuel n'est plus livré aux caprices des esprits dont il faut gagner la faveur avec des pratiques magiques. Il est désormais conditionné par la capacité des hommes à se conformer aux préceptes moraux imposés par des divinités qui vivent dans le monde surnaturel. Dans ce cadre, l'importance du salut dans l'au-delà est évidente, comme dans le cas du paradis pour les chrétiens, afin de motiver le comportement terrestre et de rationaliser la conduite de vie. Mais comment ce changement s'est-il produit ? « Pour briser la magie et imposer une rationalisation de la conduite de vie, il n'y a eu, à toutes les époques, qu'un seul moyen : les grandes *prophéties rationnelles* ». Les fondateurs des nouvelles religions sont des prophètes, c'est-à-dire des figures charismatiques à qui l'on attribue des qualités personnelles extraordinaires, comme par exemple Zarathoustra, Jésus ou Mahomet. Ces figures annoncent la nécessité d'obéir à des commandements divins et instaurent de nouvelles doctrines religieuses, en recueillant le consentement des masses.

Les grandes religions ont deux conséquences importantes. D'une part, elles contribuent à la réduction de l'influence de la magie (*démythification*) et posent donc les présupposés pour une explication rationnelle du monde naturel sur laquelle la science et la technique peuvent croître. De l'autre, elles sont plus universalistes que les religions primitives à connotation magique. Ces dernières restaient confinées à des groupes sociaux restreints : la famille, la tribu, la lignée. Chacun de ces groupes vénérait ses propres dieux. Les grandes religions universelles tendent au contraire à monopoliser le rapport avec les divinités et considèrent les leurs comme les seules dignes de vénération. Elles ont donc une prétention universaliste qui élargit potentiellement le champ de la solidarité sociale.

Du point de vue économique, cette évolution a d'importantes implications, parce qu'elle joue sur les possibilités de *dépassement du dualisme éthique.* Une *éthique interne* s'applique aux membres de la famille, du groupe parental, de la tribu, c'est-à-dire à tous ceux qui sont unis par la même appartenance religieuse. Celle-ci exclut la poursuite du profit et se fonde sur la réciprocité, l'aide fraternelle, le prêt gratuit. Par contre, l'*éthique externe* prévoit pour tous ceux qui sont étrangers à la solidarité primaire la possibilité de rechercher le profit dans les transactions économiques, sans aucune obligation morale. Nous savons que, pour Weber, le capitalisme moderne ne peut se déployer sans un dépassement de ce dualisme éthique typique du traditionalisme.

Toutes les religions ne contribuent cependant pas de la même manière au processus de réduction de la magie et du dualisme éthique. En fait, il existe deux prophéties essentielles : *exemplaire* et *éthique.* Dans la première, le prophète ne se présente pas comme un médiateur de Dieu. Il montre la voie à suivre pour obtenir le salut, sans prétendre à l'obéissance du peuple. Un exemple caractéristique est celui du Bouddha en Inde qui indique, par sa conduite exemplaire, que celui qui veut se sauver doit sortir de la vie mondaine et se dédier à la vie contemplative. La contemplation est néanmoins le fruit d'un consentement libre : personne n'est obligé d'accéder au Nirvana après la mort. Il en résulte que seuls des noyaux limités d'intellectuels religieusement qualifiés suivent le chemin indiqué, en se faisant moines et ermites, tandis que le peuple reste en proie à la magie et au traditionalisme. Dans le judaïsme et le christianisme, le prophète se présente comme mandaté par Dieu. Il prêche des commandements pour lesquels il exige de tous, des intellectuels comme de la masse, l'obéissance en tant que devoir moral. C'est seulement en se conformant à l'éthique prescrite qu'il est possible d'accéder au salut dans l'au-delà.

Weber opère donc une première distinction importante entre les grandes religions universelles qui dominent en Inde et en Chine et la souche judéo-chrétienne où la prophétie éthique a pris racine. Les premières donnent une contribution limitée au processus de désacralisation et au dépassement du dualisme éthique. En Inde, l'affirmation de la prophétie exemplaire conduit les élites intellectuelles vers le désengagement de la vie active et laisse le peuple en proie à la magie et aux effets paralysants du système des castes. Selon la doctrine indoue de la réincarnation, seul le respect rigoureux des obligations de caste, qui décourage toute innovation économique, permet de se réincarner dans une position meilleure. En Chine, il n'existe pas de véritable prophétie. En fait, le confucianisme n'est pas une religion de rédemption qui prévoit le salut dans l'au-delà. Il s'agit essentiellement d'un ensemble de préceptes moraux qui prescrivent un comportement approprié de respect de la tradition et laissent intactes les croyances magiques avec des effets décourageants sur la rationalisation de la conduite économique. En étudiant l'évolution de ces religions, Weber ne manque pas de mettre en évidence le fait que ces dernières sont également soutenues par les intérêts économiques de certains groupes : par exemple l'empereur et ses fonctionnaires (les mandarins) en Chine ou les princes et les sacerdotes (les brahmanes) en Inde. Toutefois, la religion ne peut se réduire à un simple reflet idéologique des intérêts des groupes sociaux. Les idées religieuses acquièrent une autonomie spécifique qui, en retour, tend à influer sur le comportement des différentes catégories sociales et sur le développement économique.

Israël est la terre où s'affirme la prophétie éthique. Les prophètes exigent l'obéissance au nom d'un Dieu transcendant et interprètent les fortunes et les mésaventures du peuple en relation avec la fidélité à une divinité qui reste cependant encore présentée comme le Dieu d'Israël. Le dépassement de la magie s'accompagne d'un dualisme éthique persistant. Après leur dispersion dans divers pays, les juifs assument les caractères d'un peuple paria, écarté de la communauté politique. Cette exclusion les pousse vers les activités économiques, mais sur des bases rigidement traditionalistes. Il s'agit d'activités commerciales et financières (crédit, usure) qui excluent la formation de l'esprit du capitalisme moderne.

Pour Weber, la contribution du judaïsme au système capitaliste moderne est importante, mais indirecte. Elle doit être recherchée dans le développement de la prophétie éthique sur laquelle la prédication de Jésus se serait ensuite greffée. Ce dernier est un prophète qui se bat contre le clergé hébraïque, asservi aux intérêts économiques et politiques, et qui prêche la fraternité universelle : tous les hommes sont des frères, en tant que fils de Dieu. De cette manière, le nouveau prophète rompt les frontières restreintes de l'identité religieuse hébraïque et pose les bases d'une perspective éthique universaliste. La religion chrétienne peut se diffuser et unifier le monde occidental.

Toutefois, la réduction de la magie et du dualisme éthique trouve encore des limites dans l'église catholique. Le charisme du Christ institutionnalisé par l'église n'est plus une caractéristique personnelle, mais il est attribué aux membres du clergé. L'église se pose comme une administration des biens du salut. À travers les sacrements, en particulier la confession et la communion, elle peut consentir aux fidèles de recouvrer l'état de grâce perdu avec les péchés. De la sorte, l'influence des instruments magiques persiste et tend à atténuer la responsabilité individuelle et la rationalisation de la conduite. Dans le même temps, l'église conserve une différenciation entre *éthique des vertueux* et *éthique des masses*, qui garde une forme atténuée de dualisme moral. Au Moyen Âge, la distinction entre les moines et le restant des fidèles est évidente. Les premiers incarnent l'éthique des vertueux qui se rapproche davantage des préceptes religieux. Cette expérience n'est pas prescrite à l'ensemble des fidèles, même si elle est présentée comme un idéal de vie dont on peut s'inspirer. Le processus de rationalisation de la conduite est plus avancé dans le cas des communautés monastiques, mais l'expérience monastique est fondamentalement orientée vers un *ascétisme extra-mondain*, c'est-à-dire un engagement hors de la vie active et du monde. Dans le même temps, pour la masse des fidèles, la poussée vers la rationalisation de la conduite reste plus contenue.

Comme nous le savons, Weber pense que ce n'est qu'avec la Réforme que ces limites sont définitivement dépassées. L'usage des moyens magiques pour l'acquisition de la grâce (sacrements) est éliminé par le calvinisme. Le processus de démythification atteint alors son comble et provoque des effets importants sur la rationalisation de la conduite et sur la personnalité. Parallèlement, la distinction résiduelle entre éthique des vertueux et celle des masses disparaît. L'idéal de l'ascétisme extra-mondain est désormais remplacé par celui de l'ascétisme intramondain, c'est-à-dire de l'engagement actif dans le monde comme instrument pour réaliser les préceptes religieux. Les sectes sont des formes d'organisation religieuse qui stimulent l'apparition d'orientations vers la production et la consommation favorables à l'esprit du capitalisme. La nouvelle éthique économique n'est qu'un élément, certes important, qui participe à l'émergence de l'entrepreneurialité. À ses côtés, il convient aussi de considérer la constitution de la bourgeoisie urbaine comme couche sociale qui fournit une base propice à la croissance de l'entrepreneurialité capitaliste.

4. LA VILLE OCCIDENTALE

La ville occidentale possède une caractéristique propre qui se manifeste déjà dans la *polis* grecque et qui se retrouve sous une forme plus nette dans la *commune* de l'Europe médiévale. Elle assume le caractère d'une communauté politique unitaire, puisque s'y affirme un droit spécifique de citoyenneté. Celui-ci accorde aux membres de la cité, en tant qu'individus, des tribunaux et des autorités politiques propres et autorise les citoyens à participer, sous certaines conditions, au choix des titulaires de ces organismes. En revanche, en dehors de l'Occident, cette caractéristique n'est donnée que temporairement et dans une mesure limitée, quand elle n'est pas inexistante. En effet, bien qu'étant normalement un lieu de commerce et d'industrie, la ville est toujours restée politiquement dépendante d'un seigneur foncier ou d'un prince détenteur du pouvoir politique. Ces aspects sont liés au caractère révolutionnaire qu'assume, à l'origine et dans sa forme la plus pure, le type idéal de la formation de la ville. À sa base, il y a une association juridique vouée à la conquête du pouvoir politique. C'est le cas des cités grecques et des communes médiévales qui surgissent à travers la confrérie armée (*coniuratio*) pour l'usurpation du pouvoir politique. Ce processus a deux causes principales qui distinguent l'expérience occidentale. La première est de nature politico-militaire, même si elle est aussi conditionnée par des facteurs économiques, la deuxième, de nature religieuse.

La fragilité du pouvoir impérial a favorisé, en Occident, le développement des villes comme entité autonome, alors que c'est l'inverse qui s'est produit en Orient. Cette différence a aussi des origines économiques. En Chine, comme en Égypte, la nécessité d'une agriculture se fondant sur la régulation des eaux pour l'irrigation a abouti précocement à la création de grandes unités politiques et administratives qui, en tant que telles, pouvaient affronter ces problèmes avec une bureaucratie centralisée. Ce même processus a découragé le féodalisme en Orient et engendré d'importantes conséquences économiques.

Le deuxième facteur ayant privilégié la formation de la ville occidentale est de nature religieuse. Le christianisme a conduit au dépassement du dualisme éthique : « la communauté chrétienne était, dans son essence intime, un groupe confessionnel de simples croyants et non plus une union rituelle de groupes parentaux ». D'où l'importance, pour la cité médiévale, de l'église citoyenne, du saint protecteur et des fêtes religieuses citadines.

La ville occidentale agit sur la formation du capitalisme moderne soit directement, par l'élargissement du marché, la commercialisation, la libéralisation de la force de travail et l'appropriation capitaliste des moyens de production, soit indirectement, du fait de ses liens avec la formation de l'État rationnel et de la science, qui contribuent à l'émergence du droit rationnel et de la technique (figure 3.1).

Au Moyen Âge, la ville doit trouver ses propres moyens de subsistance car elle ne peut compter sur la redistribution des ressources de nature militaire ou administrative comme dans les villes non occidentales. Par ailleurs, la rupture

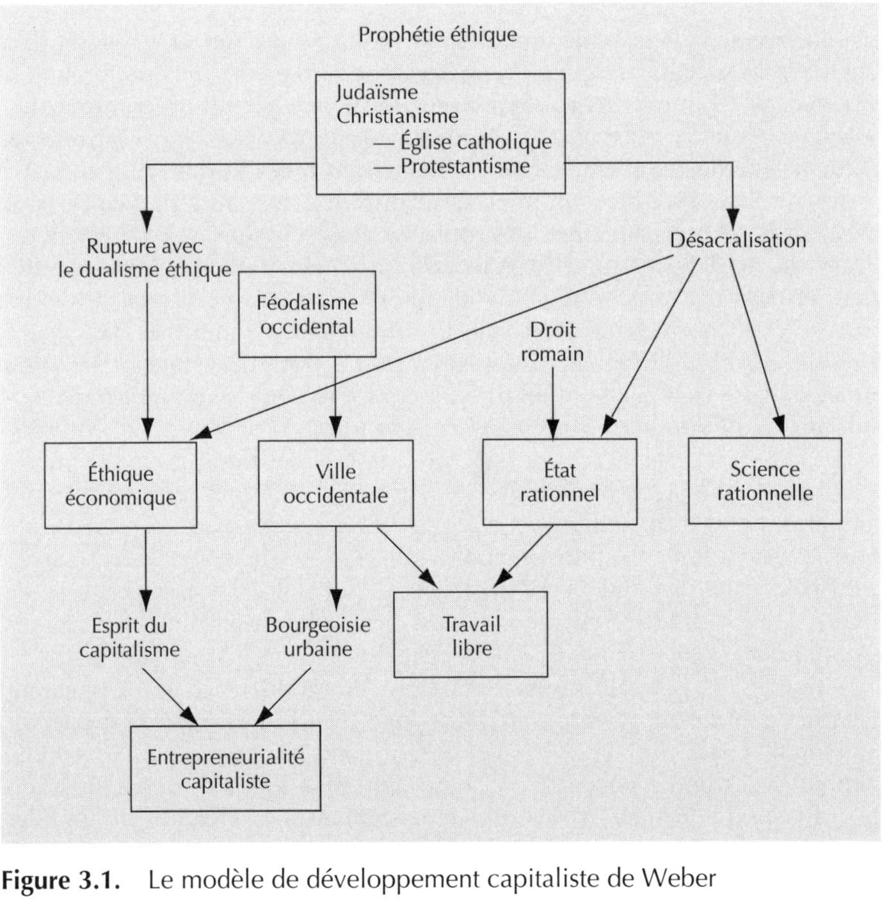

Figure 3.1. Le modèle de développement capitaliste de Weber

du dualisme éthique et le dépassement des obligations de lignée ou de caste s'expriment dans le statut juridique des citoyens libres. Les féodaux accordent des chartes de franchise aux villes qui les soustraient aux règles d'allégeance féodales. Weber rappelle plusieurs fois la devise allemande : « l'air de la ville rend libre ». Il y a donc un encouragement aux activités économiques puisque la « politique » reste aux féodaux. Ceci explique pourquoi la ville occidentale se tourne vers des activités commerciales et productives qui préparent un capitalisme rationnel orienté vers l'exploitation des opportunités de marché, plutôt que vers le capitalisme traditionnel de type politique et militaire.

La ville entraîne l'*élargissement du marché*, à travers le développement du commerce. Accroître les possibilités de subsistance des communes nécessite d'élargir les trafics et les échanges, ce qui amène les cités médiévales à expérimenter très rapidement de nouveaux instruments de la vie économique. Par exemple, la forme d'association typique de la commanderie naît du besoin de réduire les risques du commerce de longue distance. Cette nécessité entraîne une rationalisation des techniques comptables et favorise la séparation entre patrimoine familial et patrimoine de l'entreprise. Ces éléments facilitent en retour le calcul capitaliste. De plus, des instruments commerciaux plus sophistiqués, comme la lettre de change, contribuent aussi à faire émerger des formes d'organisation de crédit aux entreprises et, par conséquent, un type d'activité bancaire qui caractérise l'Occident et qui s'avérera décisif pour le capitalisme moderne.

La bourgeoisie citadine, commerciale et artisanale engage une lutte contre l'organisation économique des campagnes, fondée sur la seigneurie foncière, sur la servitude des paysans et sur une production orientée prioritairement vers l'autoconsommation. La bourgeoisie urbaine « avait avantage à affaiblir et la désagréger la seigneurie foncière, parce qu'elle constituait une barrière contre ses propres intérêts de vente ». Par la suite, la ville cherche *à libérer les paysans des obligations féodales* non seulement dans le but d'accroître le marché pour ses produits et de se garantir une source d'approvisionnement plus grande et plus sûre de produits agricoles, mais aussi dans le but de trouver une main-d'œuvre pour le travail à domicile géré par les marchands-entrepreneurs urbains. Enfin, les bourgeois veulent investir leur capital dans des propriétés agricoles pour des raisons de prestige. Ils ont donc intérêt à *libérer la terre des obligations féodales*, en la rendant commercialisable.

Dans un contexte économique stimulé par la circulation des marchandises, les seigneurs fonciers sont poussés à saisir les opportunités qui se présentent sur le marché. Ils tendent donc à rationaliser leur entreprise dans un sens capitaliste. Cette tendance peut entraîner un processus d'expropriation des paysans, comme dans le cas classique de l'Angleterre, ou leur exploitation plus intensive jusqu'à l'abolition des obligations féodales, comme en Prusse, en Europe orientale et en Russie. Elle peut même conduire à la formation d'une propriété paysanne libre, comme en France et dans le sud et l'ouest de l'Allemagne, parce que les seigneurs fonciers voyaient leur propriété comme source de rente et non comme entreprise. Dans les autres régions du monde, aucun de ces changements ne s'est opéré à cause de l'absence d'un système féodal calqué sur le modèle occidental. Ce dernier s'enracine seulement en Occident en relation avec la fragilité des structures étatiques qui le caractérisent après la chute de l'empire romain. En dehors du contexte occidental, seule la Chine présente des ressemblances avec le féodalisme européen. Dans les grands empires bureaucratiques, comme par exemple en Égypte, en Mésopotamie ou en Chine avec les mandarins, prévaut en fait une bureaucratie de fonctionnaires directement dépendants du souverain. Quand l'économie monétaire se développe en Orient, face aux difficultés de recouvrement des impôts, la bureaucratie civile ou militaire peut parfois assumer un caractère féodal. Elle peut percevoir des tributs et recevoir la seigneurie foncière sur un certain territoire (par exemple en Inde et dans l'empire ottoman). Mais, dans tous ces cas, il s'agit d'un « féodalisme de service » qui a des finalités principalement fiscales et qui peut être révoqué par le souverain, vis-à-vis duquel le bénéficiaire reste dépendant. Il manque la nature spécifiquement contractuelle qui caractérise le féodalisme occidental. Celui-ci naît d'une concession en échange de prestations militaires par une classe de cavaliers capables de s'armer et de s'approvisionner de manière autonome. Il suppose donc une fragilité militaire de la structure étatique et des obligations de fidélité réciproque entre le souverain et les bénéficiaires.

Autre aspect important du capitalisme moderne : l'*appropriation dans les mains de l'entrepreneur des moyens de production* suppose l'affaiblissement progressif des corporations, sur lesquelles reposait la vie économique des cités médiévales. L'esprit corporatiste se développe quand ses membres ont dû lutter pour acquérir les privilèges auparavant concédés par les détenteurs du pouvoir politique pour exercer certaines activités. Il s'agit donc d'un « groupe de régulation de l'économie » qui « s'efforçait par tous les moyens de créer les mêmes opportunités à tous ses membres ». La production, l'organisation du travail, les rapports avec le marché sont réglementés dans ce but.

Dès la fin du Moyen Âge, des processus de différenciation voient le jour, à la fois à l'intérieur et entre les diverses corporations. Parfois, les simples artisans se transforment en marchands-entrepreneurs qui confient du travail aux autres membres de la profession. Ailleurs, certaines corporations s'orientent dans le commerce et en contraignent d'autres à leur service. C'est ainsi que se forme la figure du marchand-entrepreneur qui alimente le travail à domicile, employant les paysans, notamment dans le tissage (*Verlagssystem*). Dans ce phénomène est le début du processus d'appropriation des moyens de production dans les mains de l'entrepreneur. Mais il s'agit d'une étape encore embryonnaire, parce que l'intensité du capital fixe demeure faible, même si le marchand-entrepreneur parvient parfois à fournir la matière première, ainsi que les instruments de production aux travailleurs à domicile (par exemple les métiers à tisser). Ce passage se manifeste uniquement en Occident. Les castes en Inde et les lignages en Chine s'opposent au développement du travail à domicile qui, par ailleurs, trouve dans le manque de travail libre et dans le traditionalisme magique, des obstacles très puissants.

La *technique rationnelle* est liée à la diffusion de la science rationnelle en Occident. Le processus de désacralisation plus accentué qui caractérise la tradition judéo-chrétienne est, selon Weber, le terreau culturel — même s'il n'est pas à l'abri des conflits — de la pensée scientifique. Les institutions au sein desquelles la science progresse, comme les universités, trouvent d'abord un soutien dans la politique des villes, puis dans celle des États nationaux. En outre, le caractère plus innovateur des activités économiques de l'Occident représente, dès l'époque pré-capitaliste, un puissant stimulant à l'application de la science sur la scène productive, donc au développement de techniques nouvelles qui seront par la suite également soutenues par un important appareil juridique (notamment le brevet).

À ce propos, Weber attire particulièrement l'attention sur les activités minières et la découverte de la machine à vapeur. L'exploitation intensive du charbon fossile rend également possible l'utilisation du fer comme matière première fondamentale pour l'essor industriel. Le couple charbon-fer s'avère essentiel pour la mécanisation. Celle-ci favorise une production de masse à bas prix et permet une rationalisation du calcul des coûts de fabrication.

5. L'ÉTAT ET LE DROIT RATIONNEL

Le *droit rationnel* représente une dernière condition essentielle du capitalisme moderne. Il offre une plus grande prévisibilité aux rapports entre les acteurs engagés dans une activité économique et entre ces derniers et l'administration publique. Ce facteur est très important parce qu'il donne la possibilité d'entreprendre des activités qui exigent un fort investissement en capital fixe. Cet élément n'advient qu'en Occident. Il est le produit d'un État rationnel qui a deux propriétés essentielles : d'une part, il se fonde sur un ordre juridique qui régit les modalités d'accès au pouvoir politique et celles de son exercice ; de l'autre, il se sert d'un corps de fonctionnaires spécialisés, eux-mêmes soumis à la loi à la fois pour leur recrutement et pour leur activité. Le type idéal de l'État rationnel s'oppose à l'État patrimonial, plus répandu en Orient, où le pouvoir politique constitue une possession privée du seigneur et de ses fonctionnaires. Ces caractéristiques de l'État occidental se sont formées à travers un lent processus de rationalisation, auquel l'analyse de Weber a dédié une attention particulière dans *Économie et société*.

Le processus de désenchantement a consenti une intervention rationnelle du pouvoir politique pour affronter des problèmes importants qui se posaient de plus en plus dans la société, alors qu'en Inde ou en Chine, les interventions qui éloignaient du ritualisme traditionnel rencontraient des obstacles et des résistances renforcés par les croyances religieuses. Pour l'affirmation de l'État rationnel comme « État de droit », l'élaboration juridique du droit de citoyenneté est particulièrement importante et, par conséquent, l'expérience des villes occidentales, ainsi que celle du féodalisme contractuel avec ses effets sur la limitation de l'exercice du pouvoir politique.

Weber s'attarde sur un facteur plus spécifique : le droit romain. Avec la chute de l'empire romain, le droit a surtout été conservé grâce aux notaires des localités italiennes qui l'avaient adapté aux problèmes de la commercialisation de la vie économique, ainsi que dans les universités, où s'était formée une « doctrine juridique systémique ». Le droit romain était important moins pour ses contenus doctrinaires que pour son formalisme juridique qui constituait un puissant antidote contre une justice exposée à l'arbitraire. Par ailleurs, il se prêtait particulièrement à la formation d'une bureaucratie spécialisée, qui constituait une ressource cruciale pour l'État moderne. Dans le processus de création des États absolutistes, les souverains ont donc trouvé dans le droit formel d'origine romaine, un instrument majeur pour promouvoir la centralisation politico-administrative, à travers l'unification juridique. En outre, ils se sont entourés d'un corps de juristes qui, à son tour, a contribué à renforcer cette tendance. L'alliance entre l'État et la jurisprudence formelle a favorisé indirectement le capitalisme parce qu'elle a contribué à introduire ces éléments de prévisibilité dont ce dernier avait besoin et qui n'ont jamais été suffisamment présents en dehors de l'Occident.

Weber considère à plusieurs reprises le rôle exercé par l'État en faveur du crédit et d'un système monétaire rationnel. Il estime que l'expérience du mercantilisme n'a pas été décisive. Afin que tous les présupposés qui se sont formés lentement à l'époque pré-capitaliste puissent être utilisés pour l'affirmation du capitalisme industriel, il faut qu'un acteur social avec des motivations adéquates assume ce rôle. Il faut donc que la bourgeoisie urbaine engendre une orientation économique favorable au capitalisme moderne. La diffusion du protestantisme sera décisive. « En définitive, le capitalisme a été créé par l'entreprise rationnelle durable, la comptabilité rationnelle, la technique rationnelle, le droit rationnel, mais pas seulement par ces facteurs : il fallait que *l'attitude rationnelle, la rationalisation de la conduite de vie, l'ethos économique rationnelle* s'y ajoutent et les intègrent ».

6. L'AVENIR DU CAPITALISME

Pour Weber, la théorie dans les sciences sociales n'a pas pour fonction de formuler des lois générales. La théorie webérienne n'est donc pas une dynamique économique en général, mais la construction d'un modèle idéal-typique d'un système historique : le capitalisme moderne. La tentation de prévoir le futur à partir de lois prétendant traiter la société comme la nature est source d'erreurs et d'équivoques. C'est pour cette raison qu'il conteste la construction marxiste. Il n'y a donc pas de traitement systématique de l'avenir du capitalisme dans les œuvres de Weber. *Économie et société* est destiné à formuler des généralisations sur les rapports entre des formes d'organisation de l'économie et des phénomènes institutionnalisés, comme les différents types de communauté, la religion, la politique, le droit. Elles ne concluent pas l'analyse, elles la préparent. L'approche webérienne, ouverte et flexible, a été critiquée parce qu'elle était considérée comme limitative du point de vue de la construction d'une théorie plus générale de la société [Parsons 1937], mais c'est justement cette caractéristique de la pensée de Weber qui a fini par être à l'origine de son influence persistante sur les sciences sociales contemporaines [Dahrendorf 1987 ; Boudon 1984].

Malgré sa prudence méthodologique, Weber formule un pronostic sur le capitalisme, mais il choisit de le faire dans ses interventions politiques et non dans ses travaux scientifiques. La conférence tenue à Vienne sur *Le socialisme* en juillet 1918 est l'un des écrits où le thème est le plus présent. Weber critique l'idée de Marx selon laquelle les crises récurrentes du capitalisme conduisent à la chute du système économique et à un processus révolutionnaire. Elles déclenchent plutôt « une transformation graduelle de l'ancienne économie, avec ses entrepreneurs en concurrence intensive, vers une économie régulée, soit par des fonctionnaires de l'État, soit par des cartels avec la coparticipation de fonctionnaires ». Des cartels industriels se forment. Ils régissent les prix et la production et contrôlent la concurrence, tandis que les banques s'organisent pour contrôler la concession du crédit et limiter la surproduction. De plus, des entreprises étatiques, communales ou sous une forme coopérative apparaissent. Elles sont l'expression d'un engagement plus actif de l'État en vue de soutenir le niveau de vie de la population. Pour Weber en effet — qui est ici très proche des arguments de Tocqueville — la bureaucratisation n'est pas seulement alimentée directement par le capitalisme. Elle est aussi « l'ombre indivisible de la « démocratie de masse » qui progresse », parce que la poussée vers l'égalité qui accompagne la démocratisation requiert une plus grande intervention politique.

En somme, on passe d'un capitalisme de marché à un capitalisme organisé et politiquement réglementé. Il en découle des conséquences particulièrement importantes, sur lesquelles Weber attire l'attention. La première est le développement général de la bureaucratisation. Une plus grande organisation signifie des entreprises plus importantes qui, après avoir éliminé celles de dimension mineure, instaurent une plus grande bureaucratie interne des dirigeants et des employés préposés à leur fonctionnement et à leurs rapports avec l'extérieur. Elle signifie aussi une croissance ultérieure de la bureaucratie étatique pour faire face à des tâches de gestion de l'économie et pour assurer l'organisation des entreprises publiques. La coordination bureaucratique — qui investit les activités économiques, politiques, militaires et même scientifiques et culturelles — accroît considérablement l'efficacité de ces activités mais, dans le même temps, elle finit par menacer la liberté des individus, en les assujettissant à la domination bureaucratique.

Une augmentation excessive de la bureaucratisation et de la régulation politique peut conduire à la stagnation économique et sociale — même à travers la croissance du poids de la rente et du capital financier — ou pire, à la sortie du capitalisme moderne vers le capitalisme politique ou vers le socialisme d'État. Le problème de la reproduction du capitalisme est par conséquent un problème d'équilibre entre intervention de l'État et autonomie de la société et du marché, comme il l'a été dès son origine.

Chapitre 4

Les conséquences sociales du capitalisme : Durkheim et Veblen

Durkheim et Veblen proposent une critique importante de l'individualisme utilitariste. Influencés par le positivisme, ils ont des prétentions plus théoriques et généralisantes que les sociologues allemands. Durkheim conçoit l'institutionnalisme comme un moyen de fonder scientifiquement la sociologie, Veblen comme un instrument pour reconstruire l'économie. Nous verrons qu'il existe de nombreux points de convergence entre l'institutionnalisme sociologique de l'un et celui économique de l'autre. De plus, Durkheim et Veblen se concentrent moins sur les origines du capitalisme. Ils s'intéressent à l'étude des conséquences sociales du capitalisme régi par le marché, c'est-à-dire au capitalisme libéral qui s'est affirmé dans la deuxième moitié du XIXe siècle. Leur approche institutionnelle de l'économie approfondit un aspect abordé par la sociologie économique allemande, mais de manière moins spécifique : les effets socialement déstabilisants du capitalisme régulé par le marché. L'économie néo-classique n'affronte ni cette question, ni celle des origines du développement capitaliste. De même, Marx et les marxistes, bien que s'intéressant à une série de phénomènes de désorganisation sociale (comme le chômage, les crises cycliques, l'aliénation), proposent une philosophie de l'histoire absente chez Durkheim et Veblen.

Le problème de l'ordre social est central pour le sociologue français. Il se heurte, dès le début, à l'utilitarisme individualiste, pour tenter de mettre à jour le rôle des institutions sur le comportement individuel et la conduite économique. Cette perspective rapproche Durkheim des positions critiques de la sociologie allemande à l'égard de l'économie. Il est du reste significatif que ses premiers travaux se ressentent de l'influence de l'historicisme économique allemand qui avait aussi marqué la formation de Sombart et de Weber. Durkheim critique la théorie de l'action inspirée de la microéconomie, selon laquelle tout phénomène social est réductible à l'agrégation d'actions individuelles.

1. DURKHEIM, CRITIQUE DE L'UTILITARISME ET ÉMERGENCE DE LA DIVISION DU TRAVAIL

Au début de sa carrière scientifique, Émile Durkheim (1858-1917) se rapproche de la pensée de l'école historique allemande, notamment Wagner et Schmoller. Dans ses premières études, rassemblées dans *La science positive de la morale en Allemagne* [1887], il partage la critique des historiens. Selon lui, il n'est pas possible d'étudier les phénomènes économiques dans l'abstrait, c'est-à-dire indépendamment du contexte historique dans lequel ils sont insérés. Le comportement économique concret des individus est déterminé par des normes et des règles morales qui changent avec la transformation de la société. Ces facteurs institutionnels influencent le développement économique et en sont réciproquement influencés.

Les économistes ont été les premiers à voir que la société, comme la nature, est régie par des lois qui doivent être étudiées avec une méthode scientifique. En montrant que la vie collective ne peut être ingénument expliquée par la volonté politique des souverains ou par le bon vouloir de quelques divinités, les économistes préparent le terrain pour le développement de la sociologie. Toutefois, l'erreur des économistes est de privilégier l'individualisme utilitariste. Dans cette perspective, la société est constituée par un ensemble d'individus qui entrent dans des relations volontairement choisies et exclusivement guidées par la recherche de l'intérêt personnel. De tels rapports restent stables tant que persiste l'intérêt originel qui les avait activés. En somme, les liens contractuels constituent le paradigme des rapports sociaux et les institutions sont le fruit d'un accord entre des sujets motivés par la poursuite rationnelle de leurs propres intérêts.

Dans *La division du travail social* [1893], le sociologue français affirme : « la vie économique n'est pas née de la vie individuelle ; au contraire, la seconde est née de la première ». L'individualisme — le fait que s'affirme l'idée d'un individu rationnel capable de calculer ses intérêts singuliers et d'agir en conséquence — est, en réalité, un phénomène récent et graduel. C'est une caractéristique de la société moderne. Dans les sociétés primitives et dans celles plus antiques, le comportement individuel est fortement conditionné par des règles sociales, qui ne laissent pas de place à la sphère privée. L'individualisme est donc le fruit de l'évolution même de la société et de ses exigences changeantes. La prégnance de la société est visible aussi dans chaque individu, en examinant le rôle de socialisation et de contrôle de l'éducation. Il suffit de voir la manière dont sont élevés les enfants pour cerner comment, à travers ce processus, on cherche à « imposer à l'enfant des façons de voir, de sentir et d'agir auxquelles il ne serait pas parvenu spontanément ». L'éducation a bien pour but de « construire l'être social ».

Durkheim approfondit sa critique de l'utilitarisme sur un terrain apparemment plus approprié à ses adversaires. D'une part, il entend montrer que la façon dont les économistes orthodoxes et les sociologues « à la Spencer » expliquent la division du travail est inadéquate. D'autre part, il met en évidence qu'une société fondée sur une forte différenciation des activités et des rôles ne peut se passer d'institutions de nature non contractuelle, de règles morales partagées.

Selon les économistes, la division du travail se développerait parce qu'elle augmenterait les avantages dont jouit chaque individu — son degré de bonheur — en offrant un plus grand bien-être économique. Pour Durkheim, cette argumentation est biaisée. En effet, les avantages en termes de plus grande productivité et de bien-être, qui se vérifient effectivement avec une plus forte division du travail, ne peuvent être facilement anticipés et compris par les individus, les poussant ainsi à se spécialiser. Autrement dit, il faut se garder de considérer les effets d'un phénomène social comme les causes qui l'ont produit. De plus, cette hypothèse est de toute façon contredite par l'expérience. Avec la division du travail, il est désormais possible de satisfaire un plus grand nombre de besoins, mais cela n'engendre pas en soi une augmentation du bonheur individuel. Ce dernier est en effet lié à l'équilibre entre les besoins et les moyens pour les satisfaire. Avec la division du travail, émergent de nouveaux problèmes, de nouveaux besoins et de nouveaux motifs d'infélicité, comme le montre notamment la progression des suicides dans la société moderne.

L'origine de la division du travail doit être recherchée dans la « morphologie » de la société, c'est-à-dire dans la distribution de la population et dans la quantité et la qualité des rapports sociaux. Ils se reflètent dans les formes qu'assume la « solidarité », déterminée par l'ensemble des normes morales partagées qui lient les hommes entre eux et en règlent les rapports. L'explication de Durkheim s'appuie donc sur l'analyse des mécanismes qui déterminent le passage d'un type idéal de société « simple », marqué par la « solidarité mécanique », à un type de société « supérieure », à division du travail élevée, dans lequel prévaut la « solidarité organique ».

Le premier type idéal de société se caractérise, du point de vue morphologique, par des petites dimensions (la référence la plus pure demeure la société primitive). Les collectivités « segmentaires » prédominent et entretiennent entre elles de faibles relations. Elles sont plutôt composées de parties homogènes, en raison de la faible division du travail. Dans ce genre de contexte, l'ordre social est assuré par une forme de *solidarité mécanique*, qui repose sur des caractères particuliers de la « conscience collective », c'est-à-dire de l'ensemble des croyances et des sentiments communs à la moyenne des membres de la même société. Les croyances communes règlent dans le détail le comportement individuel, laissant peu d'espace à l'autonomie et au choix de chaque membre de la communauté. Le problème de l'ordre est donc résolu « mécaniquement », en fonction de l'adhésion émotionnellement intense à un système de valeurs partagées. Un indicateur empirique du fort contrôle social sur les individus peut être vu dans la domination du droit pénal fondé sur des sanctions « répressives ». La punition constitue une « réaction passionnelle » de la société qui exprime l'offense reçue à la morale collective : la société châtie pour se venger.

Avec le temps, le caractère segmentaire et isolé des implantations humaines s'affaiblit. Ce phénomène se produit sous la poussée démographique qui engendre une plus grande « densité matérielle ». La population en croissance se concentre sur le territoire, les villes s'agrandissent et les voies de communication s'améliorent. Dans ce processus, les rapports sociaux et les échanges tendent eux aussi à s'intensifier : en sortant de l'isolement primitif, les hommes se rapprochent davantage les uns des autres. Ce mécanisme génère également une hausse de ce que Durkheim nomme la « densité morale » ou la « densité dynamique ». Celle-ci se reflète dans une lutte accrue pour l'existence, qui contraint les individus à se spécialiser pour survivre dans les nouvelles conditions. La croissance de la division du travail est donc due à une pression de la société sur les individus. Cette théorie a rencontré de nombreuses critiques. Talcott Parsons [1937] y a vu, par exemple, l'affirmation d'une sorte de « biologisme », qui ferait de la simple pression démographique le moteur de la division du travail. L'argumentation de Durkheim semble effectivement se ressentir d'un certain évolutionnisme unilinéaire. La croissance de la division du travail serait une issue inévitable de la lutte pour la vie. Durkheim lui-même est sensible aux critiques qui lui sont destinées depuis la première parution de son œuvre. Ainsi, plus tard, dans *Les règles de la méthode sociologique* [1895], il montre qu'il n'y a pas que la simple augmentation de la densité de la population qui pousse à la division du travail. Il faut aussi qu'il y ait une intensification des rapports sociaux (« densité morale ») qui ne découle pas nécessairement de la première. Il faut donc qu'un facteur social spécifique intervienne.

Ce processus conduit à une différenciation sociale et à l'émergence du type idéal des « sociétés supérieures » caractérisé par la croissance du volume, de la densité matérielle et morale, ainsi que par la progression de la division du travail. Une *solidarité organique* est stimulée par le développement même de la division du travail, qui alimente le sens de dépendance réciproque entre des sujets spécialisés (comme les fonctions spécialisées d'un organisme). La conscience collective dicte une part limitée des comportements individuels et les règle de façon moins stricte, en indiquant des valeurs de fond qui laissent plus de latitude aux choix personnels et sont donc plus compatibles avec les exigences d'une société différenciée. C'est dans ce cadre que se diffusent les valeurs de l'individualisme et que peut prendre forme la personnalité individuelle, au sens propre du terme (comme nous l'avons déjà vu chez Simmel). Le « droit restitutif », dont la forme la plus typique est le droit civil, s'affirme dans la société moderne. Il se caractérise par des sanctions qui ont des finalités de réparation, de réintégration d'une situation préexistante à la violation d'intérêts juridiquement protégés.

Dans *La division du travail social*, Durkheim formule une deuxième critique aux économistes. Il s'efforce de montrer que même là où l'individualisme s'est historiquement affirmé comme critère moral de l'action, cela n'a pas entraîné une diminution des règles sociales. Tout d'abord, il est vrai — comme le souligne Spencer — que dans ce type de société, les relations contractuelles tendent à croître, mais dans le même temps, les « relations non contractuelles » régulées par des institutions de nature juridique ou morale se renforcent. Les rapports familiaux, par exemple, prévoient une série de droits et de devoirs qui ne sont pas contractuels et qui doivent être respectés pour ne pas encourir de sanctions juridiques ou s'exposer à la désapprobation sociale : « l'obligation de parenté n'étant pas le résultat d'un engagement contractuel, il ne peut être transgressé comme un engagement de ce genre ». Plus généralement, et contrairement aux prévisions de Spencer, dans la société moderne, l'intervention de l'État ne se limite pas à la justice et à l'exercice de la guerre. L'éducation des jeunes, la protection de la santé, la direction du fonctionnement de l'assistance publique ou l'administration des voies de transport et de communication sont autant d'attributions qui entrent peu à peu dans le champ d'action de l'organe central.

L'intervention des institutions se fait sentir dans le domaine même des relations contractuelles. En effet, « tout n'est pas contractuel dans le contrat ». En d'autres termes, afin que les relations contractuelles puissent effectivement se développer, des normes sont nécessaires. Il faut un droit contractuel qui non seulement garantisse l'efficacité des contrats et les fasse respecter, mais qui établisse aussi les limites générales à l'intérieur desquelles les sujets privés peuvent effectuer des choix autonomes : « le droit contractuel exerce donc sur nous une action régulatrice de la plus haute importance, parce qu'elle prédétermine ce que nous pouvons faire et ce que nous pouvons exiger ». D'autre part, l'efficacité des contrats est aussi fonction d'éléments non contractuels, c'est-à-dire de coutumes et de normes morales, comme celles qui président à l'exercice des professions libérales, souvent très rigoureuses et contraignantes pour les individus.

« Là où l'intérêt règne seul, puisque rien n'intervient pour réfréner les égoïsmes qui s'affrontent, chacun se trouve face à l'autre sur le pied de guerre ». Pour que l'ordre social puisse exister, il est donc nécessaire de contenir les intérêts individuels, en les régulant et les disciplinant avec des institutions fortes. Durkheim insiste pourtant sur le fait que — contrairement à ce que pensent les utilitaristes — les institutions n'ont pas une origine contractuelle. Elles ne se fondent pas sur l'accord entre des individus qui poursuivent leur intérêt et décident de se donner des règles pour les protéger. Au contraire, elles proviennent de « moments d'effervescence » particuliers de la société, dans lesquels l'interaction entre les hommes devient plus intense, tant quantitativement que qualitativement. Comme il le montre dans *Les règles de la méthode sociologique*, cette situation provoque la dissolution et l'annulation des intérêts individuels et des égoïsmes personnels de la dimension quotidienne dans de fortes identités collectives : « C'est en effet dans les moments d'effervescence de ce genre que se sont constitués, de tout temps, les grands idéaux sur lesquels reposent les civilisations ».

Durkheim repère des exemples de ces phases particulières de la vie sociale dans les périodes de la renaissance religieuse du Moyen Âge, dans la Réforme protestante, dans la Révolution française ou dans les grands moments sociaux du XIXe siècle. Ces moments d'enthousiasme collectif sont temporaires, mais les idéaux qui s'en dégagent et qui se propagent sont à la base des institutions sociales. Celles-ci sont une élaboration, sur le plan normatif, de ces idéaux et de ces valeurs nées de l'effervescence collective qui, dans les phases plus stables de la vie sociale, sont ensuite adaptés aux exigences et aux problèmes émergents. Les institutions organisent les relations sociales et les activités économiques, non seulement parce qu'elles réglementent les conflits d'intérêt, mais surtout parce qu'elles permettent la définition même des intérêts individuels.

2. LES CONSÉQUENCES SOCIALES DE LA DIVISION DU TRAVAIL

Bien que Durkheim se montre dans l'ensemble optimiste quant à la capacité d'une société à forte division du travail à générer la solidarité dont elle a besoin, il se rend également compte qu'un tel résultat n'est pas donné d'avance et cette conscience s'accentuera dans ses travaux successifs, notamment dans *Le Suicide* [1897]. Le progrès de la division du travail s'accompagne, en réalité, de tensions et de conflits sociaux nombreux. Dans la lecture de ces phénomènes, la contribution de Durkheim est la plus actuelle. Il distingue trois modalités déstabilisantes. Quand la division du travail tend à croître plus rapidement que les règles institutionnelles, il en résulte une situation d'« anomie », de carence de normes. Dans le second cas, les règles existent mais elles ne sont pas convenablement adaptées. La division des tâches assume alors un caractère « coercitif ». Durkheim évoque aussi une troisième forme « anormale » de division du travail : dans les entreprises modernes, une spécialisation élevée des tâches individuelles et l'absence de coordination entre les fonctions spécialisées génèrent un gaspillage et une carence de solidarité.

Le fort développement des activités économiques représente la principale source d'anomie dans les sociétés modernes parce que ce processus s'affirme sans une institutionnalisation adéquate. Les deux formes typiques sous lesquels l'anomie s'exprime sont les crises industrielles, d'une part, et l'antagonisme entre le capital et le travail, d'autre part. Les crises économiques, devenues plus fréquentes, sont dues à l'extension du marché comme mécanisme de régulation des activités économiques. Dans les sociétés moins avancées, la production est directement adaptée à la consommation ; le rapport entre les deux phénomènes est délimité par un domaine territorial restreint. L'intensification de la division du travail et de la production pour le marché provoque, au contraire, un écart entre la production et la consommation — entre l'offre et la demande — qui engendre des crises récurrentes (de surproduction et de sous-consommation).

Le rééquilibrage du marché se produit à travers une déstabilisation continue et prolongée des relations sociales, faillites et chômage. La division du travail qui s'accroît avec le capitalisme de marché comporte donc de lourds coûts sociaux. La diffusion de l'emploi industriel s'est opérée sans une réglementation juridique adéquate des relations dans le travail. De cette manière, il n'y a pas de protection appropriée des travailleurs contre les aléas du marché. Simultanément, la division du travail à l'intérieur de l'usine entraîne une parcellisation des rôles, une routinisation et une déqualification du travail qui réduisent l'ouvrier à n'être que l'appendice d'une machine. Le travailleur devient seulement « un engrenage inerte animé par une force extérieure et qui se meut toujours dans le même sens et de la même façon ».

Selon Durkheim — qui propose une analyse visiblement très proche de la théorie de l'aliénation développée par Marx — tout cela entre en contradiction avec les idéaux d'enrichissement et de perfectionnement individuel, qui sont à la base de la société moderne, et provoque inévitablement des conflits sociaux, ainsi que des difficultés d'intégration des individus dans l'ordre social.

Une société à forte division du travail social suppose un relâchement de la conscience collective, qui laisse plus de place aux choix individuels. Dans ce cadre s'affirment les idéaux qui assignent une valeur morale au perfectionnement et à la réalisation de la personnalité individuelle. On assiste ainsi à l'émergence d'« un culte de l'individu » qui prescrit que « chacun soit destiné à la fonction qu'il peut remplir le mieux, et reçoive la juste rémunération pour ses prestations ». Ces idéaux entrent en contradiction avec des règles souvent héritées d'une phase précédente de la société. Une première forme de division coercitive du travail découle du fait que l'attribution des tâches spécialisées à chaque individu était imposée plutôt que choisie, elle ne correspond plus aux vocations personnelles, mais aux conditionnements de la classe sociale d'origine. Des règles juridiques et morales provoquent des effets de ce genre dans le droit héréditaire, qui altère la concurrence entre les individus ; ou encore dans les règles qui restreignent l'accès aux rôles publics en fonction de la classe.

Pour éviter que les effets négatifs de facteurs institutionnels de ce type ne se produisent, il faut donc que ces règles se modifient et que les nouvelles normes garantissent « l'égalité absolue des conditions externes de lutte », c'est-à-dire qu'« aucun obstacle d'aucune nature n'empêche [...] (aux individus) d'occuper dans les cadres sociaux le poste répondant à leur faculté ». C'est uniquement lorsque ces conditions sont respectées que la concurrence entre les individus peut générer de la solidarité.

Venons en maintenant à la deuxième forme de division coercitive du travail. Pour que la société fondée sur la division du travail engendre de la solidarité, il faut également que les gratifications correspondent plus ou moins à l'utilité effective des services rendus. Il faut donc que soit prise en compte la façon dont la valeur d'échange se forme — en particulier celle des services de travail — pour vérifier si elle coïncide avec la « valeur sociale » qui en découle. Mais comment peut-on mesurer une telle valeur ? La réponse de Durkheim n'est pas claire, conscient de toucher un point qui a été au centre de la controverse sur la théorie de la valeur. Sa réponse paraît faire allusion à la position de la théorie néo-classique de la distribution et du revenu, selon laquelle, dans des conditions de marché concurrentiel, la contrepartie des facteurs productifs (notamment le travail) est déterminée par la contribution qu'ils apportent à la valeur de la production (théorie de la productivité marginale). En fait, Durkheim tient surtout à signaler que la valeur ainsi assignée aux différentes activités productives, à travers le marché, peut être altérée par l'« influence de facteurs anormaux ».

En résumé, on pourrait dire que Durkheim ne conteste pas à la théorie économique que le marché puisse être un instrument efficace pour établir la correspondance entre la valeur d'échange d'un bien, et aussi du travail, et l'utilité sociale. Toutefois, il veut attirer l'attention sur le fait que les échanges de marché, même lorsqu'ils prennent la forme de contrats librement et volontairement souscrits du point de vue formel, peuvent cacher un déséquilibre de pouvoir entre les contractants qui conduit à éloigner la récompense de l'utilité sociale effective. Durkheim prend comme exemple le marché du travail : « Si une classe de la société est obligée, pour vivre, de faire accepter à un prix quelconque ses services, alors qu'une autre peut s'en passer grâce aux ressources dont elle dispose et qui toutefois ne sont pas nécessairement dues à une supériorité sociale, la deuxième impose injustement sa loi à la première. »

Selon Durkheim, cette injustice est responsable d'une « violence » qui finit par miner la légitimité des contrats et par générer le désordre et des conflits sociaux. Pour que les contrats soient justes, il faut que les « contractants se trouvent dans des conditions extérieures égales ». Il faut donc faire en sorte que les salaires soient déterminés par le « mérite social » et non par d'autres critères. Seule cette condition est susceptible de faire accepter les inégalités d'une division du travail élevée. Négligées par les économistes, les « conditions morales de l'échange » requièrent une régulation du marché qui ne se limite pas à poursuivre les fraudes et à faire respecter les contrats, mais qui agisse efficacement contre les déséquilibres qui aboutissent à un échange injuste et engendrent des conflits mettant en danger les activités économiques elles-mêmes. « Le rôle des sociétés plus avancées est donc [...] une œuvre de justice ». Il s'agit d'« introduire une équité toujours plus grande dans les rapports sociaux pour assurer le libre déploiement de toutes les forces socialement utiles ».

3. LA CONSTRUCTION SOCIALE DU MARCHÉ

Durkheim met en évidence les effets déstabilisants du marché comme mécanisme de régulation de la division du travail. Dans ses travaux, il n'utilise pas le terme de « capitalisme ». En parlant de division du travail plutôt que de capitalisme, il veut probablement attirer l'attention sur une caractéristique plus profonde de la société moderne, relative à sa morphologie (à son « substrat »). Néanmoins, ses analyses, en particulier celles contenues dans *La division du travail social*, peuvent être envisagées comme une critique du capitalisme libéral, c'est-à-dire de la forme spécifique de capitalisme à l'intérieur de laquelle le marché a un rôle prééminent dans la régulation des activités productives et dans la distribution des revenus. Cette critique ne se fonde pas sur des motifs économiques, comme la chute du taux de profit sur laquelle insistaient Marx et les marxistes. Les causes sociales l'emportent sur celles strictement économiques. Selon Durkheim, la stabilité des activités productives ne dépend pas seulement de gratifications économiques, mais aussi de qualités non économiques, autrement dit de critères d'évaluation partagés, relatifs aux rapports entre prestation et récompense pour les diverses tâches spécialisées. Dans les sociétés modernes, fondées sur la valeur de l'individu, de tels critères doivent nécessairement s'inspirer des principes de la méritocratie. Par conséquent, la simple substitution du capitalisme libéral par un capitalisme plus organisé ou par une quelconque forme de socialisme fondée sur le contrôle de l'État n'est pas en soi suffisante pour résoudre les problèmes posés par la division du travail. Ces problèmes sont sociaux, avant même d'être économiques. Ils concernent l'acceptation, par les individus, des différents rôles spécialisés, ainsi que leur consentement concernant les rapports d'échange entre les fonctions attribuées et les récompenses. Pour répondre aux conflits économiques et de travail, Durkheim pense aussi à des « tribunaux » créés avec le même mécanisme de représentation conjuguée des différents intérêts. Il conçoit les corporations non comme des associations volontaires, mais comme des « institutions publiques » à caractère obligatoire, organisées hiérarchiquement sur le territoire. À côté des fonctions économiques, elles devraient également exercer des fonctions d'assistance sociale, de formation technique et professionnelle et d'organisation des activités culturelles et récréatives. Durkheim accorde une importance particulière à ces fonctions parce que les corporations doivent, à son avis, stimuler la formation des liens moraux entre les sujets impliqués dans des activités déterminées. En outre, elles doivent promouvoir activement la solidarité organique et ce rôle ne peut être efficacement rempli par l'État. Dans la préface de la seconde édition de la *Division du travail*, Durkheim insiste sur l'importance des associations volontaires comme antidote nécessaire au progrès de la division des tâches économiques et sociales.

Parmi les disciples de Durkheim trois ont fourni une contribution majeure à la sociologie économique. Marcel Mauss dans son *Essai sur le don* a montré que l'échange entraînait une relation réciproque qui mêlait intimement tous les aspects de la vie sociale, du prestige à l'économie. Son influence a été importante sur les développements de l'ethnologie économique dans les années soixante-dix. François Simiand a été responsable pendant de longues années de la rubrique « Sociologie économique » dans *L'Année sociologique*. Son intérêt personnel portait sur la monnaie qu'il analysait comme une construction sociale fondée sur la confiance. Son étude majeure porte sur les fluctuations du salaire ouvrier en France depuis le début du XVIIIe siècle jusqu'en 1930. Il distingue des phases de hausse et des phases de stagnation dont il cherche des explications dans des facteurs démographiques, technologiques et juridiques. La cause principale est selon lui le mouvement des prix. Son grand livre *Le salaire, l'évolution sociale et la monnaie* [1932] est un monument qui a été âprement discuté mais qui n'a pas été suivi par le courant de recherches qu'il aurait dû normalement susciter. Enfin, Maurice Halbwachs a été un pionnier de la sociologie de la consommation en comparant les budgets des ouvriers et des employés : *La classe ouvrière et les niveaux de vie, recherches sur la hiérarchie des besoins dans les sociétés industrielles* [1913]. Il montre que les modes de vie sont commandés par des modèles caractéristiques des classes sociales. En cela il a été à l'origine de toutes les études sur les styles de vie.

Durkheim a vécu dans le climat des grandes tensions sociales et politiques de la France de la deuxième moitié du XIXe siècle et cette expérience a profondément orienté sa vision des rapports entre économie et institutions. Thorstein Veblen (1857-1929) a vécu durant la même période, mais dans un contexte américain très différent. À l'issue de la guerre de sécession, les États-Unis ont connu de grandes transformations qui, en quelques décennies, les ont amenés à une position de leadership économique mondial. De 1860 à 1914, la population a triplé, avec vingt millions d'immigrés, tandis que l'emploi et la production ont cru à des rythmes vertigineux. En l'espace de quelques années, de gigantesques *trusts* industriels se sont formés dans les secteurs des chemins de fer, de l'acier, du pétrole et bien d'autres encore. De grands magnats comme Rockefeller et Morgan sont parvenus à contrôler des parts considérables du patrimoine national. Cette période est également marquée par les graves crises de l'agriculture traditionnelle du *Midwest*, toujours plus endettée auprès des banques et des détenteurs du capital financier de l'Est. Elle se caractérise, en outre, par des conflits sociaux intenses et souvent violents qui impliquent une classe ouvrière en forte croissance.

C'est dans ce contexte que mûrit la réflexion de Veblen, fils d'immigrés norvégiens de religion luthérienne transplantés dans une communauté agricole du Minnesota. Sa formation est principalement économique, mais il manifeste très tôt un grand scepticisme à l'égard de l'économie traditionnelle qu'il juge inapte à comprendre les grands changements économiques de la fin du siècle dernier. En effet, à l'instar de Durkheim, Veblen estime que les attentes optimistes de la théorie économique se heurtent aux bouleversements sociaux engendrés par un capitalisme guidé par le marché. Autrement dit, il considère que les analyses traditionnelles n'aident pas à affronter correctement le thème du changement social. Mais tandis que pour Durkheim, cette critique se traduit par la tentative de donner un fondement scientifique à la sociologie comme théorie générale de la société, Veblen cherche à refonder, sur des bases institutionnelles, l'analyse économique, en s'inspirant de la perspective évolutionniste qui s'est développée en biologie et dans les sciences naturelles avec Darwin. Bien qu'ayant mûri dans un contexte social et culturel différent de celui de Durkheim et sans interaction avec le sociologue français, son économie institutionnelle peut être comparée à l'institutionnalisme sociologique de ce dernier pour deux raisons : d'une part, pour la contribution à une théorie non individualiste de l'action économique ; de l'autre, pour la prise en compte d'un problème de recherche historico-empirique non traité par l'économie : celui des effets sociaux du capitalisme libéral fondé sur le marché et des changements en cours dans ce modèle d'organisation économique avant la grande crise des années trente.

4. LA CRITIQUE DE LA THÉORIE ÉCONOMIQUE ET L'ÉCONOMIE INSTITUTIONNELLE

Veblen prend ses distances avec l'économie classique et néo-classique dès ses premiers écrits du *Quaterly Journal of Economics* de 1898-1899. Selon le chercheur américain, la théorie économique traditionnelle partage une vision de la nature humaine « passive, substantiellement inerte et invariablement donnée », une vision dans laquelle l'homme est vu comme un « calculateur des plaisirs et des peines », un simple « faisceau de désirs ». En réalité, non seulement on ne peut parler de nature humaine en des termes généraux et a-historiques, mais la conduite de l'homme n'est pas compréhensible en des termes individualistes, c'est-à-dire au-delà de l'influence exercée par la société à travers des traditions, des us et des coutumes, où à travers des modèles de comportement institutionnalisés.

Lorsque l'on veut saisir les caractères de base qui motivent le comportement humain, il faut les chercher dans la disposition à entreprendre et à développer toujours de nouvelles activités : un « instinct laborieux ». En somme, sa vision de l'homme est plus proche de l'*homo faber* que du calculateur maximisant. Les institutions canalisent et façonnent le comportement, définissant les manières à travers lesquelles les propensions bio-psychiques peuvent se réaliser. Comme Veblen le montre dans la *Théorie de la classe de loisir* [1895], les institutions sont des « habitudes mentales », des modèles de comportement partagés et approuvés. Les hommes sont guidés par des valeurs et des normes qu'ils reçoivent de la société dans laquelle ils vivent. Avec le changement historique, les institutions et le comportement individuel (même économique) se modifient. Cette variabilité de l'action ne peut être appréciée par la théorie économique néo-classique statique et a-historique. L'approche traditionnelle reste liée à l'idée d'équilibre, à l'enquête sur les mécanismes de stabilisation de l'économie qui sont influencés par les sciences physiques et, en particulier, par la mécanique. Tout cela finit par donner une connotation analytique, déductive et normative à la recherche, l'éloignant ainsi de la compréhension des dynamiques réelles. L'économie doit au contraire être en mesure de rendre compte des grands changements en cours, elle doit donc s'inspirer des sciences biologiques et de leur posture évolutionniste, et se concentrer sur le rôle des institutions.

Bien que s'inspirant de l'évolutionnisme pensé de Graham Sumner, Veblen assume une orientation critique envers le darwinisme social ancré dans la culture américaine de l'époque. Il place au centre de son analyse les institutions et non les individus. Ce sont les institutions qui évoluent pour faire front aux problèmes d'adaptation posés par l'environnement. En revanche, la sélection des institutions ne comporte pas mécaniquement le renforcement des plus efficientes. Comme nous le verrons, Veblen refuse l'idée d'une évolution unilinéaire qui conduit à la convergence institutionnelle. « La vie de l'homme en société, comme celle des autres espèces, est une lutte pour l'existence et, par conséquent, un processus d'adaptation sélectif. L'évolutionnisme de la structure sociale a été un processus de sélection naturelle des institutions. Le progrès qui s'est opéré et qui est en train de s'opérer dans les institutions humaines et dans le caractère humain admet très certainement une sélection naturelle des habitudes mentales plus appropriées à un processus forcé d'adaptation des individus à un environnement qui s'est progressivement modifié avec la croissance de la société et avec les institutions instables sous lesquelles les hommes ont vécu ».

La science et la technique représentent le moteur du changement, mais le processus n'est en aucun cas linéaire. Elles définissent un potentiel de mutation du processus productif qui se répercute à son tour sur les institutions culturelles, sociales et politiques. Pour que soient introduites de nouvelles institutions — de nouveaux modes de pensée, de nouvelles coutumes et de nouvelles lois —, il faut surmonter les résistances des vieilles institutions. Il ne s'agit pas seulement de la force d'inertie des habitudes et des façons de penser. Les institutions héritées du passé tendent à être défendues par les groupes sociaux qui sont privilégiés dans le cadre de l'ancien ordre : ils s'opposent à la mutation et parviennent souvent à influencer les classes sociales inférieures. À la longue, les institutions s'ajustent et permettent la pleine valorisation des nouvelles connaissances et technologies, mais les temps et les modalités de ce processus d'ajustement ne sont pas définissables *a priori*. Il est également impossible de repérer, comme le prétendait Marx, une phase finale de la mutation. Le changement dépend de l'issue du conflit qui oppose les groupes sociaux les moins exposés aux connaissances et aux techniques modernes à ceux qui, justement parce qu'ils sont plus directement impliqués dans le monde de la production, sont poussés à une vision plus rationnelle et précise des causes et des effets des phénomènes et sont donc plus enclins à soutenir une innovation inspirée par ces principes.

Plus ce retard dans l'ajustement des institutions est grand, plus le coût auquel une société s'expose en termes de gaspillage (chômage, pauvreté non nécessaire, perte de bien-être collectif) augmente. Cela peut même aboutir à des conflits sociaux dus à la carence des institutions dans la régulation des problèmes d'adaptation. Toutefois, à la différence de Marx et du marxisme, Veblen ne pense pas que le conflit de classe puisse être le moteur de l'histoire. De son observatoire américain, il constate plutôt une attraction forte des classes inférieures — largement constituée, aux États-Unis, d'une main-d'œuvre immigrée — vers les modèles de vie et de consommation de la « classe aisée ». En ce sens, Veblen peut être considéré comme un précurseur de cette tradition d'analyse critique du capitalisme qui met en évidence les coûts en termes d'utilisation inefficace de ressources, de déficit de rationalité de l'organisation sociale — ou de carence de « rationalité substantielle » comme aurait dit Weber — mais qui, dans le même temps, souligne la capacité d'intégration des classes subalternes qui se développe dans le cadre de cette forme économique, contrairement aux prévisions marxistes (voir les analyses de Baran et Sweezy sur le capital monopolistique, celles du sociologue américain Wright Mills ou celles de l'École de Francfort).

Veblen ne croit pas à un processus de convergence institutionnelle inévitable, impulsé par la technologie, qui porterait à l'affirmation d'un modèle institutionnel unique, plus efficace. Dans *L'Allemagne impériale et la révolution industrielle* [1915], il analyse le rapide essor économique de l'Allemagne dans la deuxième moitié du XIXe siècle, en le comparant à celui plus précoce et graduel de la Grande-Bretagne. Il défend la thèse selon laquelle il peut exister des parcours de développement différents, fondés sur la capacité à greffer les technologies les plus modernes applicables au processus industriel dans un contexte institutionnel encore imprégné des valeurs traditionnelles. C'est le succès de cette greffe qui explique le développement accéléré de l'Allemagne. Veblen formulera également un raisonnement similaire à propos du Japon, dans son essai *The Opportunity of Japan* [1934].

L'avantage de la combinaison entre technologies modernes et institutions traditionnelles est double. D'un côté, on peut exploiter les formes de « solidarité de groupe » et de subordination à l'autorité politique, formées dans la période féodale, comme des instruments qui augmentent la disposition des travailleurs à coopérer. De l'autre, l'implantation des technologies modernes évite d'importer en même temps les institutions qui se sont développées graduellement avec elles, comme en Grande-Bretagne, et qui ont fini par freiner l'exploitation de la technologie, le bien-être social et l'adaptation à la croissance suscitée par les nouvelles connaissances. Considérant le cas anglais, Veblen note que le développement a été anticipé et favorisé à la fois par l'insularité et par l'implication moindre dans les guerres continentales. Il a cependant provoqué un changement graduel des institutions, en produisant une série d'effets qui ont ralenti la croissance : la perte du dynamisme entrepreneurial et la subordination des activités productives aux profits financiers des propriétaires ; l'accroissement des coûts dus à la vente et à la publicité ; l'appauvrissement de la classe ouvrière et le conflit social ; la diffusion de phénomènes de « gaspillage ostentatoire » en termes de normes de consommation qui détournent les ressources croissantes du bien-être collectif ; la résistance au changement de la technologie qui détermine des phénomènes d'obsolescence de l'appareil productif et des infrastructures. Ces préjudices représentent le prix payé par la Grande-Bretagne en tant qu'initiateur de la révolution industrielle.

Veblen éclaire la variété des trajectoires industrielles. Il n'y a pas une seule façon de s'engager dans le développement économique : à côté de la voie traditionnelle « spontanée » suivie par la Grande-Bretagne et par les États-Unis, il existe d'autres voies plus organisées, comme celles suivies par l'Allemagne et le Japon, voire même l'Italie, dans lesquelles l'industrialisation est promue par l'État, qui cherche en même temps à préserver les équilibres sociaux et les valeurs traditionnelles. Veblen insiste aussi sur la coexistence de combinaisons variables entre la technologie et les institutions. Des combinaisons plus efficientes et compétitives à un certain moment historique peuvent par la suite perdre ces avantages, sans pour autant cesser d'exister. En somme, les équilibres sont multiples. Ce thème reste d'ailleurs d'une grande actualité pour la sociologie économique et pour l'économie institutionnelle contemporaine.

5. LES COÛTS SOCIAUX DU CAPITALISME

Veblen estime qu'il existe un décalage entre l'ajustement des institutions et le progrès des connaissances et de la technique. Ce retard institutionnel comporte des coûts sociaux croissants en termes de bien-être collectif. Dans la phase initiale du développement capitaliste, la poursuite de l'intérêt individuel et l'amélioration du bien-être collectif sont effectivement liés et favorisés par le fonctionnement du marché. Dans la phase suivante, ces liens se desserrent et le capitalisme de marché provoque une perte de bien-être collectif par rapport aux potentialités offertes par la technique et par la science.

Dans *Theory of Business Entreprise* [1904], Veblen note que le système de l'« industrie mécanique » s'est affirmé dans la première phase de la révolution industrielle qui s'est amorcée en Angleterre à partir de la deuxième moitié du XVIIIe siècle. La production est alors assurée par des entreprises privées où les propriétaires-entrepreneurs sont également capitalistes et organisateurs de la production ; ils conjuguent pouvoir économico-financier et capacités techniques et organisationnelles. Étant donné l'état des connaissances et des techniques disponibles, les entreprises sont de dimension réduite et aucune n'est en mesure de contrôler le marché des biens sur lequel elle opère. Dans cette situation, la recherche du profit par les entrepreneurs capitalistes advient à travers l'amélioration de l'efficience, sous l'effet de la concurrence entre des entreprises rivales. C'est à cette époque que les schémas de l'économie prolifèrent, selon lesquels la poursuite de l'intérêt individuel, non entravée par les institutions politiques et dans un contexte de marché concurrentiel, favorise le bien-être collectif.

En somme, le cadre institutionnel du « capitalisme libéral » sur lequel repose la théorie économique est valable, mais pour une période historique déterminée. Cette phase se referme déjà vers la fin du XIXe siècle, par suite des progrès de la technologie. Les nouvelles techniques autorisent désormais des économies d'échelle liées à une production de masse, et requièrent des investissements industriels considérables. C'est à ce stade que commence à se manifester de plus en plus le divorce entre les fonctions économico-financières et celles de direction et d'organisation des entreprises, auparavant détenues par les entrepreneurs-propriétaires. La propriété et la gestion des firmes se séparent. La première finit dans les mains d'une nouvelle catégorie, les « capitaines d'industrie », qui gèrent les investissements et se montrent toujours plus intéressés par le profit financier qui dérive de l'accroissement de la valeur du capital investi dans les entreprises industrielles (un capital rendu plus mobile par sa transformation en actions cotées en bourse). Il s'agit, en somme, de « financiers des sociétés d'actionnaires » ou de « banquiers investisseurs ». La gestion concrète des entreprises est confiée à des managers, qui développent les connaissances techniques et organisationnelles nécessaires à l'application des nouvelles méthodes productives : Veblen les appellent les « ingénieurs de la production » et les « ingénieurs de l'efficience ».

La séparation entre propriété et gestion est le signe avant-coureur de problèmes croissants pour le bien-être collectif. En effet, la recherche du profit par les détenteurs du capital ne conduit plus à une extension du bien-être collectif, à travers la plus grande production de biens à des prix plus bas. La quête du plus grand gain monétaire pousse les capitaines d'industrie à l'achat et à la vente d'entreprises uniquement pour des raisons de spéculation financière. Ce comportement spéculatif peut endommager tant la production que l'emploi, en causant la fermeture prématurée des usines. Étant donné la croissante interdépendance du système industriel, des phénomènes de crise induits par la recherche du profit financier se diffusent à la chaîne, générant des dépressions cycliques et du chômage.

La recherche du profit peut se faire au détriment d'une plus grande efficience, mais elle peut, de surcroît, entraver le progrès technologique. La forte croissance de la productivité rendue possible par les nouvelles technologies est, en théorie, susceptible d'amener un plus grand volume de biens disponibles à des prix plus bas. Ce résultat est entravé par l'exigence de conserver des profits élevés de la part des nouveaux capitalistes-financiers. D'où la poussée à transformer le marché ouvert de type concurrentiel, caractéristique de la phase précédente, en un marché fermé de type monopolistique. Celui-ci se traduit par la formation de cartels et de *trusts*, par des ententes formelles et informelles, qui visent à limiter la production et à maintenir les prix élevés au détriment des consommateurs. En somme, il se développe ce que Veblen appelle une « suppression consciencieuse de l'efficience ». Celle-ci se manifeste dans la restriction de la production et de l'emploi, ainsi que dans l'augmentation des coûts de vente (distribution, publicité) qui résultent de la lutte concurrentielle et qui pèsent lourdement sur les coûts de production.

6. LA CLASSE DE LOISIR

La recherche d'une consommation accrue de biens matériels ne fournit pas un encouragement suffisant pour pousser les individus à s'engager dans des activités économiques. Dans la société moderne, où l'économie repose sur la propriété privée et le marché, les possibilités de consommation plus grandes sont convoitées en tant que source de prestige, d'honneur et de distinction sociale. Ces valeurs remplacent le courage et l'esprit guerrier, propres aux époques précédentes. Par conséquent, les motivations plus profondes des activités économiques ont à voir, selon Veblen, avec la recherche de prestige, dans une confrontation antagoniste permanente avec les autres membres de la société : « La possession de la richesse confère de l'honneur, elle est une distinction antagoniste. ».

Il est vrai que pour les groupes sociaux les plus pauvres et privés de moyens, la nécessité de gagner de quoi vivre représente un encouragement très fort. Cependant, dans les sociétés modernes, leurs motivations se modifient avec la croissance économique. Au fur et à mesure que leurs revenus dépassent le seuil de la simple subsistance, les individus sont attirés par la consommation comme moyen de prestige. Ce mécanisme se répand en particulier dans les grandes villes où les critères de reconnaissance sociale traditionnelle se font moindres et où les standards de consommation deviennent les principales marques du statut social. Il en résulte une poussée à l'intégration consumériste des catégories sociales inférieures et de la classe ouvrière. Selon Veblen, c'est principalement pour cette raison que le conflit social, contrairement à ce que pensait Marx, ne peut être considéré comme le moteur de l'innovation institutionnelle.

Le « gaspillage ostentatoire » concourt, du point de vue de la consommation, à la perte du bien-être collectif typique de l'économie capitaliste de son temps. Contrairement à la prévision de l'économie néo-classique, les consommateurs ne cherchent pas à satisfaire rationnellement leurs préférences, leurs besoins, indépendamment de ceux des autres. Leur comportement est au contraire influencé par l'interdépendance sociale, par la tentative continue de surpasser les autres et d'atteindre un statut supérieur. Il en découle une dépense non nécessaire d'énergie dans le travail et la diffusion de la consommation qui orientent les ressources vers des biens et des activités dont Veblen souligne — souvent avec des accents moralistes — le caractère superflu et futile. Veblen se présente ainsi comme le premier critique du consumérisme et de la société de consommation, et aussi comme l'un des fondateurs de la sociologie de la consommation. Il met en discussion la thèse du consommateur rationnel, muni de préférences stables et autonomes par rapport au contexte social, voué à optimiser de telles préférences à travers une adaptation continue par rapport aux contraintes infligées par le prix des biens et par son revenu. Au calcul rationnel, il oppose le modèle de l'émulation sociale.

Dans l'ensemble, les institutions du capitalisme de marché, que ce soit du côté de la production ou de celui de la consommation, comportent un coût social élevé et représentent un frein pour le bien-être collectif par rapport aux opportunités offertes par le développement technique : d'une part, la séparation entre propriété et gestion, ainsi que la recherche du profit financier par une « propriété absentéiste », engendrent une restriction des potentialités productives ; de l'autre, la diffusion de la consommation comme instrument de compétition pour le statut social comporte elle aussi une perte de bien-être. Cette contradiction est destinée à être dépassée par l'adaptation des institutions héritées de la phase précédente. Toutefois, Veblen n'entrevoit aucun signe de mutation dans la réalité de son époque. Il se montre en outre très sceptique quant aux capacités du mouvement ouvrier américain à se lancer dans une action révolutionnaire. Par contre, dans ses derniers travaux relatifs à l'influence de la révolution russe, il voit dans les ingénieurs, dans les nouveaux techniciens de la production, des protagonistes possibles du changement. Ce groupe social, en raison de ses connaissances et de son rôle dans les entreprises, serait en effet mieux à même d'évaluer le gâchis d'efficience lié aux institutions capitalistes et de mettre en œuvre un usage planifié et rationnel des ressources, dont les contours restent cependant, dans la formulation de Veblen, très instables et incertains. En cela, Veblen annonce la classe des managers de James Burnham.

7. L'INSTITUTIONNALISME POSITIVISTE

Quels sont les points communs entre l'institutionnalisme de Durkheim et celui de Veblen ? Et quels sont les éléments de ressemblance et de divergence avec la sociologie allemande ? Nos deux auteurs sont davantage influencés par le positivisme que Sombart et Weber, lesquels se sont formés dans le climat social profondément anti-positiviste de l'historicisme allemand.

Durkheim veut jeter les bases d'une « science de la morale » afin de donner un fondement scientifique aux choix difficiles que les hommes doivent faire dans la société moderne. Veblen s'inspire expressément du modèle des sciences naturelles et, en particulier, de la biologie, pour reconstruire l'analyse économique sur des bases différentes de celles de la théorie traditionnelle. Le sociologue français et le chercheur américain sont donc tous deux attirés par l'idée de fonder une étude de la société sur des principes semblables à ceux des sciences de la nature. Leur institutionnalisme d'inspiration positiviste les éloigne de la sociologie économique allemande.

Le rapport à l'égard de l'économie représente une autre différence évidente. Sombart et Weber, de même que Durkheim et Veblen, veulent éviter l'indétermination théorique et le descriptivisme de l'historicisme économique, mais leur programme scientifique explicite prend des directions divergentes. Sombart et Weber se sont formés dans le climat d'une opposition enflammée entre les historiens et les économistes néo-classiques. Ils souhaitent donner un fondement scientifique à la sociologie économique en surmontant les difficultés de l'historicisme. Ils misent donc sur l'élaboration de schémas analytiques à même d'interpréter des formes spécifiques d'organisation économique. En outre, ils reconnaissent la légitimité de la théorie économique comme discipline. En fait, ils considèrent que l'économie et la sociologie économique entretiennent des rapports de complémentarité dans leur approche : la sociologie doit éclairer le contexte institutionnel à l'intérieur duquel il est possible d'appliquer les schémas de l'économie, que ce soit dans la référence aux motivations des acteurs ou dans les modalités de régulation fondées sur le marché. Durkheim et Veblen se montrent, par contre, plus sceptiques sur les capacités de la théorie économique à saisir les formes concrètes d'organisation de l'économie. Influencés par leur formation positiviste, ils sont moins enclins à reconnaître le caractère scientifique d'une discipline qui n'est pas empiriquement fondée et sont davantage attirés par une théorie générale de la société.

Lorsque Durkheim et Veblen mettent en pratique leur programme scientifique, les différences avec Sombart et Weber s'atténuent. Durkheim ébauche une théorie générale des processus qui portent à la formation et au changement des institutions, mais il se cantonne à l'analyse historico-empirique et ne cherche pas à prédire l'évolution future de la société. Il se concentre, en revanche, avec ses analyses plus pénétrantes, sur les difficultés d'intégration de la société moderne, dominée par la division du travail et par le capitalisme de marché. Dès ses premiers écrits, Veblen se fixe également pour objectif d'établir une économie évolutionniste, centrée sur le rôle des institutions. Il travaille lui aussi à une théorie des origines et du changement des institutions, et n'indique pas les futures étapes de développement. Il met plutôt l'accent sur les contradictions du capitalisme de marché, vues de son observatoire américain.

En somme, malgré le langage utilisé et les arguments explicites, Durkheim et Veblen proposent un positivisme tempéré. Ils ne tombent pas dans le piège des stades de développement universels et nécessaires et des lois évolutives de la société. Ils reconnaissent l'indétermination des processus historiques. Sur ce terrain, ils se rapprochent de Sombart et de Weber, plus que ce que l'on ne pourrait le penser, à première vue. Ces quatre auteurs ont en commun le refus d'une vision individualiste de la conduite économique, que celle-ci soit motivée en des termes utilitaristes ou qu'elle se base sur des conditionnements biologiques ou psychologiques. Les sujets agissent dans la sphère de la production et de la distribution des biens selon des modèles de comportement fournis par les institutions. Toutefois, les institutions sont à leur tour le produit de l'interaction entre les sujets. Dans des conditions et à des moments particuliers, une telle interaction entraîne la transformation des institutions, mais il s'avère impossible d'en prévoir l'évolution historique. L'économie doit donc être analysée dans une optique historico-empirique, destinée à saisir les différences dans l'espace et dans le temps qui découlent justement de l'influence des institutions. Cette approche est utilisée par les sociologues économistes allemands pour expliquer les origines et l'expansion du capitalisme comme forme particulière d'organisation économique, et par Durkheim et Veblen pour mettre en lumière les conséquences sociales.

Naturellement, une telle distinction est relative. Sombart et Weber se sont intéressés aux transformations du capitalisme, bien que ce thème ne soit pas au cœur de leur réflexion. Ils entrevoient, avec une grande acuité, une organisation de l'économie capitaliste qui tendrait à réduire le rôle de régulation du marché de la phase libérale, à travers une plus grande bureaucratisation des entreprises et une intervention étatique accrue. Durkheim et Veblen proposent un point de vue différent. Ils se concentrent sur les problèmes sociaux générés par le capitalisme de marché, qui auraient exigé de nouvelles formes institutionnelles de régulation. Leur intérêt se porte donc sur la carence ou le retard des institutions. Ils tentent d'expliquer pourquoi les anciennes ne sont plus adaptées, tandis que les nouvelles peinent à s'affirmer. Alors que les sociologues allemands ont contribué à mettre en évidence la trame institutionnelle complexe indispensable à l'émergence du capitalisme, Durkheim et Veblen soulignent que l'économie capitaliste, à mesure qu'elle s'affirme, ne peut plus être efficacement régie par le cadre institutionnel dans lequel elle s'est originellement formée. Perspective d'analyse qui rappelle celle de Marx, mais qui s'en éloigne pour deux raisons essentielles. D'une part, elle n'implique pas un jugement pessimiste sur la capacité de l'économie capitaliste à continuer de fonctionner en fournissant des biens et des services. De l'autre, elle ne lie pas la crise économique à l'émergence d'un groupe social — la classe ouvrière — qui, par son action, doit nécessairement conduire à une économie socialiste.

Durkheim et Veblen ont en commun la défiance quant à la capacité des marchés à se rééquilibrer sans une régulation institutionnelle adaptée. Cette situation est à l'origine du chômage, de crises cycliques et de conflits sociaux. Ces phénomènes sont cependant le signe d'un problème plus général : la sous-utilisation du potentiel productif disponible. Durkheim formule ce jugement en termes d'incapacité à exploiter au maximum les avantages de la division du travail, en raison de la carence des institutions qui engendre des formes anormales et pathologiques de division des rôles et d'attribution des récompenses. Cette situation détermine des problèmes de coordination et des conflits. Veblen pense au contraire que la technologie et son aptitude à générer de la production et de l'emploi sont limitées par les institutions : du côté de la production, parce que la recherche de profit financier de la part des capitaines d'industrie se fait au détriment d'une plus grande efficience, dans un contexte d'entreprises de plus en plus monopolistiques ; et du côté de la consommation, parce que les modèles de consommation ostentatoire se diffusent et s'étendent à tous les groupes sociaux.

Durkheim et Veblen s'intéressent aux formes de régulation de l'économie qui limitent le rôle du marché. Veblen évoque une planification centrée sur le rôle des ingénieurs. Durkheim insiste sur le rôle possible des corporations. Il est convaincu qu'une planification économique de type socialiste reste en soi insuffisante, si l'on n'affronte pas le problème de la reconstruction des liens moraux entre les individus engagés dans la division du travail. C'est la fonction que devraient assumer les corporations à travers leur contribution à la réglementation des activités économiques. Sa vision tend donc à refléter la plus grande importance qu'il accorde à la composante normative — aux valeurs morales partagées — dans le processus de formation des institutions.

Ni Durkheim, ni Veblen ne se montrent pourtant conscients des risques pour le développement économique — voire pour la démocratie politique — que peut entraîner une réorganisation du marché. Ces risques sont en revanche très présents dans la réflexion de Weber sur le capitalisme politique des années qui entourent la Première Guerre mondiale. En d'autres termes, en utilisant un langage contemporain, on pourrait dire qu'ils contribuent à mettre en évidence l'incapacité du marché à assurer le bien-être collectif, par opposition aux prévisions de la théorie économique, mais qu'ils ne prennent pas convenablement en considération les échecs possibles de l'État et de la planification bureaucratique (notamment parce que ces derniers n'avaient pas encore été suffisamment expérimentés du point de vue historique). Leur analyse est efficace pour mettre au jour les coûts sociaux du capitalisme de marché, mais saisit mal les limites de la planification.

Chapitre 5

La Grande Crise et le déclin du capitalisme libéral : Polanyi et Schumpeter

Le XIXe SIÈCLE SYMBOLISE l'âge d'or du capitalisme libéral. Pendant près de cent ans, l'Europe n'a pas connu de grande guerre. Le marché s'impose, selon des formes et des rythmes différents, comme principe régulateur de l'économie interne et internationale, garantissant une forte croissance de la production et des échanges. Toutefois, avec le temps, des tensions sociales et politiques apparaissent. La classe ouvrière s'affirme et revendique plus de reconnaissance sociale et d'intégration politique. Dès les dernières décennies du XIXe siècle, le capitalisme libéral éprouve de plus en plus de difficulté à assurer en même temps croissance économique, intégration sociale et rapports pacifiques entre les États. Sur le plan économique, la concurrence pèse davantage et alimente des demandes de protection. Le protectionnisme industriel et agraire contribue à limiter les échanges internationaux et à intensifier la politique coloniale. Les conflits intérieurs se durcissent, les tensions politiques entre les États s'accentuent et débouchent sur la Première Guerre mondiale.

Après la guerre, rien ne redevient comme avant. Le conflit a comporté des coûts économiques et sociaux très lourds et accéléré la mutation institutionnelle. Malgré les tentatives pour reconstruire l'ordre d'avant-guerre, les conditions économiques et sociales restent extrêmement précaires. Dans les années vingt, l'Europe est durement éprouvée. Malgré l'aide financière américaine, la reprise économique est lente, le chômage élevé et le climat social instable, surtout pour les pays vaincus. Le commerce international retrouve péniblement les niveaux d'avant-guerre, tandis que la production manufacturière croît à des rythmes élevés, dopée par les innovations technologiques et organisationnelles. Le protectionnisme douanier persistant limite les échanges et n'aide pas à affronter la surproduction des biens industriels. La demande des pays moins développés, affligés par la chute des prix agricoles et des matières premières, demeure faible. Dans cette situation, l'économie européenne dépend en grande partie des prêts américains. L'effondrement de la Bourse de New York en 1929 entraîne donc l'économie des pays développés dans une dépression extrêmement grave et prolongée, avec une chute de la production, des faillites d'entreprise en chaîne et des pics de chômage jamais atteints par le passé.

La Grande Crise peut être considérée comme une ligne de partage idéale dans l'histoire économique et sociale. La nécessité de faire front à cette situation exceptionnelle pousse en effet tous les pays à s'éloigner de l'orthodoxie libérale. Le capitalisme libéral, déjà miné par la grande guerre, est progressivement remplacé par un nouveau cadre institutionnel. Comme l'a écrit l'historien David Landes [1969], la nouvelle perspective « se fonde sur la thèse selon laquelle l'État est indispensable à la fois dans les bons et les mauvais moments. L'État serait même le seul à pouvoir garantir une croissance économique continue dans une atmosphère d'harmonie sociale. En outre, l'économie [...] doit se mettre au service de l'État et non l'inverse ».

C'est sur cette toile de fond que se situe la réflexion de Karl Polanyi et de Joseph Schumpeter. Ils s'interrogent sur les causes du déclin et, ensemble, ils tracent les contours des processus de changement en cours : la formation d'un capitalisme plus régulé, dans lequel l'espace du marché se réduit et l'économie est « réincorporée » dans la société. Ils proviennent de parcours intellectuels différents et soutiennent des positions politiquement opposées : Polanyi est socialiste, Schumpeter conservateur libéral. En dépit de ces divergences, leur analyse présente de nombreuses affinités et contribue à donner un fondement ultérieur important à la sociologie économique.

1. KARL POLANYI : LA GRANDE TRANSFORMATION

Karl Polanyi (1886-1964) est un institutionnaliste. Pour lui, l'institutionnalisme signifie que l'action économique n'est pas compréhensible en termes individualistes parce qu'elle est influencée par les institutions sociales. Il critique donc l'idée de l'*homo oeconomicus*, caractérisé par une propension psychologique individuelle au troc, à l'échange et au commerce : « l'homme est un être social, non économique. Plus que de sauvegarder son intérêt individuel pour acquérir des possessions matérielles, il aspire au consentement social, au statut social ».

La recherche du gain n'est pas toujours à l'origine du comportement économique. Pour appuyer cette thèse, Polanyi se rapporte aux contributions de l'ethnologie sur les civilisations archaïques, en particulier à celle de Malinowski sur les indigènes de Nouvelle-Guinée (*Argonauts of the Western Pacific* de 1922) et à celle de Thurnwald (*Economics in Primitives Communities* de 1933). L'objectif de ces études est de montrer que la « motivation du gain n'est pas « naturelle » pour l'homme ». Les économies primitives restent incompréhensibles si l'on attribue à leurs protagonistes des motivations utilitaristes. Elles fonctionnent au contraire sur la base d'un ensemble d'obligations partagées qui détermine le comportement individuel. Ce n'est qu'au cours des siècles derniers, avec l'affirmation du système capitaliste, que la poursuite du profit est devenue importante. Cette transformation a eu lieu parce que l'économie a commencé à être de plus en plus régulée par le marché, c'est-à-dire par une institution favorisant et encourageant l'action économique animée par la recherche du profit.

Il s'avère impossible, hormis sur un plan abstrait et analytique, de formuler des lois économiques générales. Dans les écrits rassemblés dans *Primitive, Archaic and Modern Economies* [1968], Polanyi montre qu'il existe des « types d'économie », des « systèmes économiques », dans lesquels les activités de production, de distribution et d'échange des biens, sans lesquels la société ne pourrait subsister, sont régulées par des institutions qui se modifient historiquement. Polanyi individualise trois principes fondamentaux de régulation des activités de production, de distribution et d'échange de biens, qu'il appelle « formes d'intégration » de l'économie : la *réciprocité*, la *redistribution* et l'*échange de marché*. Chacune de ces formes se différencie des autres que ce soit pour l'organisation des activités économiques ou pour les rapports entre de telles activités et les autres sphères de la vie sociale (la famille, la politique, la religion, etc.).

Quand la *réciprocité* domine, comme dans les économies primitives, les biens et les services sont produits et échangés contre d'autres biens ou services donnés selon des modalités et des temps fixés par des normes sociales partagées. De telles normes de réciprocité se fondent sur des institutions qui les soutiennent et sanctionnent ceux qui ne les respectent pas. Il s'agit, en particulier, de la famille et de la parenté : c'est parmi les proches ou les groupes de parents que les rapports économiques de réciprocité se développent. Déjà dans les économies primitives, mais davantage encore dans les sociétés plus évoluées de l'antiquité avec des dimensions territoriales et des unités politiques plus vastes, la *redistribution* s'adjoint à la réciprocité, au point de devenir progressivement la forme d'intégration principale. Les biens sont produits et alloués en fonction de normes qui établissent la modalité des prestations de travail, l'entité des ressources qui doivent être transférées à un leader politique — un chef de tribu ou un seigneur avec un appareil administratif — lequel les redistribue ensuite aux membres de la société, selon des règles précises. L'*échange de marché* représente une forme d'intégration de l'économie qui n'apparaît que récemment dans l'histoire de l'humanité et qui, selon Polanyi, atteint son paroxysme au cours du XIXe siècle. L'échange des biens à travers le commerce est régulé par le marché dans lequel se forment les prix d'après la libre rencontre entre l'offre et la demande. En outre, la production des biens et des services et la distribution des revenus sont dépendantes de marchés régulés par les prix. En fait, on décide de produire en fonction de prix qui se forment eux aussi au croisement de l'offre et de la demande.

Polanyi souligne que l'existence de formes de commerce avec des prix fixés par le marché est un phénomène qui se retrouve également dans les économies antiques, là où la production et la distribution sont organisées en fonction de la réciprocité et de la redistribution. Dans ces contextes, à côté des formes de commerce qui se fondent sur des « échanges de dons » (réciprocité) ou des « échanges administrés » avec des prix déterminés par voie

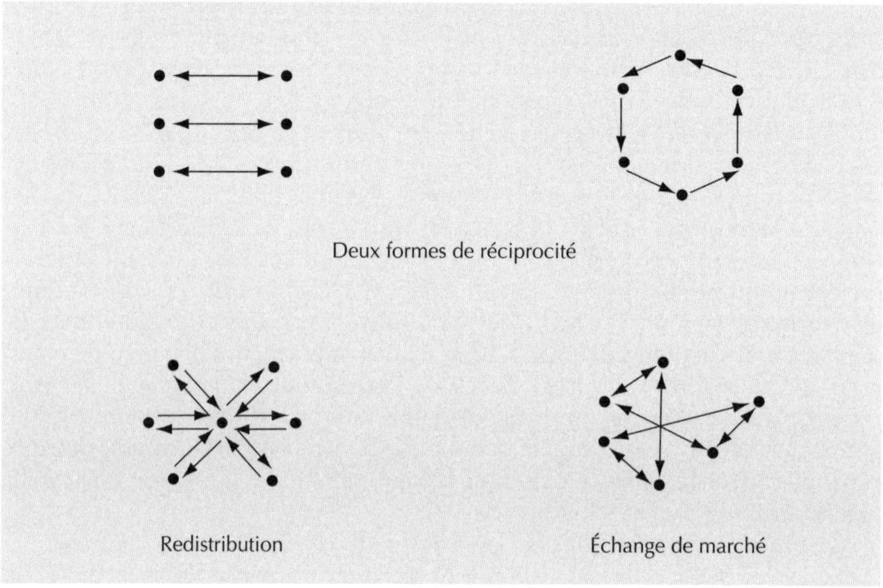

Figure 5.1. Représentation graphique des formes d'intégration d'après les indications de Polanyi [1968]

politico-administrative (redistribution), on peut également trouver des échanges avec des prix régulés par la rencontre entre l'offre et la demande sur le marché. Par contre, la diffusion de ce mécanisme dans la sphère de la production et de la distribution des revenus ne s'opère que beaucoup plus tard. C'est seulement lorsque ce phénomène se produit sur une large échelle qu'il est possible de parler, selon Polanyi, d'échange de marché comme forme d'intégration de l'économie.

Le système capitaliste exige la présence de conditions institutionnelles spécifiques : la propriété privée des moyens de production (capital, terre, travail), le travail salarié, la commercialisation de tous les facteurs productifs. C'est uniquement dans ce cadre que l'on peut à proprement parler de motivations utilitaristes de l'action économique. Loin d'être le fruit de propensions psychologiques naturelles des hommes, elles sont au contraire le résultat d'institutions particulières qui définissent l'échange de marché et font de l'« espoir du gain » et de la « peur de la faim » des composantes essentielles de l'action économique.

L'objectif de *La grande transformation* [1944] est d'expliquer comment les présupposés institutionnels de l'échange marchand ont émergé et, surtout, comment ils ont été investis par une mutation progressive qui a abouti au dépassement du capitalisme libéral, avec la diffusion de formes modernes de redistribution liées au marché. Le concept de *forme d'intégration* définit un système économique dans la mesure où il s'étend à la sphère productive et, en particulier, quand il règle l'usage de la terre et du travail. Les formes d'intégration ne représentent pas des « stades » de développement.

D'ordinaire, plusieurs formes se combinent dans un *système économique* où l'une domine. De même que les marchés ont souvent été importants (quoique non dominants) dans l'antiquité, les autres formes sont parfois réapparues à l'époque de l'échange de marché (par exemple, durant la Première Guerre mondiale) et surtout, elles tendent à réapparaître avec la crise de ce modèle. L'économie classique et néo-classique s'est développée comme discipline en étudiant le système économique fondé sur l'échange de marché, et elle tend à généraliser abusivement ses modèles d'analyse pour le passé et l'avenir, en universalisant les motivations utilitaristes et les lois de marché autorégulés : c'est la « tromperie économiciste ».

« La civilisation du XIXe siècle s'est effondrée. Ce livre traite des origines politiques et économiques de cet événement, ainsi que de la grande transformation qu'il a provoquée ». C'est en ces termes que commence l'œuvre la plus célèbre de Polanyi qui porte sur la *grande transformation* des sociétés occidentales à partir des années trente, un changement qui conduit, selon des modalités différentes, au dépassement du capitalisme libéral. L'espace du marché comme forme d'intégration de l'économie en ressort diminué et l'État assume à nouveau un rôle important dans la régulation de l'économie et de la société. Polanyi tente de répondre à la question des origines historiques et des conséquences sociales du marché autorégulé, entre la fin du XIXe et le début du XXe siècle, jusqu'à la Grande Crise de 1929. Beaucoup de facteurs ont contribué à l'affirmation du marché comme forme d'intégration, mais l'invention et la réalisation d'outillages complexes et coûteux révolutionnent l'appareil productif. Ces machines, qui permettent d'abaisser les coûts de production, ne dégagent du profit que s'il est possible d'écouler le plus grand nombre de biens qu'elles permettent de fabriquer de manière régulière. C'est seulement si elles sont alimentées de manière stable avec les matières premières et le travail qu'elles deviennent indispensables. Non seulement un large marché est nécessaire, mais tous les facteurs productifs doivent être disponibles. Ils doivent donc être en vente en quantité suffisante pour tous ceux disposés à les payer. Si ces conditions ne sont pas remplies, l'investissement dans les nouvelles machines devient trop risqué. Polanyi se rapproche donc de Weber, en soulignant l'importance de la présence sur le marché de tous les facteurs productifs, pour que puisse se déployer le calcul économique.

Polanyi et Weber insistent aussi sur l'apparition de l'entrepreneur capitaliste à partir de la figure sociale du marchand. Grâce à l'utilisation des machines, le marchand s'achemine en effet vers de nouvelles formes de production pour le marché. Auparavant, le commerçant achetait les matières premières et les donnait en ouvrage à d'autres, par exemple avec le travail à domicile dans le textile. En investissant son capital dans les nouvelles machines disponibles, il se transforme peu à peu en entrepreneur et invente la fabrique moderne qui emploie du travail salarié. Ce passage n'est possible que s'il existe des marchés tant pour les marchandises à vendre que pour les matières premières et le travail. Il faut donc que les marchés apparaissent et que se forment ces motivations à l'action économique : « au motif de la subsistance, doit se substituer celui du gain ». Le fait qu'il s'agisse d'un processus graduel ne diminue en rien la portée du changement. L'extension de l'échange de marché en fait la forme d'intégration de l'économie, alors que l'existence des marchés dans le commerce des biens a des origines bien plus anciennes.

Comment les marchés pour la terre et pour le travail se forment-ils alors ? Ce n'est pas sous l'effet de l'augmentation graduelle de la propension naturelle à l'échange, comme Smith et les économistes classiques le suggéraient. Ils sont la conséquence d'interventions politiques, de mesures administratives, voire même de véritables formes de violence privée (comme pour l'appropriation de la terre dans le cas des *enclosures*). Ces interventions se déploient dans un laps de temps très long, qui va du XVe au XIXe siècle, et sous des formes différentes selon les pays. Ce processus conduit à l'élimination du contrôle féodal sur la terre, à la sécularisation des propriétés de l'église et à la pleine reconnaissance juridique du commerce des droits de propriété. Avec l'accroissement des villes et des besoins de la population urbaine, la commercialisation des produits de la terre, à commencer par le grain, se développe pleinement et les propriétaires terriens sont amenés à augmenter la production pour la vendre sur le marché. Les restrictions de nature juridique, qui limitaient par le passé la part de la production commercialisable en garantissant la satisfaction des exigences d'autoconsommation locale, sont quant à elles éliminées.

L'analyse de Polanyi se concentre surtout sur la formation du marché du travail en Angleterre, qui s'est progressivement émancipé des formes de contrôle social et juridique qui régulaient les rapports de travail et qui s'incarnaient dans les corporations d'origine médiévale. Dans ce pays, qui connaît pourtant un développement plus précoce de ses activités économiques et des marchés de la terre et de la monnaie, le travail est longtemps resté soumis à une série de restrictions. En 1795 notamment, malgré la suppression de nombreuses obligations, un système d'aides est introduit. Il s'agit de la *Speenhamland Law*, du nom d'une localité du comté de Berkshire où l'on décide l'introduction d'une sorte de revenu minimum à garantir aux pauvres, indépendamment de leurs ressources. Lorsque les travailleurs reçoivent un salaire inférieur au niveau prévu par un barème prenant en compte la charge familiale, ils ont droit à un subside. Ce système détermine à la longue une baisse des salaires et une croissance importante des allocations. Ainsi, « une nouvelle classe d'employeurs était en train de se créer, sans qu'une nouvelle classe de travailleurs ne puisse se former ». Les travailleurs ont en effet tendance à préférer les subventions au travail, même si ce choix les maintient dans des conditions de vie dégradées. De plus, dans la durée, les finances publiques se détériorent, en raison de la croissance des personnes dépendantes des subsides. C'est ainsi qu'en 1834, sous la pression des entrepreneurs et de la classe moyenne, le système des allocations est aboli. À partir de ce moment, le marché du travail concurrentiel commence à fonctionner pleinement en Angleterre.

Après avoir examiné les processus qui portent à la création de marchés pour la terre et pour le travail, Polanyi tente d'analyser les conséquences sociales de ce phénomène et ses effets sur l'économie qui conduiront à la Grande Crise de la fin des années vingt. *La grande transformation* part de l'idée que le travail, la terre et la monnaie sont transformés en marchandises, c'est-à-dire en biens produits dans le but d'être vendus et achetés sur le marché. Il ne s'agit cependant pas de marchandises comme les autres. En effet, le travail est lié à la vie humaine qui n'est pas produite pour être vendue. La terre constitue un aspect de la nature que l'homme ne produit pas. Enfin, la monnaie représente un symbole de pouvoir d'acquisition et non un produit. Il ne s'agit donc pas de véritables marchandises, mais de « marchandises fictives ». Par conséquent, les traiter comme telles entraîne des conséquences destructrices pour la société.

Polanyi souligne que la réduction du travail en marchandise, dont la valeur est fixée par l'offre et la demande sur le marché, a de lourdes conséquences sur les conditions de vie d'une part croissante de la population. En effet, le processus de formation du marché du travail s'accompagne d'une destruction progressive des formes de protection traditionnelles, qu'elles soient liées aux structures de la parenté, du voisinage, de la profession ou à celles plus directement dépendantes du pouvoir politique. Les individus et leur famille sont arrachés de leur contexte social et contraints à se déplacer pour rechercher du travail. Leurs conditions de vie dépendent désormais exclusivement des fluctuations du marché. Souvent, dans la phase initiale de la révolution industrielle, ce processus s'accompagne d'une forte instabilité des gains, d'un taux de chômage important, d'une nouvelle pauvreté à la périphérie des villes industrielles, ainsi que de conditions de travail et de vie déplorables. En somme, le marché du travail crée la misère moderne, inconnue des sociétés traditionnelles, où la subsistance était garantie par des institutions sociales et politiques qui incorporaient et régulaient l'économie.

Par ailleurs, la commercialisation de la terre et l'abolition des restrictions institutionnelles au commerce des biens agricoles (destinées à protéger les formes d'autoconsommation et de subsistance au niveau local) engendrent des bouleversements croissants à la fois dans les territoires plus développés de l'Occident et dans les continents soumis aux régimes coloniaux. Le libre échange des produits, encouragé par l'amélioration des transports, met en crise de nombreux secteurs d'activité agricole. Le continent européen est inondé par le grain américain. Les paysans doivent abandonner les campagnes à la recherche d'un nouvel emploi. Cet exode provoque la « destruction de la société rurale ». Avec elle, la nature commence à être mise en danger, avec des effets dévastateurs sur l'environnement.

Enfin, la réduction de la monnaie à des marchandises acquises et vendues sur le marché engendre des conséquences sociales néfastes. Dans le système des marchés autorégulés du XIXe siècle, la monnaie devient un moyen d'échange lié à l'or. Cette unité de mesure encourage le commerce international parce qu'elle garantit la stabilité des échanges, mais elle augmente les risques pour l'économie interne. En effet, lorsqu'une croissance des importations se produit, cette hausse comporte un débit d'or, donc une réduction de la quantité de monnaie circulant dans un pays. D'où une diminution de la monnaie disponible pour les paiements intérieurs et une chute des ventes qui affecte les activités productives et génère du chômage. Polanyi reconnaît que l'abaissement des prix détermine progressivement un ajustement de l'économie interne qui avantage les entreprises exportatrices et rétablit l'équilibre des comptes avec l'extérieur. En attendant, les coûts de la déflation pour l'économie et pour la société sont très élevés.

En somme, si les marchés du travail, de la terre et de la monnaie s'avèrent essentiels pour une économie de marché, la société ne peut supporter longtemps les coûts imposés par de telles modalités de fonctionnement de l'économie. C'est d'ailleurs pour cette raison que commencent à se manifester des réactions d'« autodéfense de la société » : « la société humaine aurait été anéantie si les contre-mesures protectrices qui apaisaient l'action de ce mécanisme autodestructeur n'avaient pas existé ». Ainsi, à partir des dernières décennies du XIXe siècle, on assiste à un « double mouvement » : « Tandis que d'un côté les marchés s'étendaient sur toute la superficie du globe [...], de l'autre, un réseau de dispositions et de mesures politiques s'intégrait dans des institutions puissantes destinées à contrôler l'action du marché relatif au travail, à la terre et à la monnaie ».

En ce qui concerne le travail, la réaction de la société s'exprime par le développement du mouvement ouvrier, du syndicalisme et du socialisme. Ce processus, qui prend des formes variées selon les pays, s'accompagne d'une nouvelle législation dans le domaine social visant à limiter la dépendance à l'égard de la simple vente de la force de travail sur le marché : réglementation des horaires de travail, de l'emploi des femmes et des enfants ; formes d'assurance contre les accidents, les maladies, le chômage, la vieillesse. À côté de la protection du travail, l'Europe continentale connaît un protectionnisme agricole. Face à la crise des structures agraires traditionnelles, provoquées par la pénétration du marché et par l'exacerbation de la concurrence, les pressions pour une législation limitant le marché s'accentuent. À partir de 1870, les interventions de protection tarifaire et de soutien à l'agriculture se multiplient. Malgré des intérêts divergents, les paysans et les propriétaires terriens s'unissent pour défendre la société traditionnelle menacée par le marché. Finalement, l'onde protectionniste investit également le marché de la monnaie. À travers les banques centrales, l'offre de crédit est centralisée et contrôlée, ce qui permet d'adoucir les effets négatifs dérivant des transactions internationales. Les effets déflationnistes d'une réduction de la monnaie due aux paiements internationaux sont notamment amortis grâce à la multiplication des prêts.

Le nouveau protectionnisme a toutefois des implications différentes sur la société et sur l'économie. Du côté de la société, il atténue les coûts et les tensions. Du côté de l'économie, il génère des obligations croissantes qui entravent le fonctionnement des marchés autorégulés dans le domaine des facteurs productifs. La flexibilité se réduit et le coût du travail augmente, tandis que les tarifs douaniers limitent les échanges commerciaux. Qui plus est, les différentes formes de protectionnisme s'influencent réciproquement. Ainsi, la hausse du coût de la vie, lié au protectionnisme agraire qui accroît le prix des biens alimentaires pour les consommateurs, alimente les revendications salariales des ouvriers. Cette situation incite les industriels à demander également de nouveaux droits et de nouvelles protections pour leur secteur.

Il en résulte un rétrécissement du commerce et des échanges internationaux qui gêne les possibilités d'écoulement des biens, au moment même où le progrès des techniques améliore la productivité des entreprises.

Face à l'écart qui se creuse de plus en plus entre la production et la consommation, les gouvernements tentent d'adoucir les crises de surproduction de deux manières. D'abord, les politiques coloniales et l'« impérialisme économique » sont un moyen pour se procurer des matières premières à plus bas prix et des nouveaux marchés protégés de la concurrence des autres pays. Mais l'impérialisme économique et la fermeture croissante des économies qui accompagnent l'essor d'un nationalisme politique virulent finissent par préparer le climat économique et politique à l'origine du premier conflit mondial. Par ailleurs, la crise économique est évitée (surtout durant les années qui suivent la Première Guerre mondiale) grâce au recours au crédit international qui approvisionne les entreprises et soutient la balance des paiements des différents pays. Pourtant, sur le long terme, ce mécanisme ne peut résister. Les prêts sont incapables de soutenir une économie qui n'arrive pas à vendre ce qu'elle produit et qui ne peut baisser ses coûts à cause du nouveau protectionnisme social. Cette situation aboutit donc au krach boursier de 1929 qui, d'après Polanyi, consacre le déclin du système économique fondé sur des marchés autorégulés et conduit au dépassement du « capitalisme libéral ».

En somme, la fin de la civilisation du XIXe siècle et du capitalisme libéral n'est due ni aux conséquences de la Grande guerre, ni à l'avènement du socialisme en Russie et des régimes fascistes en Europe. Ces phénomènes ne font qu'aggraver la crise. Ils sont plus les symptômes que les causes profondes du mal. En réalité, l'ébranlement du capitalisme libéral résulte des tensions provoquées par le conflit de fond entre le fonctionnement du marché et les exigences de la vie sociale.

Les causes de la récession économique sont sociales et politiques. Le nouveau protectionnisme institutionnel amorcé par l'autodéfense de la société se raidit et bloque finalement le fonctionnement des marchés. Cette lecture de la crise économique pousse à entrevoir des traits communs entre les nouvelles formes de régulation de l'économie qui s'affirment sur les cendres du capitalisme libéral. Apparemment, les différences entre les fascismes européens, le New Deal américain et le socialisme russe sont abyssales. Elles le sont notamment si l'on s'intéresse aux formes d'organisation du pouvoir politique. Mais au-delà de leurs dissemblances, Polanyi suggère que ces régimes « étaient semblables [...] en ceci qu'ils abandonnaient les principes du *laissez faire* ». Ces expériences naissent d'une cause commune — l'échec du capitalisme libéral — et se meuvent sous des formes différentes vers un « réencastrement » de l'économie dans la société. Elles tentent donc de réintroduire ces formes de régulation sociale et politique qui avaient disparu avec le système économique des marchés autorégulés.

« Les nouvelles formes de régulation du début de la grande transformation ne proposent pas de soustraire le travail, la terre et la monnaie aux marchés. Dans quelle mesure ces expériences peuvent-elles être compatibles avec la persistance du marché et quel est leur degré de liberté ? Polanyi soutient que la fin de la société de marché ne signifie aucunement l'absence de marché ». Les marchés concurrentiels peuvent continuer à fonctionner pour la production des biens et des services, en assurant la liberté du consommateur, en influençant le prix des produits et, enfin, en agissant comme un instrument de calcul destiné à optimiser la satisfaction des besoins de la population. En d'autres termes, le marché n'est pas nécessairement en contradiction avec les objectifs et les instruments de la programmation économique. Socialiste réformiste, Polanyi partage l'idée selon laquelle « dans une société vraiment démocratique, le problème de l'industrie se résoudrait au moyen de l'intervention programmée des producteurs et des consommateurs eux-mêmes ».

Polanyi s'oppose à de nombreux théoriciens libéraux (notamment à Hayeck) qui pensent que « puisque les institutions libres ont été produites par l'économie de marché, elles devront être supplantées par l'esclavage une fois cette économie disparue ». En réalité, l'effondrement du capitalisme libéral met en danger deux sortes de liberté, certaines mauvaises et d'autres bonnes. Parmi les premières, il y a la liberté d'exploiter les autres hommes ou celle de réaliser des gains individuels non commensurables aux bénéfices collectifs. Que cette liberté puisse disparaître avec le marché autorégulé ne peut être qu'un avantage. En revanche, les libertés qui ont cru parallèlement au marché continuent à avoir une valeur élevée : la liberté de conscience, de parole, de réunion, d'association, de choix du propre travail. De telles libertés doivent être défendues, mais il serait faux de croire qu'elles dépendent seulement de l'existence des marchés autorégulés, comme le montre notamment l'expérience de la Deuxième Guerre mondiale en Grande-Bretagne, où s'est affirmée une programmation économique intégrale sans que les libertés politiques ne soient compromises. Il faut donc reconnaître, conclut Polanyi, que « dans la société humaine, il n'y a pas un déterminant *unique* ». La fin du capitalisme libéral n'induit pas nécessairement celle du marché et de la liberté.

2. SCHUMPETER : LE DÉCLIN DE LA BOURGEOISIE ET LES POLITIQUES ANTICAPITALISTES

Dès ses premiers écrits, Joseph Schumpeter (1883-1950) accorde une grande importance à la délimitation des frontières entre économie et sociologie économique. Une brillante carrière le mène de Vienne à Harvard où il s'installe définitivement en 1935. Toute opposition entre approche historique et approche théorique est pour lui erronée. Il convient au contraire de distinguer la « théorie économique », l'« histoire économique » et la « sociologie économique ». Chacune de ces démarches a sa légitimité et son utilité, mais il faut éviter de les confondre. L'économiste théoricien se doit de connaître les instruments des autres disciplines, parce qu'il n'est pas possible de passer des modèles analytiques abstraits à l'enquête sur la réalité sociale, sans une connaissance de l'histoire et du rôle des institutions.

À l'instar de Menger et de Pareto, Schumpeter défend la validité de l'économie néo-classique comme méthode d'analyse. Toutefois, il souligne aussi que pour étudier les activités économiques concrètes, il faut tenir compte de leur position dans le processus historique. D'où l'importance de l'histoire économique qui permet de comprendre comment les faits économiques et non économiques se combinent entre eux dans l'expérience concrète, et comment une telle combinaison change au fil du temps. Par ailleurs, l'importance qu'assument les facteurs non économiques, c'est-à-dire les aspects institutionnels, dans le conditionnement des activités économiques et leur variation dans l'espace et dans le temps, implique aussi que l'on prenne en considération la sociologie économique.

Dès le départ, Schumpeter s'attaque aux limites de l'approche économique traditionnelle, qu'il juge incapable de sortir d'une vision statique de l'équilibre général. L'approche des économistes classiques n'est pas à même d'expliquer la discontinuité du mode de production traditionnel, de même qu'elle ne parvient pas à saisir les révolutions productives et les oscillations du capitalisme. Dans son œuvre la plus importante, *La théorie du développement économique* [1912], Schumpeter distingue la croissance du *développement*, pour lequel les instruments de l'économie traditionnelle, voués à l'étude de l'allocation de ressources données, ne fonctionnent pas. La première est un phénomène graduel, fait d'ajustements continus. Le second implique au contraire une discontinuité : « On peut ajouter, même les unes après les autres, autant de diligences que l'on veut, on n'obtiendra jamais un chemin de fer ». Le développement se caractérise par l'« introduction de nouvelles combinaisons ». La nouveauté peut concerner cinq dimensions : la création de produits, l'introduction de nouvelles méthodes de production, l'ouverture de marchés, la découverte de sources d'approvisionnement de matières premières ou de produits semi-finis, la réorganisation d'une industrie (avec par exemple la création d'un monopole ou sa destruction).

Schumpeter se préoccupe des causes endogènes du développement. Il reconnaît que la discontinuité du « flux circulaire » (c'est-à-dire d'une économie qui se perpétue sans une altération conséquente des modes de production et des rapports entre consommateurs et producteurs), peut dériver de motivations extra-économiques (comme la croissance de la population) ou de bouleversements sociaux et politiques improvisés. Mais il se concentre surtout sur le développement lié « au fait que certains individus, dépassant l'expérience économique et la routine expérimentée, reconnaissent puis mettent à exécution de nouvelles possibilités dans les rapports donnés de la vie économique » Le développement résulte de l'action des entrepreneurs qui introduisent de nouvelles combinaisons des moyens de production. Ils réalisent une innovation en termes de produit, de méthodes de production et/ou de marché. La conception des entrepreneurs proposée par Schumpeter se distancie donc de celle de la théorie économique traditionnelle. En effet, il ne suffit pas de différencier le capitaliste, comme propriétaire des moyens de production ou du capital, de l'entrepreneur, comme dirigeant d'une entreprise qui ne lui appartient pas nécessairement. Dans les domaines des activités de direction et de gestion des entreprises (c'est-à-dire de *management*), il faut distinguer davantage les activités coutumières de celles qui portent à innover. Le concept d'entrepreneur s'applique de manière spécifique à ces dernières.

Cette approche implique une série de conséquences.

a) Tout d'abord, l'entrepreneur peut être l'homme d'affaires indépendant, comme dans la phase initiale du système capitaliste, mais il peut être aussi un salarié, c'est-à-dire un manager, avec la création de grandes entreprises et la séparation entre propriété et gestion.

b) L'entrepreneur ne doit pas nécessairement entretenir un rapport continu avec une entreprise : certains ont un rôle important dans la création d'une entreprise et passent ensuite à une autre activité, tandis que l'entreprise innovante qu'ils ont créée entre dans une phase plus routinière.

c) Les entrepreneurs n'appartiennent pas à une classe sociale spécifique. Du fait de leur activité, ils peuvent réaliser un succès économique qui les transforme en propriétaires des moyens de production ou du capital, c'est-à-dire en « capitalistes ». Il n'est cependant pas indispensable qu'ils le soient quand ils exercent leur activité novatrice. En effet, les entrepreneurs peuvent recourir au crédit pour introduire de nouvelles méthodes de production. Au contraire, dans la phase la plus récente de l'économie capitaliste, les sommes d'argent nécessaires à l'innovation proviennent plus rarement de l'épargne accumulée. Elles viennent de plus en plus des banques.

Schumpeter souligne le lien entre crédit et innovation. Il a cependant conscience que pouvoir acheter les moyens de production n'est pas suffisant pour réaliser l'innovation. Il faut des ressources non économiques qui permettent d'utiliser concrètement le capital en vue de le réinvestir dans le développement. Ces qualités de leadership ne sont pas réparties équitablement entre les membres d'une société. Elles sont rares, et concentrées chez certains individus. Schumpeter prend ses distances avec la théorie économique traditionnelle qui voit dans l'entrepreneur un sujet capable d'effectuer un calcul rationnel, de façon à allouer les ressources pour répondre aux contraintes posées par le marché. Une telle vision lui paraît plausible mais seulement dans le domaine de l'économie routinière. En effet, le marché concurrentiel guide le comportement des entrepreneurs, limitant les profits à travers les mécanismes de la concurrence. Toutefois, lorsque l'on sort de l'économie stationnaire, les choses changent sensiblement : il convient de dépasser les résistances de l'environnement social. Certaines « interdictions juridiques et politiques » gênent en effet l'innovation. De plus, la désapprobation sociale — qui condamne les pratiques qui sortent des canaux de la tradition — peut constituer un obstacle puissant à surmonter, surtout dans les sociétés moins développées. Même dans les pays où l'économie de marché s'est déjà solidement implantée, il existe encore des freins liés à différents facteurs : les groupes menacés par l'innovation, les difficultés à trouver la coopération nécessaire ou à convaincre les consommateurs de changer de produits.

Les qualités spécifiques de leadership combinent différentes caractéristiques : institution, capacité de vision, mais aussi compétence et détermination. Un ensemble de qualités qui, selon Schumpeter, ne se réduit pas au calcul rationnel de la théorie traditionnelle. Pour comprendre l'émergence de l'entrepreneur innovateur, il introduit des facteurs psychologiques, liés à la personnalité individuelle et au contexte social. Bien que proposant une explication endogène du développement économique, la théorie de Schumpeter possède des liens évidents avec le contexte social et institutionnel. L'entrepreneur est certes caractérisé par des dotations personnelles spécifiques, mais il ne se forme pas dans le vide. Il est issu d'un contexte influencé par la stratification sociale et par les institutions en vigueur, qui sont sujettes au changement. Schumpeter évoque aussi la marginalité sociale comme source possible d'entrepreneurialité, dans le sillage des travaux de Simmel et de Sombart. Le profit vu comme un gain de l'entrepreneur lié au succès de son innovation est un revenu temporaire de type monopolistique qui se maintient tant que l'innovation ne parvient pas à être imitée par des firmes concurrentes. De cette manière, Schumpeter résout un problème insoluble dans l'économie néo-classique. En effet, dans l'économie stationnaire le management de l'entreprise réalise un « bénéfice de gestion » ou encore des profits temporaires inattendus, dus à des mouvements de marché rapidement nivelés par la concurrence. Les entrepreneurs-administrateurs ne font ni profit ni perte.

La considération du processus d'innovation permet aussi à Schumpeter d'offrir une explication des cycles économiques. La phase expansive du cycle correspond à l'introduction de l'innovation et à sa première diffusion, qui augmente la demande des biens de production et de consommation. Avec le temps, les vieilles unités productives sont de plus en plus frappées par la concurrence des entreprises innovatrices, ce qui les oblige à imiter les nouvelles ou à sortir du marché, avec des effets récessifs sur l'économie. On entre ainsi dans la phase descendante du cycle, tant que l'on ne rétablit pas un nouvel équilibre temporaire qui sera ensuite altéré par un nouveau cycle d'innovation.

3. LE CAPITALISME PEUT-IL SURVIVRE ?

Schumpeter commence à s'interroger sur l'avenir du capitalisme dès la fin des années vingt, puis dans les années qui suivent la grande crise. L'intérêt et l'actualité de son travail se situent dans l'analyse des transformations institutionnelles du capitalisme libéral et des effets de la Grande Crise. Dans *Capitalisme, socialisme et démocratie* [1942], il cherche à mettre en évidence comment le fonctionnement de l'économie capitaliste détermine un changement de la culture et des institutions qui enraye les mécanismes d'autorégulation des marchés. On passe donc d'un capitalisme « non régulé » à un capitalisme « régulé » qui prépare graduellement l'avènement du socialisme et de la bureaucratie. Issue qu'il ne souhaite pas, mais qu'il considère inévitable. Cette solution est cependant contrariée par la venue de changements qui, au moment où il écrit, ne lui semblent pas encore apparents.

Schumpeter s'élève contre la thèse selon laquelle l'évolution du capitalisme implique une hausse du chômage. La croissance des chômeurs dans les années trente s'est révélée « anormalement élevée », mais il s'est agi d'un phénomène temporaire, lié à la phase de récession du cycle économique généralement consécutive d'une phase de prospérité liée à la période d'innovation. Le phénomène a été néanmoins aggravé par des facteurs contingents : la crise agraire induite par les nouvelles méthodes de production qui augmentent la productivité alors que les restrictions douanières limitent les échanges ; les effets déflationnistes provoqués par la politique monétaire et par le rétablissement de l'étalon-or ; les frais de guerre ; la rigidité des niveaux de salaire ; la hausse de la pression fiscale. En somme, la crise de 1929 est le fruit d'une pluralité de causes qui aggravent les effets d'une phase descendante particulièrement aiguë du cycle. Ces facteurs se conjuguent cependant sur fond d'un durcissement global des mécanismes d'autorégulation des marchés, sous l'effet de ce que Schumpeter appelle les « politiques anticapitalistes » et que Polanyi nomme le « nouveau protectionnisme social ». De telles politiques (hausse de la pression fiscale, expansion de la législation sociale) contribuent à durcir encore plus la situation économique des décennies précédant la Première Guerre mondiale.

En réalité, si l'on avait laissé le système économique guidé par le marché libre de fonctionner et de se rééquilibrer de manière autonome, comme dans les cinquante années précédant 1928, on aurait pu garantir un taux de développement en mesure de réduire les problèmes de pauvreté. Par contre, il serait faux de penser pouvoir éliminer totalement le chômage, parce que ce dernier est lié au mécanisme de l'innovation et du cycle économique qui l'accompagne. Il est néanmoins possible de prendre certaines dispositions pour atténuer le chômage provisoire et la pauvreté. Ce n'est donc pas le capitalisme de marché qui crée moins de développement, mais des facteurs de nature institutionnelle, comme les politiques anticapitalistes, qui « sont, sans doute, des symptômes d'une « atmosphère » dans laquelle le capitalisme opérera avec toujours moins d'efficience ». Schumpeter rejette l'hypothèse d'une capacité déclinante du capitalisme à créer le développement. Il s'oppose à l'idée qu'une phase où dominent les entreprises monopolistiques et oligopolistiques implique en soi une diminution de l'efficience et du dynamisme économique. Il critique aussi les théories (dont celle de Keynes) qui soutiennent l'existence d'un « déclin des opportunités d'investissement ».

La thèse traditionnelle de l'économie est que les phénomènes d'oligopole et de monopole provoquent un contrôle du marché par les producteurs au détriment des consommateurs et de l'efficacité d'ensemble du système. Cet effet de frein sur le développement est également souligné par Veblen. Pour Schumpeter, cette critique du *big business* est erronée. Tout d'abord, elle ne parvient pas à expliquer, sur le plan empirique, le fait que le taux de croissance de la production et le niveau de vie de la population ont en réalité augmenté lorsque les très grandes entreprises ont commencé à s'affirmer, dans la dernière décennie du XIXe siècle et au début du nouveau siècle. Il ne conteste pas la validité des thèses de la théorie économique traditionnelle, mais il les circonscrit à l'économie stationnaire, dans laquelle elle se produit avec la même combinaison de facteurs productifs.

Pour Schumpeter, le problème essentiel est comment le capitalisme crée et détruit les structures existantes et non comment il les administre. Le processus de « destruction créatrice » — qui conduit à révolutionner le système productif avec les cycles d'innovation — est essentiel. Au cours du développement, l'impulsion à former de nouvelles combinaisons productives est moins le fait des entrepreneurs individuels ; elle s'institutionnalise à l'intérieur des entreprises plus grandes qui supplantent progressivement les plus petites. Elles disposent de plus de ressources non seulement financières, mais surtout organisationnelles, en particulier les structures liées à la recherche et au contrôle du marché. Sur le court terme, cette situation peut effectivement entraîner une hausse des prix et une restriction de la production, mais sur le moyen et le long termes, les avantages liés à la qualité et aux coûts se diffusent et s'améliorent grâce à l'innovation. Par conséquent, du point de vue dynamique, la concurrence de type oligopolistique ou monopolistique, en créant de nouveaux biens, de nouvelles techniques, de nouvelles sources d'approvisionnement et de nouvelles méthodes d'organisation est « le stimulant impérieux qui, sur le long terme, élargit la production et réduit les prix ». Les restrictions et les profits entrepreneuriaux de type monopolistique sont le prix nécessaire (quoique temporaire) à payer pour que l'innovation puisse avoir lieu et pour que ses bénéfices effectifs puissent se propager à l'ensemble du système et parvenir aux consommateurs.

Enfin, Schumpeter réfute la thèse du « déclin des opportunités d'investissement ». À son sens, les idées de John Maynard Keynes se placent dans le cadre d'une vision du capitalisme qui souligne une chute des attentes de profit, donc des investissements et de l'emploi, par rapport à l'épargne disponible. La stagnation résulte d'une série de mutations qui concernent la baisse des opportunités de grandes innovations, la tendance des innovations à épargner du capital, la réduction des nouveaux territoires à conquérir et à coloniser, la chute du taux de natalité. Or, selon Schumpeter, aucun de ces facteurs ne peut avoir le poids qui lui est assigné. Les potentialités d'innovation, donc de développement du capitalisme, ne sont pas du tout épuisées. Contrairement à ce que soutiennent les keynésiens, les politiques gouvernementales — qui, avec la hausse des impôts et de la dépense, devraient soutenir la demande et les investissements pour contrecarrer l'épargne — finissent par aggraver le mal qu'elles devraient soigner. En fait, les facteurs tels que la pression fiscale plus élevée sur les entreprises ou les politiques de protection du travail ont pour effet de réfréner les attentes de profit et les investissements. Pour cette raison, Schumpeter estime que la stagnation ne s'explique pas par des facteurs économiques, mais par des facteurs socioculturels et politiques. Avec le temps, le développement du capitalisme alimente un climat hostile qui suscite des politiques anticapitalistes. En réalité, « l'évolution capitaliste a tendance à s'arrêter […] parce que l'État moderne peut briser ou paralyser ses forces motrices ».

La deuxième partie de l'argumentation de Schumpeter concerne l'analyse des causes culturelles et sociales du déclin du capitalisme libéral, qui sont au nombre de trois : l'affaiblissement social et politique de la bourgeoisie, la destruction des couches sociales qui soutenaient la bourgeoisie, la diffusion d'un climat hostile au capitalisme.

1. L'affaiblissement de la bourgeoise est un processus complexe qui fait appel à des facteurs variés, liés aux transformations économiques et à leurs conséquences sociales et politiques. En premier lieu, une décadence de la fonction entrepreneuriale. Les grandes firmes bureaucratiques remplacent de plus en plus les petites et moyennes entreprises qui ne parviennent pas à survivre à la concurrence des premières. L'innovation, autrefois rôle spécifique de l'entrepreneur, tend à se dépersonnaliser et à s'automatiser. L'entrepreneur individuel perd donc sa fonction sociale, ce qui finit par affaiblir la bourgeoisie qui, par le passé, était alimentée par la formation continuelle de nouveaux entrepreneurs. Cette classe sociale est de plus en plus constituée par des administrateurs de possessions héritées, par de simples rentiers.

La « désintégration de la famille bourgeoise » représente un autre facteur responsable de l'affaiblissement de la bourgeoisie. L'attachement à la maison et la préoccupation pour l'avenir de la famille « étaient les principaux ressorts spécifiquement bourgeois de « mobile du profit » ». Rappelant des arguments présents chez Weber, Schumpeter souligne que les économistes ont souvent sous-évalué les motivations sociales de l'action entrepreneuriale : « l'éthique capitaliste qui prescrit de travailler pour l'avenir indépendamment du fait que celui qui travaille récolte ou non le fruit de son labeur ». À sa place, se diffuse un esprit utilitariste qui se manifeste aussi par une tendance à mettre au monde moins d'enfants et à moins se projeter dans l'avenir. Non seulement ce processus pèse sur le comportement strictement économique, en décourageant l'épargne et les investissements à plus long terme, mais il agit également sur le comportement politique. La bourgeoisie ne combat plus pour ses idéaux de vie. Elle finit par ne plus y croire, voire par être influencée par les idées de ses adversaires. Elle ne se bat donc plus avec force contre ces politiques anticapitalistes (fiscalité et législation sociale) qui minent les entreprises privées.

2. Des facteurs relatifs à la stratification sociale et à ses rapports avec la politique constituent d'autres causes sociales du déclin du capitalisme libéral. Tout d'abord, le rôle de l'aristocratie, dans les pays européens, avait survécu à la destruction du féodalisme en assumant un rôle essentiel (bien illustré par le cas anglais) dans la formation de la classe dirigeante. Toutefois, avec le temps, cette « charpente pré-capitaliste de la société » s'érode. L'épuisement du rôle historique de l'aristocratie crée des difficultés politiques, parce qu'il prive la bourgeoisie d'une complice pour affronter les problèmes politiques intérieurs et internationaux qu'elle n'est pas à même de régler seule, en raison de ses attitudes et de son histoire. Elle devient donc « politiquement désarmée et incapable de guider la nation, voire même de défendre ses propres intérêts de classe ».

Le processus de concentration productive et d'élimination progressive des petites entreprises agricoles, artisanales, industrielles et commerciales prive la bourgeoisie de ses alliés sociaux traditionnels. Par ailleurs, la bureaucratisation des grandes entreprises et la séparation entre propriété et gestion provoquent l'affirmation de nouveaux groupes de managers et d'administrateurs

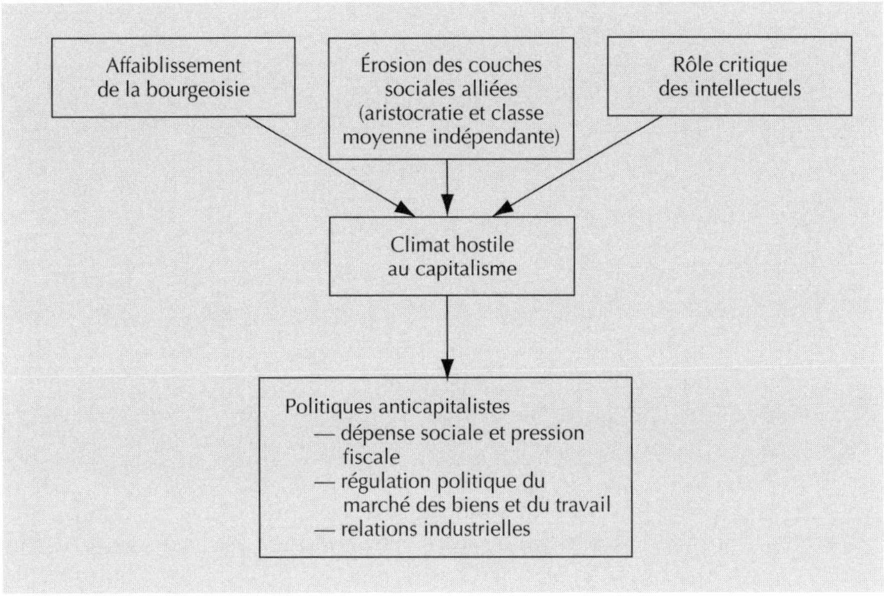

Figure 5.2. Les causes culturelles du déclin du capitalisme libéral selon Schumpeter

qui, dépourvus d'un intérêt direct dans la propriété de l'entreprise, n'ont pas la vigueur nécessaire pour défendre le capitalisme libéral des attaques de ses ennemis.

Dans ce cadre d'affaiblissement progressif social et politique de la bourgeoisie se créent des conditions favorables à la diffusion d'un facteur que Schumpeter juge décisif : le « climat social » hostile au capitalisme libéral. En effet, les motifs de mécontentement social liés à l'économie capitaliste, en particulier les crises cycliques et le chômage, ne suffisent pas à générer une hostilité ouverte. Il faut des « groupes intéressés à fomenter et à organiser le ressentiment, à s'en faire les porte-parole, à en prendre la tête ». Ces groupes sont constitués par des intellectuels qui alimentent la critique des institutions du capitalisme et parviennent à obtenir un suivi massif. Parce que « les mérites du capitalisme se manifestent dans une lointaine perspective [...] Sur une courte distance, ce sont les profits et les inefficiences qui dominent ». Deux facteurs favorisent particulièrement ce processus : d'un côté, la croissance des niveaux d'instruction et de chômage ou de sous-emploi intellectuel, qui augmentent la frustration et le ressentiment ; de l'autre, le fait que les institutions capitalistes peuvent limiter la liberté d'expression et d'organisation du mécontentement, donc faciliter la diffusion du phénomène.

Nous arrivons ainsi à l'élément décisif qui favorise le déclin du capitalisme libéral : les « politiques anticapitalistes ». Avec ce terme, Schumpeter désigne un ensemble de mesures législatives et administratives qui se répandent dans divers pays, parallèlement à l'affaiblissement de la bourgeoisie et à la croissance du mécontentement fomenté par les intellectuels. Il s'agit de toutes les interventions qui étendent le rôle de l'État ou de la négociation collective : les politiques de la dépense publique en déficit pour soutenir la demande ou remédier aux crises cycliques ; les politiques de redistribution, destinées à réaliser une plus grande égalité sociale, notamment à travers une hausse de la pression fiscale ; des instruments de régulation comme ceux liés aux mesures *antitrust* (destinées à contrer les entreprises monopolistiques) et au contrôle des prix par voie administrative ; la diffusion d'entreprises publiques ; la législation en matière d'assistance et de travail, ainsi que l'extension de la négociation syndicale. Toutes ces politiques, qui se sont accélérées après la Grande Crise de 1929, entraînent un éloignement du « capitalisme du *laissez faire* ». Elles imposent de plus en plus de contraintes au fonctionnement des entreprises privées et introduisent un déplacement graduel des principes de régulation de l'économie des marchés autorégulés vers des formes de planification socialiste.

Schumpeter voit dans le capitalisme américain du *New Deal*, puis dans l'après-guerre en Amérique et en Europe, une sorte de « capitalisme travailliste », dans lequel les entreprises privées sont soumises à des charges fiscales et régulatrices croissantes. Pour lui, le capitalisme est une civilisation, il est lié à une structure institutionnelle spécifique et à un schéma de valeurs. Il ne croit pas qu'un capitalisme qui a érodé les bases institutionnelles sur lesquelles il reposait puisse être capable d'un fort dynamisme économique. « Le socialisme peut-il fonctionner ? » se demande enfin Schumpeter, définissant le socialisme comme une forme d'organisation de la société dans laquelle les moyens de production sont contrôlés par l'autorité publique, laquelle est également responsable des choix de production des biens et de distribution des revenus. Schumpeter tente de démontrer que non seulement le socialisme peut être performant sur le plan économique, mais qu'il ne doit pas nécessairement être vu en opposition avec la démocratie politique. Bien que formulée avec prudence, cette thèse a trouvé de sérieux démentis dans l'expérience historique des pays socialistes.

4. CONVERGENCES ANALYTIQUES ET DIVERGENCES POLITIQUES

Polanyi et Schumpeter n'appartiennent pas au même environnement culturel et ne communiquent pas entre eux. Polanyi connaît le travail de Schumpeter et le cite. Il n'y a en revanche aucune référence à Polanyi dans l'œuvre de l'économiste autrichien. Tous deux ont été marqués par le climat de Vienne du début du siècle. L'un est socialiste, l'autre conservateur libéral. Malgré leurs divergences politiques, les deux auteurs proposent une analyse convergente sur le déclin du capitalisme libéral et sur la grande transformation qui suit la crise des années trente.

Polanyi est un institutionnaliste, Schumpeter un économiste qui sort des schémas traditionnels de la discipline et reconnaît l'importance des institutions pour saisir les changements de l'économie de son époque. Polanyi limite drastiquement la validité scientifique de l'économie et en historicise les résultats. Les instruments de la discipline servent à comprendre le fonctionnement de l'économie seulement quand celle-ci est dominée par des marchés autorégulés. Son intérêt est donc restreint au XIXe siècle, caractérisé par le capitalisme libéral. En élargir la portée à des périodes historiques antérieures comporte le risque de tomber dans la « tromperie économiciste ». De ce point de vue, Polanyi est donc plus proche de Durkheim et surtout de Veblen : son institutionnalisme est plus alternatif qu'intégratif, comparé à l'économie néoclassique. Il entend reconstruire une économie institutionnelle.

Schumpeter offre une vision plus proche de celle de Menger et de Weber. L'économie théorique est une discipline analytique et, comme telle, elle ne fonde pas sa scientificité sur la vérification empirique de ses schémas, de même qu'elle ne requiert pas d'être historicisée. Toutefois, dans le domaine de l'économie, il doit y avoir un espace à la fois pour la composante théorique et pour une autre historico-empirique. Cette dernière s'intéresse au rapport entre phénomènes économiques et contexte institutionnel, en mobilisant l'histoire et la sociologie économique. C'est d'ailleurs à la sociologie économique que Schumpeter a recours lorsqu'il s'interroge sur le devenir du capitalisme. Son analyse se rapproche alors de celle choisie par Polanyi. Ces deux auteurs cherchent en effet à donner une réponse au problème du déclin du capitalisme libéral et des processus de transformation qui voient le jour après la Grande Crise des années trente.

Polanyi et Schumpeter soulignent que les conséquences sociales entraînées par la domination des marchés autorégulés déchaînent des réactions sociales et politiques qui entravent progressivement le fonctionnement des marchés eux-mêmes, leur capacité de se rééquilibrer. Les causes du déclin sont donc sociales avant même d'être économiques, même si elles se répercutent ensuite sur le fonctionnement de l'économie. Polanyi parle d'« autodéfense de la société », qui s'exprime par la diffusion de formes variées de protectionnisme (social et du travail, agraire, créancier). Schumpeter fait référence aux « politiques anticapitalistes » qui connaissent une accélération après la Grande Crise, mais qui trouvent un terrain favorable dans l'affaiblissement du cadre culturel et institutionnel du capitalisme libéral et dans la croissance du mécontentement social. Polanyi décrit les processus de changement institutionnel qui préparent le déclin et atteignent leur sommet dans la crise de 1929. Schumpeter explique ce dernier phénomène par le cumul de différents facteurs, certains étant liés à la dynamique normale des cycles économiques, d'autres plus contingents. À la différence de Polanyi, il considère que le phénomène de l'impérialisme et des luttes coloniales est influencé par des variables plus politiques et culturelles qu'économiques. Il voit dans l'impérialisme le fruit de tendances étrangères à l'esprit fondamentalement pacifique de la bourgeoisie et du capitalisme, un résidu du militarisme et des valeurs du passé, encore présents dans les classes dirigeantes de souche aristocratique et dans les hiérarchies militaires. Contrairement à Polanyi, il estime que les phénomènes de raidissement des marchés autorégulés sont plus une conséquence des réactions institutionnelles à la crise de 1929 qu'un facteur qui prépare la crise elle-même. Par contre, à l'instar de Polanyi, il voit dans les années trente une césure qui marque la fin du capitalisme non régulé. Le capitalisme régulé annonce, dans une perspective plus longue et plus incertaine, l'avènement du socialisme.

Polanyi et Schumpeter soulignent que le fonctionnement des marchés concrets n'est compréhensible que si l'on examine comment les marchés s'intègrent dans la société, c'est-à-dire la manière dont ils se combinent avec le contexte institutionnel qui fournit les ressources pour encourager les acteurs à un comportement économique congruent, et pour leur faire accepter les conséquences sociales qui découlent de l'activité marchande. Les marchés ne peuvent donc exister concrètement sans un support institutionnel adapté. Polanyi synthétise ce jugement en soulignant le caractère « utopique » des marchés autorégulés : « Une institution de ce genre ne pouvait exister pour une quelconque période sans annuler l'essence humaine et naturelle de la société ». Pour sa part, Schumpeter considère qu'« aucun système social fondé exclusivement sur un réseau de contrats libres [...] ne peut fonctionner ». En d'autres termes, il est légitime d'étudier les marchés sur le plan analytique, en les isolant du contexte institutionnel. En revanche, lorsque l'étude se déroule sur le terrain historique et empirique, il faut tenir compte des formes et du degré d'intégration des marchés dans la société, afin d'évaluer les différences de rendement économique, à la fois dans l'espace (entre sociétés diverses) et dans le temps (pour la même société ou pour des sociétés différentes).

En suivant cette perspective, Polanyi et Schumpeter montrent comment, sur le plan historique, l'affirmation du marché érode les vieilles institutions, génère des instabilités sociale et politique et conduit à l'expérimentation de nouvelles institutions. Le passage à un capitalisme dans lequel le rôle du marché est plus limité et plus régulé socialement et politiquement, c'est la « grande transformation » de Polanyi, tandis que Schumpeter parle d'un « capitalisme travailliste » qui aurait préparé un passage probable à une forme d'organisation économique de type socialiste, et il n'y est pas favorable. Il reste attaché aux valeurs de la civilisation capitaliste qu'il voudrait défendre, mais qui lui semblent en proie à un déclin inexorable. Polanyi estime au contraire que le passage à une économie davantage « réincorporée » dans la société, plus régulée socialement et politiquement, est non seulement inévitable, mais souhaitable, tant pour l'avenir des pays occidentaux que pour ceux en voie de développement.

Deuxième Partie

La sociologie économique contemporaine

Chapitre 6

L'héritage des classiques

La sociologie économique naît à la fin du XIXe siècle pour combler le vide laissé par l'économie néo-classique. Quand l'économie s'affirme comme discipline, en particulier avec la « grande synthèse » d'Adam Smith, l'étude des phénomènes économiques n'est pas isolée du contexte social. Outre les institutions économiques comme le marché, la propriété privée et le salariat, Smith s'intéresse aux institutions non économiques, comme l'État, et en évalue le rôle parmi les causes de la « richesse des nations ». Smith est parfaitement conscient de l'importance des valeurs partagées et des principes moraux qui régissent l'intérêt individuel pour le fonctionnement du marché. Le philosophe-économiste ne conçoit pas ces principes comme une composante immuable de la nature, selon un modèle présent dans le champ de la tradition philosophique précédente, mais comme un produit social dont l'existence et la reproduction dépendent des institutions spécifiques d'un pays.

Au cours de son évolution, l'économie se libère progressivement des références à des aspects culturels et institutionnels. Elle tente de se rapprocher des règles et des généralisations propres aux sciences naturelles. Cette tendance atteint son paroxysme avec la révolution marginaliste des années 1870. À partir de cette période, l'étude des phénomènes économiques se sépare du contexte culturel et institutionnel et se concentre sur l'étude des « lois » du marché, isolé analytiquement du contexte social. C'est ainsi que prend forme un nouveau paradigme de l'économie qui s'appuie sur une série de propositions spécifiques. Rappelons-les d'abord succinctement, avant de voir comment la sociologie économique s'en distancie [Hirsh, Michaels et Friewdman (1987)].

1. LE PARADIGME DE L'ÉCONOMIE

1.1. La conception de l'économie

L'activité économique est considérée comme un processus d'allocation rationnelle de ressources rares à usage alternatif par des sujets qui cherchent à obtenir le maximum des moyens dont ils disposent (travail, revenu) en vue de satisfaire leurs objectifs de travail et de consommation, c'est-à-dire leur utilité. En ce sens, l'activité économique s'identifie au fait d'économiser.

1.2. L'action économique

L'action est motivée par la poursuite rationnelle de l'intérêt individuel, c'est-à-dire par des calculs hédonistes relatifs aux préférences de travail et de consommation. Dans la sphère de la production, les sujets cherchent à optimiser le gain par rapport à leur disponibilité à travailler. Dans la sphère de la consommation, ils cherchent à maximiser la satisfaction de leurs préférences de consommation, conçues selon un ordre de priorités stable et cohérent, en employant les revenus dont ils disposent. En ce qui concerne l'emploi des ressources (c'est-à-dire les moyens par rapport aux fins), l'action économique est conditionnée par des motivations *utilitaristes*. Quant aux origines des préférences de travail et de consommation (c'est-à-dire des fins que chaque individu peut poursuivre), on suppose qu'elles se forment indépendamment de l'influence des autres sujets. En ce sens, on peut parler de vision *atomistique* de l'action économique. Quoi qu'il en soit, la formation des fins est considérée comme un aspect *exogène* par rapport à l'analyse économique, qui ne doit donc pas s'en occuper, mais se concentrer sur l'emploi rationnel (optimisant) des moyens.

1.3. Les règles

L'action est influencée par un ensemble limité de règles qui s'identifie fondamentalement à l'existence de marchés concurrentiels. On suppose, par exemple, qu'il existe un nombre élevé d'acheteurs et de vendeurs, qu'il n'y a aucune restriction aux échanges et à la mobilité des facteurs de production (capital et travail), que les sujets ont une connaissance parfaite des opportunités offertes par le marché, qu'ils agissent rationnellement dans le but d'optimiser les ressources dont ils disposent. Par rapport à ce cadre, il faut ensuite considérer les conséquences qui dérivent de l'activité économique, quand les règles sont conformes à celles du marché concurrentiel ou quand on s'éloigne, par quelques distorsions, des conditions précédemment indiquées. Les déséquilibres peuvent notamment résulter de l'existence de marchés de type oligopolistique ou monopolistique, ou du manque d'informations (l'analyse économique s'est de plus en plus intéressée à ces situations). L'attention portée au marché comme institution économique ne signifie pas que l'on ne tienne pas compte d'autres institutions non économiques. En général, on suppose l'existence d'un État qui n'entrave pas le marché avec ses réglementations, mais qui protège la validité des contrats entre les acteurs privés et qui combat les fraudes. Toutefois, même dans ce cas, il s'agit d'une donnée exogène.

1.4. La méthode d'enquête

L'action économique est étudiée avec une méthode analytico-déductive et normative. On part donc des postulats précédemment exposés relatifs aux motivations atomistiques et utilitaristes des acteurs et on en évalue les conséquences, en fonction des caractéristiques du marché. Dans sa forme la plus épurée, la démarche néo-classique s'éloigne donc délibérément de la description de la réalité pour déterminer les bases du calcul économique rationnel qui doit guider les producteurs ou les consommateurs, les entreprises ou les ménages. Ce modèle peut donner lieu à l'application de techniques mathématiques sophistiquées visant à définir les conditions de l'équilibre économique général (comme la théorie de l'utilité marginale de Walras). Le caractère normatif de la méthode se réfère aussi au fait qu'elle fournit des critères qui orientent l'allocation rationnelle des ressources, sous certaines conditions. Dans tous les cas, les économistes néo-classiques — dont Menger et Pareto font partie — soulignent que la validité scientifique des résultats est garantie par la démonstration logique des issues qui résultent de conditions déterminées, abstraction faite de leur réalisation sur le plan empirique, que ce soit en référence aux motivations des acteurs ou en référence aux règles qui en conditionnent l'action.

2. LE PARADIGME DE LA SOCIOLOGIE ÉCONOMIQUE

Voyons à présent quelle est la cohérence de la sociologie économique des classiques et comment elle se distingue de l'approche économique de l'époque.

2.1. La conception de l'économie

Nos auteurs ont en commun de ne pas identifier de manière rigide les activités économiques au processus d'allocation optimale des ressources rares à usage alternatif. Au cours du XIXe siècle, la production, la distribution des revenus et la consommation sont incontestablement influencées, dans les pays plus développés, par un tel processus. Il s'agit d'un effet de la diffusion du marché comme principe dominant de régulation. Néanmoins, les sociologues considèrent l'économie de marché comme un phénomène historique caractérisé par un contexte institutionnel particulier. C'est la raison pour laquelle ils préfèrent généralement parler de capitalisme. Ils veulent donc s'outiller pour distinguer différents types d'économie ; pour comprendre comment prend forme le capitalisme libéral, pourquoi il se développe à certains endroits et pas à d'autres (ou avant les autres) et pourquoi il évolue différemment. En somme, la *diversité dans l'espace et dans le temps* est au centre de leur intérêt. D'où une vision plus large et plus générale de l'économie définie, selon Sombart, comme « l'activité vouée à la recherche des moyens de subsistance » (formulation que Polanyi reprendra presque littéralement). Cette définition, pour l'essentiel partagée par les classiques, permet d'étudier comment l'économie s'organise selon des formes différentes dans l'espace et dans le temps, influencées par des institutions économiques et non économiques. D'où l'utilisation de concepts qui soulignent l'historicité et la variété des modes de production, comme celui de « système économique » (Sombart, Polanyi), de « formes d'encastrement de l'économie »

(Polanyi) ou, dans une optique plus spécifique, la distinction entre économie de couverture des besoins et économie d'accumulation (Sombart, Weber) et celle entre différentes formes de capitalisme (traditionnel/moderne, libéral/organisé, de marché/régulé, etc.) présente chez tous les auteurs considérés.

2.2. L'action économique

L'action vouée à la recherche des moyens de subsistance n'est pas nécessairement constituée par l'allocation rationnelle de ressources rares. La diffusion de l'agir instrumental, fondé sur des motivations utilitaristes, ne signifie pas la disparition des comportements orientés vers des finalités différentes, non utilitaristes. De même, l'affirmation de l'économie de marché ne signifie pas qu'il faille négliger les conditionnements sociaux et, par conséquent, le caractère variable des comportements économiques.

Pour affronter ces problèmes, les sociologues critiquent l'idée selon laquelle les fins des individus se forment indépendamment les unes des autres. L'action économique doit au contraire être vue comme une action sociale, dans la mesure où elle est toujours influencée par des attentes relatives au comportement des autres membres de la société. Les acteurs sont soumis à des sanctions positives ou négatives, selon qu'ils se conforment ou non aux attentes sociales. En paraphrasant Weber, nous pourrions dire que de telles attentes prennent la forme d'usages, de coutumes, de normes juridiques ou de conflits d'intérêt, c'est-à-dire de rapports de pouvoir. Il importe de préciser que cette façon de concevoir l'action économique est dans l'ensemble partagée par tous nos auteurs, même si certains accordent plus d'importance à l'autonomie et à la liberté des acteurs par rapport aux règles institutionnelles (comme Sombart, Weber, Schumpeter), alors que d'autres partent des institutions pour en souligner les conditionnements sur les sujets (comme Durkheim, Veblen et Polanyi). Par conséquent, la différence entre l'individualisme méthodologique (Sombart, Weber, Schumpeter) et l'institutionnalisme méthodologique (Durkheim, Veblen, Polanyi) ne doit pas être surestimée (voir également l'Introduction et le paragraphe 8 du chapitre 4). En effet, ces deux positions reconnaissent, en pratique, la nécessité de tenir compte des acteurs et de leurs motivations dans l'explication des phénomènes sociaux. Elles reconnaissent que les institutions naissent de l'interaction entre les acteurs. Une fois formées, celles-ci conditionnent les acteurs eux-mêmes. En ce sens, les différences entre individualisme méthodologique et institutionnalisme sont moins importantes que l'on ne pourrait *a priori* le penser [Boudon 1984].

Cette approche permet de repérer, à travers l'histoire, des formes d'action économique qui ne sont pas prioritairement guidées par des motivations utilitaristes (recherche du gain et satisfaction de l'utilité) comme dans les sociétés primitives (Polanyi) ou dans celles caractérisées par une économie de couverture des besoins (Sombart, Weber, Durkheim) et, en général, dans les formes d'organisation de l'activité économique antérieures à la suprématie du marché. Les sociologues de l'économie ont pour préoccupation d'expliquer socialement l'action économique, en évitant l'atomisme individualiste de l'économie néo-classique. Leur objectif est de comprendre quand, où et pourquoi se forment des institutions qui légitiment et encouragent, mais aussi qui limitent et gouvernent, les calculs hédonistes. C'est la raison pour laquelle ils insistent sur les origines du capitalisme comme problème de recherche différent de celui de l'économie. La recherche du gain et la maximisation des préférences de consommation sont concrètement conditionnées par des motivations variées, non utilitaristes : par exemple, les valeurs religieuses (Weber), le degré de marginalité sociale (Sombart), les formes de la division du travail et l'inégalité sociale (Durkheim, Weber, Polanyi), les caractères de la famille ou les formes d'organisation de l'entreprise (Schumpeter). Les entrepreneurs peuvent rechercher en priorité soit l'innovation, soit l'investissement et la croissance du capital sur le long terme ou, au contraire, la maximisation des profits sur le court terme sans innovation. Le comportement des ouvriers peut être plus ou moins conflictuel. En outre, le degré de satisfaction des travailleurs relatif à leurs conditions de travail et de vie peut influer sur leur productivité. L'érosion des formes d'intégration sociale traditionnelles peut pousser les individus à chercher, dans la consommation, un moyen de reconnaissance et de satisfaction, et/ou à effectuer des choix de consommation, indépendamment de leur revenu (comme le soulignent en particulier Simmel et Veblen). Weber note que les concepts et les « lois » élaborés par la théorie de l'économie politique « énoncent la façon dont l'agir humain se serait déroulé s'il était rigoureusement rationnel, s'il n'était pas perturbé par des erreurs et des éléments affectifs et, de surcroît, s'il était orienté de manière univoque en vue d'un seul but (de nature économique). Ce n'est qu'à de rares occasions (par exemple, dans le cas de la bourse) et là encore de manière approximative, que l'agir réel procède de la sorte » [Weber 1922]. Les hommes qui agissent sont au contraire « poussés par des impulsions antithétiques en conflit entre elles, que nous « entendons » dans leur ensemble » [*ibidem*]. La sociologie économique doit donc opérer au moyen d'idéaux-types, de généralisations construites à partir de l'étude historique et empirique, et non sur la base du principe de la poursuite rationnelle de l'intérêt individuel, comme l'économie le postule.

2.3. Les règles

Pour les sociologues de l'économie, les règles qui conditionnent l'action des acteurs sont plus amples et plus complexes que celles des économistes qui se limitent essentiellement au marché. Afin de montrer l'existence de formes d'organisation autres que l'économie de marché, ainsi que les modalités différentes de l'économie de marché, nos auteurs tentent de manière récurrente de considérer d'autres institutions. Sombart parle de « formes d'organisation », Polanyi de « formes d'encastrement », Weber de « régulations du marché ». Durkheim, Veblen, Polanyi et Schumpeter parlent quant à eux d'« institutions ».

Il existe deux façons d'envisager les phénomènes institutionnels différents du marché. La première fait référence aux institutions économiques qui se fondent sur des obligations sociales partagées. L'exemple type est la « réciprocité » de Polanyi ou l'« échange sur une base traditionnelle » de Weber (qui représente un concept analogue relatif à l'échange de dons par opposition à l'« échange rationnel »). Cette approche permet de mettre en évidence des aspects importants des activités économiques, tant dans les sociétés primitives que modernes. Ces formes de régulation sont généralement produites et soutenues par la collectivité ou par des structures non économiques qui assument un caractère communautaire, c'est-à-dire qui se basent « sur une appartenance commune ressentie de façon subjective », pour reprendre les mots de Weber. On retrouve des échanges de ce genre dans la famille, la parenté, les communautés locales, ethniques et religieuses, mais aussi dans les mouvements sociaux propres aux sociétés modernes. Dans tous ces cas, les sanctions qui soutiennent les règles (comme celle de la réciprocité) reposent sur des formes d'approbation et de désapprobation sociales.

Tableau 6.1. Économie néo-classique et sociologie économique : aspects méthodologiques

	Économie néo-classique	Sociologie économique
Conception de l'économie	Allocation de ressources rares utilisables à des fins alternatives (économiser)	Activités orientées vers la recherche des moyens de subsistance
Action économique	Atomisme individualiste et utilitarisme : poursuite rationnelle de l'intérêt individuel par des individus indépendants les uns des autres	Action économique comme action sociale : motivations utilitaristes et non utilitaristes influencées par les institutions
Règles	Marché concurrentiel	Marché Institutions sociales (par ex. réciprocité) Institutions politique (par ex. redistribution)
Méthodes d'enquête	Méthode analytico-déductive Théorie à généralisation élevée	Méthode inductive Études historico-empiriques et comparatives Généralisations limitées dans l'espace et dans le temps

La deuxième façon d'élargir le spectre des phénomènes institutionnels envisage les règles fondées sur des sanctions politiques, c'est-à-dire sur des normes qui font intervenir l'usage de la force légitime (l'État) ou illégitime (les organisations criminelles). Les institutions de régulation politique de l'économie sont, par exemple, la « redistribution » de Polanyi, l'« économie de plan » ou « de coopération » de Sombart, le « groupe régulateur » et celui « administratif » de Weber[1]. En général, de telles règles sont produites et

1 Le « groupe régulateur » régit la production et la consommation en imposant des limites à l'action économique autonome des sujets, comme dans le cas des corporations, des cartels entre entreprises ou des syndicats modernes. Le « groupe administratif » administre par contre de manière systématique et directe la production, la redistribution et la consommation, comme dans une économie entièrement contrôlée par l'État [Weber 1922b].

soutenues par les structures étatiques, mais elles peuvent aussi émaner de corporations médiévales, de cartels d'entreprises, de syndicats ou de certaines formes de criminalité qui exercent leur pouvoir sur un certain territoire, comme le fait la mafia.

L'activité économique prend donc des formes concrètes dans l'espace et dans le temps qui sont influencées par la manière dont les différentes institutions régissent les activités de production, de distribution et de consommation, et conditionnent l'action des sujets.

2.4. La méthode d'enquête

Le caractère déductif et normatif du marginalisme s'oppose à la démarche inductive et historique de nos auteurs. Alors que l'économie néo-classique considère les motivations utilitaristes des acteurs et la présence de certaines conditions de fonctionnement des marchés comme des données, les sociologues tentent de reconstruire, à travers l'étude empirique, les caractères spécifiques de l'action économique. Ils cherchent à rendre compte, grâce à l'étude historique et empirique, des règles qui sont effectivement présentes dans un contexte donné. Ils ne se limitent donc pas à isoler analytiquement certaines conditions particulières. Outre le marché, ils évaluent l'impact d'autres institutions, économiques ou non, sur l'action et sur ses conséquences concrètes. Les modèles théoriques de la sociologie économique ont des coordonnées spatiales et temporelles plus limitées que celles de l'économie, parce qu'ils cherchent justement à prendre davantage en considération la variabilité historique et empirique des institutions et des actions. De tels modèles valent cependant à un niveau plus général que ceux de l'histoire économique. La sociologie tire de l'histoire des données pour l'analyse comparative, laquelle est essentielle pour vérifier ses hypothèses, vu l'impossibilité de recourir à la méthode expérimentale dans l'étude des phénomènes macrosociaux. La sociologie économique contribue aussi à formuler des hypothèses qui orientent à leur tour l'analyse historique.

3. UN RÉSERVOIR D'HYPOTHÈSES

3.1. Le marché

Une différence de fond caractérise la position des économistes (les néoclassiques les plus rigoureux ne prenant pas en compte ce problème qu'ils estiment exogène). En général, la pensée économique considère que les relations de marché se diffusent en raison de leur *efficience* (c'est-à-dire de leur capacité à satisfaire les préférences des individus à des coûts plus bas) par rapport aux autres modalités d'organisation économique. Marshall — qui reprend des idées déjà présentes chez Smith — partage cette opinion. Avec le temps, les avantages du marché pour les acteurs finissent par donner naissance à des motivations et à des institutions congruentes avec le bon fonctionnement du marché et qui en renforcent la légitimité. Cette vision évolutionniste (et finalement optimiste) d'un développement linéaire du marché s'oppose à celle de la sociologie économique qui propose une problématique plus complexe.

La *légitimité* est au centre de l'explication des sociologues. Pour s'affirmer comme instrument de régulation de l'économie, le marché doit avant tout être socialement accepté. Sombart et Weber s'efforcent de montrer la complexité des facteurs culturels et institutionnels qui légitiment, encouragent et soutiennent les rapports de marché : de la religion à l'État et au droit, de la ville à la science moderne. Le processus est en revanche plus contrasté dans d'autres régions du monde, où la culture et les institutions s'opposent et résistent au marché. Durkheim, Veblen et Polanyi partagent l'idée selon laquelle les rapports de marché requièrent « certaines variations de l'environnement social » (l'expression est de Durkheim) qui les légitiment. Se référant à Marx, Polanyi rappelle que le processus n'est pas nécessairement pacifique. Il peut comporter l'usage de la force (comme dans les *enclosures*) et du pouvoir politique.

À partir du moment où les motivations utilitaristes et individualistes congruentes avec le fonctionnement du marché sont légitimées et encouragées, les avantages en termes de bien-être économique et d'augmentation des possibilités de choix et de consommation individuelle renforcent la diffusion des rapports de marché. L'efficience soutient la légitimité. Toutefois, la sociologie économique s'intéresse au problème de l'équité du marché, alors que l'économie se concentre sur celui de l'efficience, donnant pour acquis le fait qu'un marché pleinement concurrentiel résout également les problèmes d'équité. Les avantages du marché ne sont pas répartis équitablement entre les groupes sociaux : la bourgeoisie entrepreneuriale qui contrôle les moyens de production ne jouit évidemment pas des mêmes bénéfices que ceux qui ne possèdent que leur force de travail pour vivre. De plus, les bénéfices ne doivent pas être interprétés seulement en termes de plus grande possibilité d'accès aux biens, mais aussi comme une plus grande liberté de choix tant dans l'emploi du travail que dans la consommation.

Le marché, une fois qu'il s'est affirmé comme mécanisme de régulation, tend progressivement à réduire l'espace des autres institutions dans la sphère de la production : la famille, la communauté locale, les corporations, l'État. Mais jusqu'à quel point le marché peut-il se libérer des réglementations sociales et politiques sans que son fonctionnement ne soit lui-même compromis ?

Dans la vision de l'économie néo-classique, on suppose l'existence d'individus bien informés, moralement fiables et capables de calculer rationnellement la meilleure façon de satisfaire leurs préférences. Ces agents évoluent dans un contexte de règles où tous les biens et les facteurs productifs sont commercialisables et où les vendeurs et les acquéreurs sont nombreux. Dans ce cadre, les règles sociales (comme la réciprocité) ou politiques (comme les formes de redistribution de l'État ou les interventions liées aux corporations) sont vues comme un facteur potentiel de distorsion de l'allocation rationnelle des ressources, donc de l'efficience. Les liens familiaux et de parenté, l'intervention de l'État et des syndicats peuvent notamment altérer la rémunération du travail par rapport à la valeur définie en termes de productivité marginale, c'est-à-dire de la contribution de chaque travailleur à la valeur d'ensemble du produit. Le prix du produit augmenterait donc au détriment du consommateur. Plus la liberté des individus à l'égard des conditionnements sociaux et politiques est grande, plus le fonctionnement du marché est efficace et assure la richesse sociale. Le marché doit donc être le lieu de la séparation entre les individus, qui ne doivent pas être influencés par des facteurs extra-économiques. Toutes les formes d'interaction et de coopération régies par des facteurs qui ne sont pas strictement économiques sont inévitablement suspectes.

Normalement, les individus ne sont pas bien informés, ne sont pas capables de calcul rationnel et sont plus ou moins fiables du point de vue de la morale. La carence des informations, ainsi que le risque d'être dupé, rendent problématiques les échanges de marché même là où ils sont désormais pleinement concurrentiels. Dans le cas du marché du travail, par exemple, l'employeur peut détourner les clauses du contrat de travail passé avec le salarié à son propre avantage, malgré la liberté formelle de négociation des contractants. C'est notamment la raison pour laquelle Weber, dans la lignée de Marx, parle de travail « formellement libre » et précise que « le pouvoir effectif élevé de disposition sur les moyens productifs a permis une exploitation monopolistique de la liberté formelle de marché » [Weber 1922b].

Le marché est susceptible de mieux fonctionner lorsque des institutions (sociales et politiques) renforcent la légitimité des rapports de marché. Ces institutions génèrent et reproduisent la *confiance* soit au moyen d'interactions personnelles (la famille, la parenté, la communauté locale), soit de manière impersonnelle, à travers l'existence de sanctions juridiques efficaces contre ceux qui violent les contrats (institutions étatiques). Ces formes institutionnelles sont essentielles dans un contexte où les informations font défaut et où les risques de duperies et de fraudes sont grands. En effet, sans elles, beaucoup de contrats et d'échanges de ressources favorables aux contractants et, plus généralement, à la collectivité (développement économique) ne se réaliseraient pas ou pas autant que possible. À l'inverse, si les éléments non contractuels du contrat sont efficaces, si les relations extra-économiques génèrent de la confiance et si des institutions impersonnelles garantissent l'efficacité des contrats, le marché peut mieux fonctionner.

Efficience ne rime pas nécessairement avec *équité*. Il faut donc considérer un deuxième type de contrôle institutionnel, le réajustement des rapports de pouvoir qui conditionnent la liberté de choix des contractants. En effet, lorsque les rapports sont particulièrement déséquilibrés — surtout sur le marché du travail —, cela provoque des conflits dans les relations productives ou un désengagement des travailleurs qui diminuent la productivité. Les institutions (comme les syndicats de travailleurs) qui introduisent une régulation politique du marché du travail deviennent alors primordiales. L'intervention de l'État peut aussi aider à réguler les conditions de travail (horaire, travail des enfants, santé, sécurité, etc.). Plus généralement, les sociologues approuvent une régulation de l'État pour assurer plus d'équité par une politique de redistribution réduisant les inégalités sociales. En effet, comme le souligne Durkheim, ces dernières peuvent altérer les conditions de lutte sur le marché, compromettre la liberté de choix et, par conséquent, délégitimer le marché. L'intérêt pour le problème de l'équité est aussi présent en économie. Depuis quelques décennies, en effet, il existe une tradition de l'économie du bien-être et de la théorie des choix sociaux qui affronte la question de la justice de redistribution, négligée par les formulations originelles de l'économie néo-classique (voir, par exemple, les contributions des économistes K. Arrow et A. Sen). Cette tradition de recherche se propose de donner un fondement *normatif* à l'intervention publique ou à des formes de régulation volontaire (associative), pour faire face aux problèmes d'équité que le marché ne résout pas et qui peuvent compromettre les libertés de choix individuelles. Pour la sociologie économique au contraire, les questions d'équité sont traitées sur un plan empirique et comparatif, afin d'évaluer comment les inégalités influent sur le développement économique dans des contextes différents (voir, par exemple, la discussion sur la variété des capitalismes, chapitre X). Le degré de tolérance des obligations sociales et politiques par les relations de marché, voire les formes de légitimation du marché lui-même, peuvent varier dans l'espace et dans le temps. Il existe des sociétés où la culture et les institutions dominantes légitiment ou exigent une plus grande autonomie du marché. Comparées à d'autres contextes institutionnels, ces sociétés acceptent davantage les conséquences en termes d'inégalité sociale, de mobilité sociale et territoriale. C'est la leçon que nous pouvons notamment tirer de la recherche de Weber sur les spécificités de la société occidentale par rapport à celles de l'Orient. L'analyse comparée montre qu'il existe également à l'intérieur de l'Occident des sociétés où le marché est plus libre (États-Unis, Grande-Bretagne) et des sociétés où son contrôle et sa légitimité mettent davantage en jeu la culture et les institutions (France, Allemagne, Italie). En somme, lorsque l'on évalue les conditions de fonctionnement du marché, il convient d'éviter la recherche de formes d'organisation économique optimales en termes d'efficience. Il n'existe ni une voie meilleure, ni une voie unique. Les trajectoires de développement sont différentes et toutes influencées par le contexte social. Seule l'étude empirique comparée peut nous aider à les identifier et à en estimer les atouts et les faiblesses respectifs...).

3.2. Le développement économique

La sociologie économique montre que des altérations dans le processus d'allocation des ressources, dues au rôle des institutions sociales et politiques, peuvent comporter des bénéfices futurs plus importants que les désagréments immédiats. Une entreprise qui coopère depuis longtemps avec une autre peut décider de ne pas exploiter une situation de marché favorable pour lui imposer des prix plus bas et baisser ses propres tarifs pour le consommateur. Cette perte d'efficience à court terme peut cependant être plus que compensée par une disponibilité du fournisseur à coopérer en s'impliquant davantage, et de façon plus fiable, dans les occasions suivantes, améliorant ainsi la productivité globale dans le temps. Ce phénomène existe également sur le marché du travail. Une hausse des salaires agit négativement, dans l'immédiat, sur les coûts de l'entreprise et peut se traduire par une perte des avantages pour les consommateurs des biens produits par cette même entreprise. Toutefois, elle peut aussi accroître l'engagement et la participation des travailleurs, donc améliorer la productivité du travail dans le temps.

Pour expliquer l'accumulation des richesses dans le temps, c'est-à-dire le développement économique, il faut que l'*innovation* s'adjoigne à la légitimité. Selon les classiques, la capacité d'innovation dépend fondamentalement de l'*entrepreneurialité*, c'est-à-dire (pour reprendre les termes de Schumpeter) de la capacité à réaliser des choses nouvelles (nouveaux produits, nouveaux processus et méthodes d'organisation de la production, nouveaux marchés). Lorsque l'on innove, on crée de nouvelles relations qui augmentent les incertitudes sur les résultats de l'action et le risque moral. L'entrepreneurialité est caractérisée par des qualités spécifiques qui permettent de mieux se mesurer à ces problèmes : détermination, capacité de vision, engagement, mais aussi volonté d'affirmation et de reconnaissance sociale. L'entrepreneur est une personnalité particulière, dont les fins se différencient des autres sujets économiques et ne peuvent se réduire à la simple poursuite rationnelle de l'intérêt individuel. L'explication de ces qualités singulières et de leur diffusion n'est pas de nature psychologique et personnelle. Elle dépend du contexte social, c'est-à-dire de la présence d'institutions qui facilitent ou entravent l'entrepreneurialité : la religion (Weber, Sombart), l'exclusion des droits de citoyenneté (Simmel, Sombart), l'accès aux connaissances technologiques (Veblen) sont des exemples.

Cet ensemble d'hypothèses sur le développement économique a marqué la sociologie des pays et des régions sous-développées (chap. 7). Les grandes théories sur l'essor du capitalisme ont également connu un regain d'intérêt dans les années soixante-dix, avec les transformations de l'organisation productive vers des modèles de production flexible, fondés sur le rôle des petites et moyennes entreprises et l'esprit d'entreprise (chap. 9). Pour les classiques, l'impact de l'entrepreneurialité sur la capacité d'innovation et sur le développement économique doit être historicisé. Le système capitaliste conduit progressivement à une dépersonnalisation et à une bureaucratisation de l'entreprise. La capacité d'innovation liée à l'entrepreneurialité personnelle cède sa place à ce qu'Alfred Chandler [1977] appelle la « main invisible » de l'organisation.

3.3. La consommation

Les comportements de consommation intéressent peu les économistes classiques davantage tournés vers la production. Pour les néo-classiques, en revanche, c'est la demande des consommateurs qui fonde la valeur des biens à travers la théorie de l'utilité marginale. La demande est donc analysée à partir des comportements des consommateurs, destinés à la satisfaction des besoins selon une hiérarchie de préférences stables. La manière dont ces préférences se forment n'est pas influencée par des facteurs extra-individuels, mais constitue une donnée exogène à laquelle l'analyse économique ne prête pas attention. Le consommateur doit confronter ses désirs à la réalité du marché. Son budget est limité. Il doit donc affecter un budget déterminé à plusieurs dépenses alternatives en fonction du prix des différents biens. L'objectif est la maximisation de l'utilité dans le cadre d'une contrainte financière. Vu les contraintes exercées par le prix des biens et par le revenu dont il dispose, le consommateur tendra à distribuer son pouvoir d'achat proportionnellement à ses préférences. La théorie néo-classique retient que l'intensité de la satisfaction procurée par une certaine dose de bien diminue avec la consommation d'unités supplémentaires de ce bien (utilité marginale). Elle suppose aussi que l'on consommera un bien donné jusqu'à ce que la satisfaction supplémentaire n'égale celle des autres biens que l'on veut consommer. La présence de consommateurs attentifs, bien informés sur les prix et la qualité des produits, capables de calculer continuellement leur utilité (en réagissant aux prix qui se forment avec le réglage de leur consommation) constitue un postulat fondamental pour le modèle néo-classique. En effet, de cette manière, les consommateurs stimulent et conditionnent la concurrence entre les entreprises, en récompensant les plus efficientes (qui produisent des biens demandés à plus bas prix).

La sociologie économique critique l'atomisme et l'utilitarisme de la théorie de l'action des néo-classiques. En effet, le consommateur indépendant de l'influence des autres sujets, doté de préférences stables, correctement informé et capable de calculer continuellement et précisément son utilité, ne correspond pas aux situations courantes. L'intérêt des sociologues se concentre donc sur les caractères concrets du comportement des consommateurs dans une société où la consommation de masse croît parallèlement au développement économique et à l'amélioration des revenus. L'approche sociologique s'intéresse aux facteurs socioculturels qui conditionnent à la fois les préférences et la façon de les poursuivre, influençant le calcul utilitariste. Les préférences et les goûts des individus restent incompréhensibles lorsqu'on les considère comme le fruit d'une évaluation subjective de biens à consommer, ordonnés hiérarchiquement d'après leur valeur d'usage. Les biens sont au contraire désirés et consommés de plus en plus pour leur valeur symbolique, c'est-à-dire pour la signification qu'ils assument dans les rapports avec les autres, comme signes de reconnaissance sociale. Ils permettent aux individus de s'identifier à certains individus et groupes sociaux et, dans le même temps, de se distinguer des autres, en marquant leur différence.

Simmel est l'un des premiers à relever la fonction symbolique de la consommation, qu'il voit comme une compétition pour acquérir plus de prestige. Il note que la diffusion de l'économie monétaire et des rapports de marché s'accompagne d'une érosion progressive des institutions traditionnelles (communauté locale, corporations, églises, etc.) qui fournissaient une identité aux individus et contribuaient à les intégrer dans une société plus large. La place des individus devient plus incertaine, moins liée aux formes de reconnaissance sociale établies. Dans les grandes villes en expansion, où le poids des institutions traditionnelles est encore moindre, la consommation devient un instrument pour se faire connaître, obtenir du prestige, marquer une identité. L'environnement urbain est un terrain propice au phénomène de la mode, que Simmel [1911] ramène à une double finalité : permettre une identification avec certains groupes sociaux et se distinguer des autres, à travers le type de produits consommés. Autrement dit, les biens acquièrent une valeur symbolique, au-delà de leur valeur d'usage.

Pour sa part, Weber relie les comportements de consommation à la recherche d'un statut propre aux classes, c'est-à-dire aux groupes sociaux caractérisés par un prestige particulier. Dans la société moderne, les classes se forment surtout sur des bases professionnelles et se distinguent par une conduite de vie spécifique à laquelle contribuent aussi la quantité et la qualité des biens. Mais c'est surtout Veblen, avec son analyse de la « consommation ostentatoire » et de l'« émulation pécuniaire », qui assimile le phénomène à une compétition pour le statut social. Observant la situation des États-Unis de la fin du XIXe siècle, il saisit l'importance croissante de la consommation dans une société privée des liens traditionnels, extrêmement mobile et fortement polarisée en termes d'inégalité sociale. Avec une analyse pionnière appelée à une grande célébrité, il montre que l'accès croissant à la consommation de masse représente un instrument essentiel d'intégration des groupes sociaux les plus désavantagés. Ce phénomène s'accompagne d'un gaspillage des richesses produites qui, loin d'accroître l'utilité effective des consommateurs, les pousse à dépenser leur argent en biens futiles, choisis en tant que signes de prestige.

De toute évidence, les motivations symboliques à consommer infirment la théorie néo-classique de l'utilité marginale. Elles impliquent en effet une *rigidité sociale* du comportement du consommateur qui peut aboutir à des réactions opposées au calcul rationnel de l'utilité. Il est notamment possible qu'une hausse des prix n'entraîne pas une baisse de la consommation, si le bien a une valeur symbolique élevée. Inversement, si ce bien perd une telle valeur, la consommation n'augmentera pas nécessairement, même en présence d'une diminution de son prix. Les intuitions de Veblen ont été confirmées par des études empiriques célèbres, comme celles d'Halbwachs [1933] sur la consommation des ouvriers et des classes moyennes, et de Warner et Lunt [1941] sur Yankee City.

Au-delà des pressions sociales, les consommateurs sont généralement mal informés et ne disposent pas des connaissances nécessaires pour évaluer la qualité des biens offerts. Les entreprises ont tendance à exploiter sciemment cette situation. Elles peuvent notamment chercher à augmenter la valeur symbolique des biens et à contrôler les comportements de consommation à travers la mode. En influençant la mode au moyen de la publicité, les entreprises peuvent accélérer l'introduction de nouveaux produits et standardiser davantage la demande. Il est donc possible de créer un marché de masse qui permette l'emploi de nouvelles technologies et la réalisation d'une économie d'échelle. L'« uniformisation des besoins », dont parle Veblen, se renforce avec la production de biens de qualité inférieure qui imitent les modes des groupes plus aisés pour être offerts aux consommateurs disposant de faibles revenus.

En somme, la sociologie économique met en doute le principe central de l'économie néo-classique de la « souveraineté du consommateur », elle suggère que *l'efficience est construite socialement.* Pour choisir au mieux ses produits et exercer une influence positive sur l'efficience des entreprises, le consommateur a besoin d'une architecture institutionnelle particulière. Il faut des institutions qui améliorent les connaissances en conditionnant le comportement des entreprises, et qui éduquent le consommateur en l'incitant à s'organiser et à diffuser des modèles de consommation sciemment acceptés. L'efficience fait au contraire l'objet de variations dans l'espace et dans le temps qui doivent être étudiées dans une perspective historique, empirique et comparative.

4. LA REDÉFINITION DES FRONTIÈRES ENTRE ÉCONOMIE ET SOCIOLOGIE

Après la Deuxième Guerre mondiale, l'héritage des classiques centré sur l'étude du capitalisme occidental se fragmente et fait l'objet d'une spécialisation thématique et disciplinaire dans deux directions principales. En premier lieu, le thème du développement économique cesse d'être central dans l'étude des pays plus avancés de l'Occident. Les thématiques macroéconomiques sont reprises par la nouvelle économie keynésienne. L'intérêt de la sociologie économique pour le rapport entre institutions et croissance économique ne disparaît cependant pas totalement. Il reste présent dans les études sur les régions et les pays sous-développés, où les institutions non économiques jouent un rôle important dans le processus de développement. Il retrouve même un second souffle dans le processus de décolonisation et dans l'affirmation de nouveaux États sur la scène internationale. De ce point de vue, la perspective originelle de la sociologie économique se redéfinit dans la continuité de la sociologie du développement (objet du prochain chapitre). En deuxième lieu, les thématiques microéconomiques — traitées traditionnellement avec les aspects macro par les classiques — tendent à devenir autonomes du fait de l'institutionnalisation des études sociologiques dans l'enseignement et la recherche universitaires. Des disciplines spécialisées apparaissent et se détachent du noyau originel de la sociologie économique : la sociologie industrielle, la sociologie des organisations, la sociologie du travail et des relations industrielles.

La redéfinition des frontières est influencée par le changement des rapports entre l'État et le marché et se traduit par une plus grande intervention des gouvernements en faveur de l'emploi et des systèmes de protection sociale. Ce processus s'accompagne d'une forte croissance économique et d'une stabilisation sociale et politique. En conséquence, après la « grande transformation », le rapport entre économie et société dans le capitalisme libéral ne constitue plus une préoccupation centrale de la sociologie économique. Cette tendance se manifeste surtout dans les pays plus développés, concernés par les politiques keynésiennes et par les formes d'organisation « fordiste » des entreprises.

D'un côté, l'économie correspond à nouveau davantage à la réalité historico-empirique, notamment avec la « révolution keynésienne » et propose de nouveaux instruments pour interpréter la nouvelle phase de croissance économique. De l'autre, le processus d'institutionnalisation de la sociologie pousse la plupart des chercheurs vers des terrains moins prisés par les économistes et encourage la fragmentation et la spécialisation disciplinaire de la sociologie économique.

Après la Deuxième Guerre mondiale, l'Europe entre dans une phase de croissance économique extraordinaire et durable (les *Trente Glorieuses*). Malgré des destructions et des pertes humaines considérables, le Vieux Continent connaît une reprise accélérée, plus stable que la précédente, qui prend fin dans les années soixante-dix. Sortis ruinés de la guerre, les pays européens (les vaincus comme les vainqueurs) effectuent un redressement financier spectaculaire surtout grâce à la politique d'aides américaine. Non seulement les États-Unis annulent une part importante de la dette des alliés, mais ils lancent, avec le plan Marshall, un programme d'assistance pour la reconstruction de l'Europe. Même dans le cas de l'Allemagne vaincue, on évite de répéter les erreurs commises après la Première Guerre mondiale (par les dispositions du traité de Versailles), avec l'imposition de coûts de réparations impossibles à supporter. En dehors de l'aide américaine, la croissance de la production profite aussi d'une libéralisation des échanges, d'une progression du commerce international, ainsi que d'une série d'accords sur la stabilisation des échanges. Ce processus s'accompagne d'une coopération internationale intense qui aboutit à la création de nouveaux organismes comme le Fond Monétaire International et l'Organisation Européenne pour la Coopération Économique et plus tard des institutions de la Communauté Européenne.

La production croît considérablement, d'abord pour répondre aux exigences de la reconstruction et de la demande de produits de première nécessité, ensuite pour satisfaire de nouveaux besoins grâce à l'utilisation des technologies modernes dans la production de biens de consommation de masse : voitures, électroménager... Les pays européens bénéficient par ailleurs d'une ressource favorable à la croissance, une main-d'œuvre importante en provenance de secteurs à faible productivité comme l'agriculture. Il s'agit d'une force de travail faiblement qualifiée qui peut être utilisée dans les industries plus modernes où les nouvelles techniques de production et les méthodes d'organisation du travail taylorisées permettent de diviser et de simplifier les tâches tout en améliorant le rendement. La disponibilité d'une main-d'œuvre à bon marché constitue donc un avantage compétitif considérable, surtout en Europe où les économies dépendent beaucoup des exportations.

La « grande transformation » de Polanyi se poursuit et se consolide. Le fort développement d'après-guerre se place sous le signe d'un interventionnisme public croissant dans l'économie et dans la société et d'une bureaucratisation accrue des grandes entreprises modernes. La synthèse d'Andrew Shonfield [1965] met en lumière les principales mutations qui caractérisent le capitalisme régulé de l'après-guerre. Il souligne quatre aspects inédits du développement d'après-guerre : premièrement, la croissance est beaucoup plus régulière que par le passé, les récessions sont plus courtes et plus légères ; deuxièmement, l'augmentation de la production et du revenu n'a jamais été aussi rapide, surtout dans l'Europe occidentale ; troisièmement, la nouvelle prospérité s'est largement diffusée parmi la population : non seulement les salaires ont cru parallèlement au produit intérieur, mais la croissance des formes de protection sociale (services sociaux et sanitaires, prévoyance) a permis une redistribution vers les groupes sociaux qui ne pouvaient pas compter sur les augmentations de salaire ; enfin, cette mutation a eu lieu sans une diminution de l'épargne nécessaire au financement des investissements.

Selon Shonfield, les causes du développement ne se limitent pas au rôle du commerce international, du progrès technologique, de la demande et de l'offre de travail. Elles concernent aussi les mutations des formes de régulation de l'économie qui conduisent à une redéfinition des frontières entre l'État et le marché. L'auteur attire donc l'attention sur une série de facteurs liés les uns aux autres. D'abord, l'intervention majeure de l'État dans la régulation de l'économie et dans le maintien du plein-emploi se manifeste par la croissance constante de la dépense publique. Elle procède cependant selon des mécanismes différents qui vont du contrôle du crédit au rôle des entreprises d'État, en passant par les formes de régulation du marché. Cet interventionnisme ne reflète pas seulement l'influence des nouvelles idées keynésiennes. L'intervention des États est allée au-delà des recommandations de Keynes. Préoccupé par le problème du chômage qui frappe les sociétés industrielles au lendemain de la crise de 1929, Keynes préconise en effet une intervention des pouvoirs publics pour assurer le plein-emploi par une politique fiscale et monétaire favorisant la propension à consommer. Il cherche donc une réponse à la Grande Dépression. Après la guerre, les gouvernements des pays occidentaux vont au-delà de cet objectif. Ils s'engagent à promouvoir activement la croissance en s'orientant, sous différentes formes, vers une planification de l'économie. Dans le même temps, ils soutiennent la redistribution à travers les systèmes de *welfare*.

« La violence du marché est domestiquée » non seulement par l'action étatique, mais aussi par les changements dans le monde des entreprises. L'utilisation des nouvelles technologies permet un abaissement des coûts unitaires avec une production en série et encourage les économies d'échelle et la concentration des entreprises. Celles-ci ont tendance à stabiliser leur profit sur le long terme pour amortir les investissements massifs de capital indispensables à la production. Les méthodes de planification se diffusent également dans le secteur privé et sont introduites et gérées par des managers qui se substituent aux entrepreneurs-propriétaires du passé. Avec la séparation entre propriété et gestion, la bureaucratisation des organisations augmente et s'apparente par bien des aspects aux structures publiques. Par ailleurs, le processus est encouragé par les gouvernements qui, préoccupés par la croissance et la stabilité économique, incitent les grandes entreprises à collaborer entre elles et avec les autorités publiques pour atteindre des objectifs à plus long terme.

Certes, Shonfield affiche un certain optimisme sur la capacité de l'État à garantir la stabilité sociale et la croissance économique. Comme nous le verrons, la situation évolue rapidement dans les années soixante-dix. Quoi qu'il en soit, les rapports entre économie et institution, marché et État sont profondément modifiés. C'est l'intégration entre un État interventionniste (appelé plus tard « État social keynésien ») et les grandes entreprises « fordistes » qui assurent le grand essor d'après-guerre. Le premier, avec ses politiques fiscales, monétaires et sociales règle la demande, soutient l'emploi et stabilise le marché pour les grandes entreprises ; ces dernières exploitent le potentiel technologique pour réaliser des économies d'échelle dans la production des biens de consommation de masse et accroître la production en tirant profit de la libéralisation des échanges. Ce phénomène n'est cependant pas indolore, il prend des formes différentes selon les pays, avec des conflits sociaux et politiques parfois violents. Peter Gourevitch le qualifie d'ailleurs de « compromis historique » : « Ce fut cette disponibilité à coopérer, cette capacité des groupes à parvenir à des compromis, qui produisit le compromis historique. Les mouvements des travailleurs [...] abandonnèrent, ou du moins suspendirent, leurs aspirations à une socialisation plus vaste de l'économie. En échange, ils obtinrent le *welfare state*, la négociation collective et leur acceptation à l'intérieur du système politique. Les entrepreneurs abandonnèrent, ou du moins suspendirent, leur désir d'une force de travail passive et atomisée [...] et acceptèrent en grande partie le *welfare state*, et la participation considérable du gouvernement à la gestion de l'économie. En échange, ils obtinrent l'acceptation de la propriété privée, le primat du profit et du marché, le refus de la planification et de la nationalisation complète, le libre échange et une monnaie forte » [Gourevitch 1986].

C'est dans ce contexte historique que nous devons replacer le déclin de la tradition de la sociologie du capitalisme. Celle-ci s'affaiblit parce que ses préoccupations sur l'instabilité politique et sociale du capitalisme de marché trouvent, au moins en partie, une réponse dans le changement institutionnel de l'après-guerre. Le compromis historique cherche à assurer en même temps croissance économique et stabilité sociale. Il s'agit d'une forme efficace de construction sociale du marché.

4.1. Les changements de l'économie et la « révolution keynésienne »

À partir des années trente, l'analyse économique connaît une transformation importante que Daniel Bell [1981] a qualifiée de « ponts vers la réalité ». L'un des plus importants est certainement représenté par l'œuvre de Keynes. La théorie néo-classique traditionnelle s'intéresse aux structures idéales de marché. Pour saisir la réalité concrète des marchés, à partir du début des années trente, on s'intéresse aux formes de marché définies comme « concurrence imparfaite » [Robinson 1933] ou « concurrence monopolistique » [Chamberlin 1933]. Joan Robinson met en question la théorie de l'équilibre général de Walras. Abstraction faite des problèmes d'information, les consommateurs ne répondent pas nécessairement de la même manière aux différentiels de prix, parce que dans leur comportement de consommation, ils tiennent compte d'une multitude de facteurs (par exemple, la localisation du vendeur et les coûts de transport, les garanties en matière de qualité, les facilités dans les conditions de vente). Chamberlin montre que la différenciation du produit permet aux entreprises de se soustraire partiellement à la concurrence, en segmentant le marché. En effet, avec la création d'une marque de fabrique, ou avec d'autres instruments qui jouent sur la réputation et sur l'estimation de la qualité des biens vendus (comme la publicité), les entreprises peuvent acquérir un avantage presque monopolistique par rapport aux firmes concurrentes. D'où le concept de « concurrence monopolistique » pour décrire les formes de marché dominants dans la réalité.

Dans les conditions de concurrence imparfaite ou monopolistique, les avantages pour le consommateur ont tendance à se réduire. En effet, les entreprises qui se placent en position de monopole peuvent afficher des prix plus hauts par rapport à ceux de la concurrence, parce qu'elles parviennent à exercer un contrôle sur les prix à travers la différenciation de leurs produits. De plus, les nouvelles entreprises ont plus de mal à pénétrer le marché. Par conséquent, les principes traditionnels de la souveraineté du consommateur et de l'efficience des marchés sont mis en question. La voie s'ouvre donc pour une redéfinition des instruments de régulation politique des marchés à même de réduire ces problèmes (par exemple, la législation *antitrust*). En somme, bien que n'altérant pas en profondeur la théorie de l'action des néo-classiques (avec ses axiomes utilitaristes et atomistiques), les nouvelles études permettent une adaptation des modèles économiques à la réalité. Comme le souligne Daniel Bell, cela vaut en particulier dans le contexte américain : en déplaçant l'attention du marché vers l'entreprise, Chamberlin ouvre la voie pour une approche empirique des entreprises et des formes d'organisation industrielle. « Chamberlin prépara une révolution dans la microéconomie, au même titre que l'on parle de « révolution keynésienne » pour la macroéconomie » [Bell 1981].

La « révolution keynésienne » a été devancée par les politiques économiques concrètes de nombreux gouvernements. Confrontés aux effets dramatiques de la Grande Dépression des années trente, les pays sont en effet obligés de rompre avec l'orthodoxie économique. Dans des contextes pourtant très différents, comme dans l'Amérique du *New Deal* de Roosevelt, l'Allemagne nazie d'Hitler ou la Suède social-démocrate, on expérimente des remèdes contre le chômage qui tournent autour de la dépense publique en termes d'infrastructures, d'allocations chômage, de nouvelles formes de protection sociale. La contribution de Keynes est décisive pour donner à ces expériences un fondement théorique solide, en utilisant le langage et les instruments de la science économique.

En 1926, lors d'une célèbre conférence, *La fin du laissez faire*, Keynes présente déjà clairement certains principes qui guideront par la suite son entreprise théorique. Il refuse notamment la vision dogmatique ou « métaphysique » du *laissez faire* : « Le monde n'est pas gouverné d'en haut de manière à ce que les intérêts privés et sociaux coïncident toujours ; de même, il n'est pas conduit ici-bas de façon à ce qu'ils coïncident. Que l'intérêt égoïste éclairé œuvre toujours en faveur de l'intérêt général n'est pas non plus une déduction correcte des principes de l'économie ; il n'est pas vrai que l'intérêt égoïste soit éclairé : plus souvent, les individus qui agissent séparément pour promouvoir leurs propres fins sont trop ignorants et trop faibles pour atteindre ces fins » [Keynes 1926]. De plus, il accorde un rôle fondamental à l'incertitude et à l'ignorance du futur dans la vie économique et sociale : « la plupart des maux économiques les plus grands de notre temps sont le fruit du risque, de l'incertitude et de l'ignorance ». Ces facteurs peuvent limiter la pleine utilisation des ressources productives et causer le chômage. Pour contrer les effets négatifs de l'incertitude il faut accorder un rôle plus important à l'État dans la régulation des activités économiques. Keynes prend l'exemple du rapport entre épargne et investissements. En raison de l'incertitude sur l'avenir, les entrepreneurs privés à la recherche du profit ne transforment pas toujours efficacement l'épargne en investissements. Si leurs attentes de gain sur le marché ne sont pas favorables, le volume des investissements peut être inférieur à celui nécessaire au plein emploi des ressources et du travail. Pour cette raison, Keynes conclut qu'il ne croit pas que « ces arguments doivent être laissés entièrement à l'arbitraire du jugement privé et des profits privés, comme ils le sont présentement ».

Dans la *Théorie générale* de 1936, Keynes adopte une perspective macroéconomique, les problèmes sont traités en termes de quantité globale (revenu, consommation, épargne, investissement). Selon lui, la théorie des prix néoclassique (qui est micro-économique par excellence) ne permet pas d'expliquer le chômage. Alors que l'économie néo-classique s'interroge sur la formation des prix des biens et sur la distribution des revenus, l'approche keynésienne porte sur les facteurs qui influent sur le niveau de la production et de l'emploi, étant donné un certain stock de capital, de travail et de technologie. Bien qu'opérant dans un cadre statique et de courte durée, Keynes prend donc ses distances à la fois avec les économistes classiques et néo-classiques. Ces derniers partagent la « loi de Say » selon laquelle l'offre crée la demande : quel que soit le volume de la production, la valeur de la demande est égale à celle des biens produits. Selon la logique de Keynes, le niveau de l'emploi dépend du niveau de la production, lequel dépend du niveau de la demande effective globale. La demande globale est commandée par ses deux éléments constitutifs : la consommation et l'investissement. Ce dernier provient du revenu épargné. La théorie traditionnelle suppose que l'épargne se transforme entièrement en investissement. Le mécanisme qui assure ce processus est le taux d'intérêt. Plus les taux sont élevés, moins il y a d'investissement, et inversement. Keynes réfute la thèse de l'égalité entre épargne et investissement. En réalité, celle-ci ne peut être donnée *ex ante* pour diverses raisons.

Tout d'abord, la propension à consommer diminue avec l'augmentation du revenu. Cela signifie que la part du revenu épargné augmente dans le temps. De plus, même en présence d'un faible taux d'intérêt, les investisseurs n'utilisent pas nécessairement toute l'épargne disponible. En effet, les entrepreneurs décident d'investir non seulement en fonction du taux d'intérêt, mais aussi et surtout en fonction de leurs attentes sur les rendements futurs de l'investissement. Si ces dernières sont négatives — autrement dit, si les entrepreneurs ne prévoient pas une hausse des ventes et des prix en mesure de garantir des profits — ils n'investiront pas, même en présence de faibles taux d'intérêt. La possibilité réelle de l'utilisation des ressources disponibles est donc moindre que celle nécessaire au plein emploi. Enfin, même si l'on admet que les travailleurs sont disposés à accepter une réduction de salaire, cela ne constitue pas nécessairement un avantage pour la reprise des activités économiques, comme le soutient la théorie classique. En effet, une baisse des salaires influe négativement sur la demande de consommation et renforce les attentes défavorables des entrepreneurs. Bien que reconnaissant que les salaires tendent à être rigides, parce que les travailleurs et les organisations syndicales s'opposent à la réduction des rétributions même en situation de crise économique, Keynes ne fonde pas son analyse sur cet aspect. Il veut démontrer que même en présence d'une flexibilité des salaires, le chômage peut être provoqué involontairement.

Ce raisonnement, résumé de manière très schématique, pousse Keynes à considérer que les remèdes suggérés par la théorie traditionnelle en cas de dépression — l'abaissement des salaires et des taux d'intérêt — déterminent en réalité un sous-emploi, une sorte de piège dans lequel le système économique risque de tomber, sans une intervention des pouvoirs publics. Tout en voulant préserver certains principes du libéralisme, Keynes préconise donc que l'État intervienne par une politique fiscale et monétaire favorisant la consommation. L'État doit surtout intervenir dans les situations où les attentes entrepreneuriales, liées au facteur d'incertitude, ne sont pas à même de garantir la traduction de l'épargne en investissement. La dépense publique doit servir à combler les différences et promouvoir le plein emploi.

Keynes légitime la politique que de nombreux gouvernements avaient, de fait, déjà expérimentée pour faire front aux problèmes de la Grande Dépression. En outre, il est un guide pour les actions futures que les économistes keynésiens affineront progressivement. Les nouvelles politiques économiques se caractérisent d'abord par le *deficit spending*, c'est-à-dire par le déficit public. En effet, la dépense publique est d'autant plus efficace qu'elle tend à stimuler une demande supplémentaire. Par conséquent, si elle n'était financée que par la pression fiscale, en maintenant l'équilibre budgétaire, elle se substituerait en réalité à d'autres dépenses privées qui ne se feraient pas à cause des impôts. La dette publique est donc importante pour encourager la demande dans une situation où celle-ci est inférieure à la capacité productive existante. Cette approche permet également de comprendre pourquoi les contenus de la dépense sont relativement indifférents par rapport aux objectifs. En d'autres termes, il est possible d'imaginer que l'État fasse creuser des trous aux chômeurs, non pour faire croître la capacité productive, mais pour augmenter la demande, à travers une hausse des revenus. Enfin, la propension à consommer diminue avec l'accroissement des revenus. Elle est donc moindre chez les groupes sociaux plus riches. Ainsi, contrairement à la théorie traditionnelle, la politique de redistribution de l'État (notamment sa politique fiscale) en faveur des groupes les plus pauvres de la population est justifiée car elle permet de stimuler la demande. Autrement dit, la redistribution peut être invoquée non seulement pour des raisons d'équité, mais aussi d'efficience du système économique

Des économistes influencés par les nouvelles idées commencent à se poser le problème de la croissance économique. L'un des premiers modèles les plus connus est celui « Harod-Domar », du nom des deux économistes qui, travaillant séparément, arrivent à des formulations similaires. Les modèles macro-économiques tentent d'estimer les conditions qui permettent de maintenir, dans le temps, l'équilibre entre la demande effective et l'augmentation de la capacité productive, étant donné certaines conditions comme la propension à l'épargne et la productivité du capital investi. Les pouvoirs publics peuvent favoriser la propension à l'épargne, à travers des politiques fiscales et de redistribution, ou la productivité du capital, en encourageant l'investissement dans des secteurs dont le rendement par unité de capital investi est plus élevé. Cela vaut à la fois pour les pays plus avancés et sous-développés. En effet, avec la diffusion de l'économie du développement, on prépare des modèles qui permettent de définir les interventions des autorités publiques nécessaires pour atteindre des taux de croissance du revenu national dans le temps. La modélisation macro-économique se lie étroitement à l'utilisation de l'analyse mathématique et des techniques statistiques affinées par l'économétrie. Cette approche permet d'établir des rapports d'interdépendance fonctionnelle entre les différentes grandeurs économiques (revenu, consommation, épargne, investissement) et de formuler des prévisions sur leur évolution dans le temps, à partir de conditions connues.

La « révolution keynésienne », les nouvelles études sur les formes de marché, la diffusion de l'économétrie sont autant de facteurs qui contribuent à redéfinir les rapports entre l'économie et la sociologie économique dans l'après-guerre. L'économie a tendance à récupérer le terrain qu'elle avait délaissé après le tournant néo-classique, sans pour autant abandonner certains éléments essentiels de ce modèle en termes de théorie de l'action. Elle tend désormais à se mesurer, avec de nouveaux instruments et une plus grande détermination, aux mutations concrètes qui caractérisent les systèmes économiques. De ce point de vue, la macroéconomie keynésienne s'impose comme instrument d'interprétation et comme guide du processus de développement, en particulier dans les pays les plus avancés, en fournissant les bases théoriques et les outils pratiques pour le « compromis historique » entre capital et travail.

4.2. Talcott Parsons et les nouvelles frontières

Dans les années où Keynes élabore sa *Théorie générale*, Talcott Parsons (1902-1979) expose sa conception du rôle de la sociologie dans une série d'articles parus dans le *Quarterly Journal of Economics*, puis dans *Éléments pour une sociologie de l'action* [1937]. D'après Parsons, les fins de l'acteur étant considérées comme des données, ne sont pas un objet d'étude pour l'économie, qui se concentre sur les rapports entre les buts et les moyens, en supposant que l'acteur choisit rationnellement les moyens pour parvenir à ses fins. On suppose que les individus définissent leurs propres fins indépendamment de leur interaction entre eux. Or, rien n'autorise à penser que les « fins ultimes des hommes doivent être automatiquement compatibles entre elles ». Si les facteurs qui introduisent des éléments de cohérence, de coordination et d'intégration entre les fins ne sont pas à l'œuvre, la société risque d'être « un simple chaos d'individus en conflit entre eux ». La solution au problème

« hobbesien » de l'ordre social se trouve moins dans la capacité du pouvoir politique à contrôler les intérêts individuels, ou dans l'hypothèse d'une intégration naturelle et spontanée des fins à la manière de Locke, que dans l'existence d'un ensemble de fins partagées, c'est-à-dire de valeurs communes qui orientent l'action. Le but de la sociologie est d'étudier la société comme un système gouverné par des valeurs.

Parsons est conscient des limites de l'économie néoclassique comme science empirique. En revanche, il défend sa validité scientifique en tant que discipline analytique, comme l'ont fait avant lui Menger, Pareto ou Weber (chapitre 1). Dans un essai, le chercheur américain passe en revue les travaux qui ont essayé de la confronter davantage à la réalité empirique, de manière à fournir une explication théorique totale des activités économiques concrètes, et les classe en deux courants. Le premier est l'« empirisme positiviste », qui s'est développé davantage dans le contexte anglo-saxon. Les recherches portent surtout sur les facteurs biologiques, l'« hédonisme psychologique » de Bentham qui fonde l'utilitarisme, la théorie des instincts de Veblen comme forces bio-psychologiques qui conditionnent le comportement. Plus généralement, ce courant débouchera sur le comportementalisme (le behaviourisme), c'est-à-dire sur des approches qui tendent à évaluer le rôle des valeurs et des normes sur le comportement de l'acteur. Le deuxième courant, l'« empirisme historiciste » ou « romantique », porte sur les facteurs idéaux et normatifs, notamment avec le concept d'« esprit du peuple ».

En définitive, Parsons rejette à la fois la solution institutionnaliste (à la Veblen) et historiciste. Dans les deux cas, en effet, la tentative de donner une explication théorique complète des activités économiques concrètes conduit à une science sociale encyclopédique, fondée sur des généralisations empiriques, qui n'est pas compatible avec l'idée que le sociologue américain se fait de la science : « Mon opinion [...] est qu'un empirisme total est en contradiction avec la science elle-même. L'essence de la science, la *compréhension* comme phénomène distinct de la simple reproduction photographique des phénomènes concrets, est la théorie et l'essence de la théorie est l'abstraction analytique. Quels que soient ses dangers, il n'y a pas d'autres voies » [Parsons 1935].

En somme, en tentant d'ajouter d'autres facteurs pour enrichir l'explication empirique du comportement économique, l'institutionnalisme et l'historicisme réduisent l'économie à une « branche de la sociologie appliquée ». Qui plus est, la sociologie deviendrait une sorte de « sociologie encyclopédique », une synthèse générale des connaissances sur la société. Selon ce schéma, un économiste se distinguerait des autres scientifiques du social uniquement par sa plus grande connaissance d'un secteur spécifique des activités humaines, celui de l'économie. Ce positionnement est erroné et anti-scientifique.

Parsons estime que la solution la plus convaincante est donnée par Durkheim, Pareto et Weber. Malgré leurs différences, ces auteurs conçoivent l'économie et la sociologie sur des bases analytiques et abstraites. La première doit être conçue comme une théorie analytique d'un facteur de l'action qui se fonde sur la « poursuite rationnelle de l'intérêt individuel ». En ce sens, la « théorie économique orthodoxe », c'est-à-dire l'économie néo-classique, a un espace qui lui est propre et qui ne doit pas être remis en question. Elle ne s'occupe pas des fins ultimes, mais du niveau intermédiaire de la chaîne des moyens et des fins et, par conséquent, du cours rationnel des moyens rares par rapport aux usages alternatifs. La sociologie doit également être conçue comme une théorie analytique des « valeurs ultimes partagées ». De ce point de vue, Parsons voit dans la « conscience collective » de Durkheim, dans les « actions non-logiques » de Pareto et dans l'éthique influencée par des valeurs religieuses de Weber des manières différentes de formuler le même fondement de la théorie sociologique comme étude de l'influence des éléments normatifs (valeurs et normes) sur l'action.

Parsons fait clairement la distinction entre le moment théorique — où chaque discipline approfondit son modèle d'analyse abstrait, en l'isolant des autres — et le moment de la recherche sur la réalité empirique concrète — où il faut au contraire sortir des frontières disciplinaires pour examiner comment divers facteurs se combinent ensemble. Dans le cas des activités économiques, il s'agit par exemple de vérifier comment les facteurs économiques et sociologiques s'intègrent. Parsons estime que la sociologie nord-américaine de l'époque est faible, parce qu'elle s'appuie surtout sur un « empirisme positiviste ». Il s'agit donc de faire pour la sociologie ce que l'économie a déjà fait avec la théorie néo-classique, un programme très proche de celui de Pareto.

Parsons a réussi à réorienter la sociologie vers la théorie générale. Son influence sur la sociologie américaine et internationale s'est accentuée après la Deuxième Guerre mondiale, suite à la publication de *Le système social* [1951]. Cependant, un effet important et en partie non intentionnel est d'éloigner la communauté sociologique de la sociologie économique. Celle-ci s'engage, avec ses auteurs classiques, dans un travail de combinaison entre divers facteurs — économiques et institutionnels — dans des modèles interprétatifs du capitalisme moderne et de son évolution. Désormais, l'attention se tourne vers la construction de la théorie générale et vers l'étude de thèmes isolés des autres facteurs (par exemple, la socialisation, le contrôle social ou la déviance). Même lorsqu'elle s'engage davantage sur le terrain empirique, la sociologie se développe dans des sphères plus éloignées de l'économie, souvent au niveau macro [Gouldner 1970 ; Granovetter, 1989]. Par contre, au niveau micro, la spécialisation disciplinaire tend à s'affirmer, avec le développement plus autonome d'approches qui faisaient autrefois partie intégrante de la sociologie économique classique, en particulier des études sur les organisations, de la sociologie du travail et des relations industrielles. Dans ces domaines, le processus de spécialisation disciplinaire débute avant la deuxième guerre mondiale et se développe entre les années quarante et cinquante. On peut notamment citer les études sur les organisations initiées aux États-Unis par Taylor dans les années 1910 ; les recherches sur le rendement du travail menées toujours aux États-Unis par Mayo dans les années trente et l'école des relations humaines ; la tradition anglaise d'études sur les relations industrielles qui remonte aux travaux de Sidney Webb et de son épouse ; la contribution de la sociologie du travail et de l'organisation française entre 1940 et 1950 (Friedman, Touraine, Crozier). Alors que dans la tradition originelle, ces aspects étaient liés à l'étude des systèmes économiques et de leur changement, dans la nouvelle situation, ce lien se relâche considérablement. Dans les chapitres suivants, nous ne ferons donc référence à l'organisation des entreprises et du travail et aux relations industrielles que dans la mesure où ces thèmes s'allient à l'analyse sociologique des phénomènes économiques au niveau micro et macro.

Bien qu'*Économie et société* [Parsons et Smelser 1956] renvoie jusque dans son titre à la tradition des classiques de la sociologie économique, il s'agit en réalité d'un travail d'une tout autre nature. L'objectif n'est pas d'ébaucher un modèle d'analyse pour interpréter le phénomène historique des origines et des transformations du capitalisme moderne. Il s'agit plutôt d'illustrer, en l'appliquant au cas de l'économie, la théorie des systèmes sociaux de Parsons. Selon cette théorie, la société est un système composé de parties interdépendantes (structures) qui, pour se reproduire, doivent remplir quatre fonctions fondamentales. L'économie représente la sphère d'activités associée aux fonctions d'*adaptation* qui visent à se procurer des ressources suffisantes en termes de biens et de services pour la reproduction de la société. Se faisant, l'économie interagit avec les structures politiques (qui exercent la fonction de *poursuite des fins*), avec les institutions qui motivent les individus en leur inculquant les valeurs et les normes, c'est-à-dire la famille, la religion, l'école (qui exercent une fonction de *latence*) et avec les structures qui assurent la stratification sociale, la distribution des récompenses et la prévention des conflits (fonction d'*intégration*).

Parsons et Smelser cherchent donc à éclairer les échanges complexes entre l'économie et les autres structures, en mettant notamment en évidence l'importance du système de latence pour la motivation au travail, mais aussi celle de l'économie, à travers le revenu, pour la reproduction des institutions et, en particulier, de la famille. D'autres échanges importants ont lieu entre la sphère économique — qui fournit des ressources cruciales pour la stabilité des structures étatiques — et l'État — qui en conditionne l'activité, notamment avec le contrôle du crédit. Bien que cette analyse soit intéressante pour souligner les interrelations entre l'économie et la société, elle souffre d'un degré d'abstraction élevé, d'une articulation conceptuelle complexe et d'un appareil classificatoire extrêmement compliqué car il tente de reproduire le schéma des différents impératifs fonctionnels à l'intérieur de chaque sous-système (même dans l'économie). Au lieu de relancer la sociologie économique et de contribuer à une intégration majeure entre théorie économique et sociologie, *Économie et société* reste donc un travail isolé, qui ne suscite pas l'intérêt des économistes et qui éloigne les sociologues de l'économie.

Chapitre 7

La modernisation et le développement des régions sous-développées

Avec la décolonisation et les mouvements d'émancipation des pays du « tiers-monde », de nombreux États indépendants se forment en dehors des frontières de l'Occident. Ces nouvelles unités politiques sont rapidement confrontées aux problèmes de la croissance économique et de la construction de structures institutionnelles adaptées. De plus, la constitution de deux blocs antagonistes au niveau international et le climat de « guerre froide » incitent les États-Unis et les puissances de l'Europe de l'Ouest à soutenir l'essor économique des nouveaux États, pour qu'ils ne tombent sous l'emprise de l'Union soviétique. Enfin, les nouvelles organisations internationales créées après la guerre (ONU, BIT, FAO, UNESCO, Banque Mondiale), dans lesquelles les États nouvellement indépendants sont représentés, s'engagent également à encourager l'essor des pays moins industrialisés.

De fortes exigences pratiques poussent donc les sciences sociales à s'intéresser au développement. Dans une période dominée intellectuellement par la « révolution keynésienne », l'intervention étatique et les aides internationales paraissent essentielles pour lancer le processus d'industrialisation. La sociologie du développement naît donc de la tentative d'intégrer le point de vue des économistes en soulignant l'importance des facteurs culturels et institutionnels.

Le premier courant, la *théorie de la modernisation*, met en valeur le rôle des facteurs socioculturels et politiques endogènes. Initialement, ces travaux partagent l'idée optimiste selon laquelle les pays les moins avancés devraient se rapprocher des États plus évolués. L'écart grandissant entre ces attentes optimistes et les difficultés rencontrées par les pays du « tiers-monde » donne lieu à une nouvelle orientation critique. S'appuyant sur l'expérience des pays d'Amérique du Sud, les chercheurs latino-américains élaborent la *théorie de la dépendance* qui met l'accent sur les conditionnements économiques exercés par les pays plus développés sur le changement des moins avancés, sans rendre compte de la pluralité des parcours de modernisation des pays du tiers-monde. Les nouvelles recherches se concentrent alors sur les pays de l'Est asiatique, caractérisés par un fort dynamisme économique. Cette nouvelle approche, qualifiée de *political economy comparée* attire surtout l'attention sur le rôle des institutions politiques dans le processus de modernisation, notamment à travers la comparaison entre les pays asiatiques et les pays d'Amérique Latine.

1. LA THÉORIE DE LA MODERNISATION

La sociologie américaine de l'après-guerre, ainsi que la science politique, sont fortement influencées par l'approche systémique de Talcott Parsons [1951]. Certaines études se concentrent sur les aspects culturels et structurels des sociétés traditionnelles ; d'autres se déploient dans le cadre de la science politique, attirant l'attention sur les problèmes politiques de la modernisation ; d'autres encore, inspirées de la psychologie sociale, insistent davantage sur le processus de formation de la personnalité moderne ; enfin, certains travaux de conception évolutionniste repèrent différents stades de développement qui préfigurent une voie vers la modernité, définie à partir de l'expérience historique des pays occidentaux. Au-delà de leurs divergences, ces études se rejoignent dans l'idée que les pays économiquement « arriérés » se caractérisent par un modèle de *société traditionnelle :* la tradition (au niveau culturel, structurel et individuel) représente l'obstacle qu'il faut absolument dépasser pour suivre le chemin de la prospérité et se rapprocher du modèle de la société moderne occidentale.

1.1. Les approches influencées par le structuro-fonctionnalisme

S'inscrivant dans la mouvance de l'école structuro-fonctionnaliste, les premières études sur la modernisation cherchent surtout à cerner les traits culturels et structurels des sociétés traditionnelles à partir des variables de Talcott Parsons. Bert Hoselitz [1960] et Marion Levy [1966] sont les premiers à s'orienter dans cette direction. Leurs travaux attirent surtout l'attention sur les orientations culturelles qui entravent le développement économique des sociétés traditionnelles. Ces dernières se caractérisent par la prépondérance des normes faisant dépendre les relations économiques de l'inscription sociale plutôt que du principe de prestation. Ainsi, les rôles économiques (comme certaines positions de travail) ou les biens et les services produits sont attribués en fonction des critères d'appartenance à un groupe déterminé (âge, sexe, famille, caste...) et non sur la base de l'aptitude à accomplir certaines tâches. Dans les sociétés traditionnelles le particularisme l'emporte sur l'universalisme : les acteurs économiques ou politiques ne s'évaluent pas d'après des critères qui ont une validité générale, ils changent avec les transformations des caractéristiques des acteurs eux-mêmes, appartenant à une famille, ethnie ou caste. En outre, les orientations culturelles dominantes n'encouragent pas la spécialisation. Des rôles faiblement spécialisés limitent la croissance de la productivité.

Levy s'attache aussi à la dimension cognitive des modèles culturels dominants. Dans l'orientation traditionaliste, l'action sociale et économique est tenue à respecter les routines traditionnelles, alors que dans les sociétés modernes, elle est ouverte au progrès de la science et de la technique, donc à l'innovation. La primauté des orientations normatives et cognitives présente dans le modèle idéal-typique de la société traditionnelle s'accompagne d'une situation de faible différenciation structurelle des principales sphères d'activité et d'une division du travail limitée à la fois entre les unités productives et en leur sein. Plusieurs études cherchent ainsi à mesurer empiriquement, à travers la construction d'indices (de croissance, d'urbanisation, d'alphabétisation, de participation politique...) la position des sociétés sur un axe allant de la tradition à la modernité.

Selon Hoselitz, une plus grande division du travail ne peut se développer convenablement sans l'affirmation de modèles de comportements rationnels et de critères universalistes permettant de sélectionner ceux qui doivent occuper des rôles très spécialisés. Ces critères doivent s'inspirer des principes de prestation, donc d'une évaluation des capacités, et non des principes traditionnels d'affiliation. Pour que le processus de développement s'amorce, il faut que les modèles culturels et les structures sociales se modernisent et se rapprochent des caractéristiques de rationalité, d'universalisme, de prestations et de spécificités fonctionnelles propres aux sociétés modernes de l'Occident. Mais quel est le point de départ de la modernisation ? Les sociologues du développement mettent l'accent sur la formation de nouvelles élites intellectuelles, politiques et économiques qui introduisent des innovations. Hoselitz insiste en revanche davantage sur la croissance de l'entrepreneurialité « par le bas », se référant à la théorie de la marginalité sociale de Simmel et de Sombart. Les individus qui occupent une position marginale dans la société seront plus portés à innover dans le domaine économique et engageront donc un processus de changement du contexte social traditionnel. La modernisation est interprétée comme une conséquence inévitable des contacts plus fréquents entre les sociétés modernes et traditionnelles [Lerner 1958 ; Levy 1966]. La multiplication des échanges entraîne la diffusion des aspirations à la modernité, c'est-à-dire des désirs de réaliser un niveau de bien-être économique et social comparable à celui des sociétés occidentales. Ces attentes sont surtout interprétées par les élites instruites.

Les auteurs qui se réfèrent au concept de « différenciation structurelle » [Eisenstadt 1964 ; Smelser 1968] développent quant à eux un modèle plus systématique. Dans la phase de transition, on passe des structures plurifonctionnelles à des structures plus spécialisées. Dans les sociétés traditionnelles, par exemple, les activités économiques sont très peu différenciées de la sphère familiale. Avec la modernisation, la famille perd ses fonctions économiques, les entreprises naissantes utilisent une force de travail salariée et produisent pour le marché plutôt que pour l'autoconsommation familiale. La spécialisation des structures économiques permet une division du travail plus importante et une production plus efficace. Ce processus de différenciation fonctionnelle provoque l'apparition de nouvelles classes sociales. Les familles étendues se réduisent, la famille nucléaire s'affirme et les contrôles sociaux traditionnels sur les choix individuels se relâchent. Le développement économique accroît la mobilité sociale, mine progressivement les anciennes croyances religieuses et génère de nouvelles demandes de participation politique.

L'affaiblissement des modèles culturels et des structures sociales traditionnelles provoque des tensions, des résistances et des conflits. En effet, par rapport aux processus de modernisation des sociétés occidentales, les rythmes et les séquences s'accélèrent [Germani 1971]. Plus la modernisation est rapide, plus les situations conflictuelles sont probables. Elles impliquent surtout les groupes sociaux exclus à la fois des formes d'intégration traditionnelles et des formes nouvelles d'intégration, comme les masses urbanisées et privées d'emploi stable. Plus l'accès des intérêts individuels au système politique est fermé, plus les risques de conflit et de radicalisation politique sont grands. Dans cette situation, les théoriciens de la modernisation préconisent l'intervention de l'État non seulement pour promouvoir les activités économiques et l'industrialisation, dans un contexte où les poussées entrepreneuriales par le bas sont insuffisantes, mais aussi pour contrôler les conflits provoqués par la modernisation. L'efficacité de l'État dépend de la capacité des nouvelles élites politiques à obtenir une forte légitimation, à travers des idéologies nationalistes qui se substituent aux anciennes croyances religieuses et forment un système de valeurs partagé par la population. En cas d'échec de cette option, du fait de la faiblesse des nouvelles élites ou de la résistance des élites traditionnelles au changement économique (réformes agraires) et politique (démocratisation), une alternative de type socialiste est probable.

Les aspects politiques du processus de modernisation ont attiré l'attention des chercheurs en science politique influencés par le structuro-fonctionnalisme. Certains ont formulé le concept de *développement politique*, entendu comme processus de différenciation des structures et de sécularisation de la culture politique [Almond et Powell 1966 ; Pasquino 1970]. Les problèmes de développement politique sont présentés et analysés en termes de défis, reconstruits à partir de l'expérience historique des pays occidentaux. Au cours de la modernisation, le nombre des défis que le système doit affronter peut varier. Le premier défi concerne la construction de l'État ou la nécessité des élites politiques de créer de nouvelles structures pour réguler les activités sociales et extraire des ressources pour le fonctionnement des institutions politiques. Le deuxième défi a trait à la construction de la nation et a une connotation culturelle. Il s'agit de favoriser la formation d'une identité nationale à travers le dépassement des orientations particularistes et localistes. Le défi de la participation est lié au processus de mobilisation de la population en réponse aux nouvelles demandes de participation politique à travers des processus de démocratisation. Enfin, le défi de la distribution se réfère à la capacité du système politique de programmer des mesures pour répondre aux demandes de plus grande égalité sociale.

Le type de solution qui est donné à chaque défi conditionne les possibilités de répondre efficacement au défi suivant. Les analyses suggèrent surtout que les difficultés rencontrées par les pays du tiers-monde proviennent de la tendance des différents défis à se superposer dans le temps, au lieu de se manifester selon des séquences plus longues et graduelles, comme dans le cas des sociétés occidentales. Ainsi, les pays en voie de développement doivent souvent affronter le défi de la participation et la crise, sans une identité nationale consolidée, sans une légitimité des élites politiques forte et sans une structure étatique solide. En outre, sous l'effet des mécanismes d'ouverture culturelle et de confrontation avec la situation des pays plus développés, les demandes d'égalité et de protection sociale augmentent, avant même que l'État ne soit en mesure d'extraire de l'économie nationale les ressources nécessaires pour y répondre. Les sociétés qui s'engagent dans la modernisation connaissent donc une forte conflictualité politique et une instabilité accrue.

1.2. La formation de la personnalité moderne

La théorie de la modernisation a aussi donné naissance à une série d'études influencées par la psychologie et la psychologie sociale : il s'agit de transformer la « personnalité de base » traditionnelle. Ces travaux se proposent d'expliquer le processus de changement en explorant les mécanismes de formation de la personnalité moderne. La première recherche qui introduit cette démarche est celle de Daniel Lerner [1958] sur certains pays du Moyen-Orient. À la différence des études précédemment évoquées, il s'agit d'une recherche empirique fondée sur des enquêtes de terrain avec des questionnaires utilisant des méthodes projectives. Lerner considère que le contact des sociétés sous-développées avec les sociétés occidentales stimule le changement et pousse les nouvelles élites vers la modernisation. Une fois qu'il est engagé, le processus de modernisation emprunte le chemin suivi par l'Occident et se présente avec la même séquence dans tous les continents, indépendamment de leurs différences originelles. Les aspects essentiels d'une telle séquence, mesurables avec une série d'indices, sont la croissance de l'urbanisation qui favorise l'alphabétisation, la diffusion des moyens de communication de masse qui encourage la propension à la mobilité, la diffusion d'une « personnalité mobile », caractérisée par la rationalité et l'« empathie » (c'est-à-dire par la capacité à s'identifier avec les autres et par le désir de leur être semblable en améliorant sa propre position). Ce processus s'accompagne enfin d'une plus grande participation économique (donc d'une croissance du revenu) et de la demande d'une participation politique plus étendue. Dans l'optique de Lerner, la formation de la personnalité moderne est essentiellement vue comme un processus de socialisation secondaire, dans lequel l'instruction et les moyens de communication de masse occupent un rôle fondamental puisqu'ils agissent comme des « multiplicateurs d'empathie ». Les études influencées par une approche psychologique accordent une plus grande importance au processus de socialisation primaire qui commence dès la naissance et engage surtout la famille. Selon David McClelland [1961], par exemple, le développement économique est déterminé par la présence d'une société composée de personnalités individuelles ayant un fort « besoin de réalisation » (*need for achievement*). Ce besoin de réalisation conduit à s'engager dans la profession au-delà des rémunérations purement monétaires, nourrit l'entrepreneurialité et, avec elle, le développement économique. Au moyen d'une recherche complexe portant sur de nombreux pays avancés et sous-développés, l'auteur montre que le besoin de réalisation se mêle aux caractéristiques particulières du processus de socialisation primaire. Les enfants ont tendance à avoir un besoin de réalisation élevé, quand leurs parents les encouragent, dès la petite enfance, à être autonomes et à avoir confiance en leur propres forces, et quand, dans le même temps, ils élèvent les niveaux d'attente relatifs à leur comportement.

La recherche menée par Everett Hagen [1962] sur différents pays est très proche de cette perspective. L'auteur met l'accent sur les mécanismes de socialisation primaire qui, dans le contexte traditionnel, découragent la formation d'une « personnalité innovante » au profit d'une « personnalité autoritaire ». Il s'agit d'un processus d'apprentissage qui combine une forte orientation protectrice et indulgente des parents, quand l'enfant est plus petit, à une éducation ultérieure très autoritaire, centrée sur le rôle paternel. De cette manière, l'enfant perçoit le monde extérieur comme quelque chose d'arbitraire, d'incontrôlable, et s'habitue à établir des relations humaines en termes d'acceptation a-critique de la hiérarchie sociale et de l'autorité. À l'inverse, dans les contextes modernes, le comportement des parents, semblable à celui décrit par McClelland, stimule chez l'enfant une « anxiété créatrice », une recherche de contrôle rationnel de la réalité, qui le pousse à s'impliquer intensément dans le travail. Ce mécanisme de socialisation contribue à la formation d'une personnalité plus ouverte à l'innovation et à l'entrepreneurialité.

Plusieurs années plus tard Alex Inkeles et David Smith [1974] contestent la thèse « psychologisante » selon laquelle la personnalité se construit essentiellement durant l'enfance. Grâce à une étude menée dans plusieurs pays du tiers-monde, ils cherchent à démontrer que la « personnalité moderne » — définie en termes d'ouverture à l'innovation, de rationalisation de la conduite, d'appréciation de l'éducation et de la technique... — tend à être façonnée par les expériences essentielles que sont la participation scolaire, l'emploi dans le secteur industriel, l'exposition aux moyens de communication de masse, la vie urbaine. Les auteurs en tirent la conclusion optimiste que la capacité des pays en voie de développement à valoriser le rôle de ces institutions (et, en particulier, celles qui influencent la culture de la population) peut avoir des conséquences importantes sur la personnalité et faciliter le passage vers la société moderne.

1.3. Les stades de développement et la convergence

The Stages of Economic Growth [1960] de l'économiste américain Walt Rostow représente certainement l'un des travaux les plus connus de la littérature sur la modernisation. Rostow élabore une classification des stades de développement plus détaillée et complexe que les taxinomies usuelles qui se limitent souvent à distinguer trois types de société : la société traditionnelle, de transition et moderne. Il repère cinq stades dans l'évolution des sociétés : la société traditionnelle, l'étape où s'élaborent les conditions pour le décollage industriel, l'envol économique, la poussée vers la maturité et la société de consommation de masse. Rostow s'intéresse tout particulièrement au stade de préparation et de décollage industriel. Il souligne que l'« intrusion » des sociétés plus développées dans celles moins avancées est un préalable nécessaire au démarrage de cette phase. L'intrusion peut se produire au sens littéral du terme, c'est-à-dire par une occupation militaire, mais aussi indirectement, à travers une plus grande ouverture à des contacts économiques et culturels. Cette intrusion provoque un choc qui ébranle la société traditionnelle. Le « nationalisme réactif » stimulé par l'intrusion de la société moderne enclenche un mécanisme de dépassement de la société traditionnelle. Les nouvelles élites politiques jouent un rôle fondamental pour établir, avec l'aide de l'État, les conditions nécessaires à l'envol économique, à travers une série de mesures concernant la transformation de l'agriculture, la formation d'un marché national, la création d'un système fiscal, l'investissement en infrastructures et en services, l'éducation. Ces conditions permettent d'affronter les problèmes complexes de la constitution de l'État et de la nation, et de légitimation de la classe politique.

Par rapport à l'expérience européenne originelle, le processus d'industrialisation des pays du tiers-monde comporte des avantages et des inconvénients. Parmi les avantages, l'accès aux nouvelles technologies procure de plus grandes ressources. Pour leurs projets d'investissement, les nouveaux États peuvent aussi compter sur des prêts internationaux à des prix plus avantageux que par le passé, quand les financements étaient exclusivement concédés par des structures privées. Par contre, en raison des progrès de la médecine, le taux de mortalité diminue, les pays doivent donc supporter le coût de l'explosion démographique. Le démarrage économique est rendu d'autant plus difficile qu'il exige une augmentation du revenu plus grande que celle des pays occidentaux. Ce facteur s'accompagne d'un chômage urbain important qui est source de tensions et de conflits politiques parce que les aspirations à la consommation sont plus grandes que par le passé et que la précarité de l'emploi génère des frustrations. Dans cette situation, la lutte contre les structures sociales traditionnelles devient plus difficile, ce qui peut inciter les élites intellectuelles à s'orienter vers des solutions de type communiste.

La classification des stades de développement de Rostow suppose donc que le chemin vers l'industrialisation implique des passages obligés du point de vue économique. Ce processus peut être réalisé avec des structures institutionnelles différentes. Il existe des voies diverses menant à l'industrialisation, notamment l'alternative entre le nationalisme et le communisme. Toutefois, une fois l'industrialisation consolidée, Rostow suppose une tendance à la convergence institutionnelle des sociétés industrielles, donc un rapprochement entre le système communiste et le capitalisme démocratique. L'idée de la convergence est encore plus présente et approfondie dans l'étude de Clark Kerr *et al.*, *Industrialism and the Industrial Man* [1960]. Selon ces auteurs, il existe une « logique de l'industrialisme », soumise aux contraintes de la technologie. On suppose qu'il n'existe qu'une seule technologie capable d'assurer des résultats économiques et productifs plus performants, ce qui incite les diverses sociétés à l'acquérir, en s'organisant du point de vue institutionnel de manière à l'exploiter au mieux. Il en résulte un encouragement puissant à la convergence institutionnelle. Celle-ci se manifeste par une réduction de l'espace de marché, là où il dominait, et par une diminution du contrôle de l'État sur l'économie et sur la société dans des contextes — comme celui du communisme ou du nationalisme — où un tel contrôle était plus fort. L'industrialisation déboucherait sur un « pluralisme » économique et social, caractérisé par l'augmentation des classes moyennes, la diminution du conflit social, la formation d'intérêts économiques et sociaux pluriels influençant le processus politique et l'atténuation des grandes idéologies rigides et totalisantes.

2. L'IMPÉRIALISME, LA THÉORIE DE LA DÉPENDANCE PERIPHÉRIQUE

À partir de la fin des années soixante, la théorie de la modernisation a été durement critiquée. L'optimisme sur les possibilités de développement des pays les moins avancés domine le climat de l'immédiat après-guerre. Les nouvelles conceptions économiques — qui privilégient l'intervention de l'État et la coopération internationale plutôt que le rôle du marché — contribuent à renforcer cette vision optimiste. Seules les études inspirées de la psychologie et l'ethnologie sont basées sur des enquêtes de terrain. Par contre, il n'y a pas de recherche comparée sur les processus concrets d'industrialisation des pays sous-développés. Les sociologues influencés par le structuro-fonctionnalisme — de même que Rostow, lorsqu'il ébauche ses stades de développement — tentent de définir, en théorie, les caractéristiques structurelles des sociétés traditionnelles et modernes, ainsi que les mécanismes du changement social. Ne disposant pas d'une base de recherche adéquate, ils finissent par recourir inévitablement à l'expérience historique des sociétés occidentales, tant pour définir (par contraste) la société traditionnelle, que pour ébaucher les mécanismes du changement.

L'idée optimiste d'un développement inévitable est fortement contredite par les expériences historiques des pays du tiers-monde qui, après une courte phase d'enthousiasme suscitée par la conquête de l'indépendance politique, rencontrent de sérieuses difficultés économiques et souffrent souvent de graves tensions sociales et politiques. Le développement n'est donc en aucun cas garanti. Il peut y avoir des « échecs » ou des « blocages » de la modernisation [Eisenstadt 1973]. La théorie de la modernisation est empreinte d'une vision « ethnocentrique » et évolutionniste des destins nationaux qui conduit à considérer l'expérience occidentale non seulement comme inévitable, mais aussi comme un modèle positif auquel les pays en voie de développement doivent se conformer pour améliorer les conditions de leur société.

Les premières études sur la modernisation conçoivent les sociétés traditionnelle et moderne comme modèles opposés l'un à l'autre, constitués par des éléments interdépendants. Leur faible fondement historique et empirique conduit à sous-évaluer la diversité concrète des sociétés traditionnelles, dont l'image finit par être reconstruite de façon inductive, par opposition aux caractères des sociétés modernes occidentales, notamment celles anglo-américaines. Les sociétés traditionnelles sont très différentes entre elles. Les valeurs orientées vers la réalisation et l'entrepreneurialité, ou les structures bureaucratiques qui fonctionnent d'après des critères universalistes, peuvent exister dans les sociétés pré-capitalistes. Par ailleurs, des valeurs traditionnelles et une différenciation structurelle réduite (comme dans le cas des activités économiques de la famille élargie) n'entravent pas nécessairement le développement des économies modernes, bien au contraire. Le changement vers la modernité d'un des éléments ne comporte pas nécessairement l'adaptation des autres, selon une séquence identique à celle des sociétés occidentales. En somme, il peut exister une « modernité sélective » [Bendix 1967] qui concerne les moyens de communication, la demande de consommation ou les structures militaires, mais elle ne peut s'étendre à la sphère productive ou au fonctionnement des institutions politiques. Des processus de modernisation de ce type sont fréquents et ne conduisent pas forcément à la modernité, telle qu'elle est définie par le modèle.

Le troisième aspect contestable de la théorie de la modernisation est l'idée selon laquelle les rapports avec l'extérieur sont bénéfiques pour les pays en voie de modernisation, parce qu'ils stimulent les forces endogènes du changement. Le contact avec les sociétés modernes serait un puissant solvant de la société traditionnelle. Sur le terrain proprement économique, Rostow insiste sur les avantages qui découlent de la diffusion technologique et des aides internationales. Mais cette approche néglige le fait que l'insertion progressive sur le marché international comporte aussi des contraintes pour le développement économique. Il est plus difficile d'engager un processus d'industrialisation que par le passé, parce que pour rivaliser avec les pays plus développés, il faut désormais un niveau d'investissement élevé, donc une accumulation du capital plus importante. Par ailleurs, les pays sous-industrialisés sont en général spécialisés dans la production de matières premières et de biens agricoles employant une main-d'œuvre peu qualifiée et bon marché. Ils finissent ainsi par exporter des produits à bas prix qui sont échangés contre des produits industriels coûteux fabriqués dans les pays industrialisés. Le capital nécessaire au développement ne peut donc se former, alors que la concurrence des industries déjà consolidées des autres pays met en crise les activités artisanales moins compétitives.

L'insertion dans l'économie internationale est source de problèmes qui sont signalés par une abondante littérature économique. L'approche de la dépendance reformule la problématique de l'impérialisme d'inspiration marxiste à partir d'une réflexion sur le développement manqué des pays latino-américains [Cardoso et Faletto 1967]. Elle l'étend ensuite à l'analyse des périphéries, dans le cadre de la théorie de l'« économie-monde » d'Immanuel Wallerstein [1974]. Toutes ces approches ont en commun l'idée selon laquelle la multiplication des contacts avec les pays industrialisés, au lieu de favoriser le développement comme le soutenaient les orientations « diffusionnistes », provoque une situation de sous-développement. Plus que de « retard » on devrait donc parler de « sous-développement » pour souligner que les difficultés des périphéries dérivent de leur exploitation par les sociétés centrales et de leur intégration dans le marché international, plutôt que de leur isolement.

Trois mécanismes détournent les ressources des aires périphériques au profit des aires centrales. Primo, l'insertion dépendante des pays du tiers-monde dans le commerce international et entraîne un « échange inégal ». En effet, les matières premières et les produits agricoles sont exportés à des prix plus bas comparés à ceux des produits industriels importés par les « métropoles ». Le deuxième mécanisme concerne la pénétration directe du capital étranger dans le secteur de la production des matières premières, dans l'agriculture et dans l'industrie des pays sous-développés. Les zones centrales exploitent donc les avantages d'un travail à plus bas coût pour la production de biens standardisés. Enfin, l'affaiblissement des conditions économiques provoque un recours croissant aux prêts internationaux qui comprime ultérieurement les ressources disponibles pour le développement.

Dans ce cadre, la théorie de la dépendance insiste sur le rôle négatif de la bourgeoisie nationale, soumise aux intérêts des pays centraux. Seule une intervention adaptée de l'État pourrait favoriser « par le haut » le processus d'industrialisation, en redéfinissant l'insertion dans la division internationale du travail. Mais contrairement à l'économie du développement d'orientation keynésienne, l'approche « dépendantiste » souligne que cette intervention étatique nécessiterait la sortie du cadre capitaliste et son remplacement par une planification rigoureuse de type socialiste Dans l'optique de Wallerstein, il devrait s'agir d'un socialisme international apte à gouverner l'économie-monde. Or, non seulement les principaux intérêts de la bourgeoisie entrepreneuriale, commerciale et terrienne sont contraires à un projet de développement autonome, mais face à l'instabilité sociale et politique générée par le développement dépendant, ils sont prêts à appuyer des solutions autoritaires, avec l'aide des militaires et des pays centraux, eux-mêmes intéressés par le maintien du *statu quo*.

Cette approche se limite simplement à renverser la précédente en faisant dépendre le sous-développement exclusivement de contraintes extérieures, n'est pas sans risque. Elle néglige en effet l'influence du contexte institutionnel intérieur des pays périphériques et ne prend pas suffisamment en compte la manière dont les facteurs internes offrent plus ou moins de ressources au processus de modernisation. De plus, elle ne permet pas d'évaluer correctement les différences spécifiques de parcours entre les pays du tiers-monde, qui deviendront de plus en plus évidentes au cours des décennies suivantes. Ces risques sont perçus par Cardoso et Faletto [1967], qui prônent une « analyse intégrée » du développement liant les contraintes externes et les facteurs institutionnels internes et accordant une place et une autonomie plus grandes aux acteurs politiques et à leur action.

3. LA SOCIOLOGIE HISTORIQUE DE LA MODERNISATION

Le modèle structuro-fonctionnaliste renvoie à un processus de différenciation structurelle. La recherche d'une plus grande efficience se manifeste par une plus grande spécialisation fonctionnelle des nouvelles structures. Le changement est vu comme un processus d'adaptation de la société (entendue comme un système d'éléments interdépendants) par rapport aux problèmes posés par l'environnement physique et social. Il est d'ailleurs possible de distinguer des types structurels plus ou moins évolués, en fonction du degré de différenciation structurelle, c'est-à-dire de la capacité d'adaptation et de contrôle des problèmes. Les sociétés modernes sont les formes les plus abouties de ce processus. Ces thèses ont généré trois sortes de critique. La première, de tradition fonctionnaliste, souligne que la différenciation ne comporte pas nécessairement une hausse de l'efficience parce qu'elle peut s'accompagner de problèmes d'intégration qui engendrent des phénomènes d'instabilité et de blocage de la modernisation. La deuxième conteste la possibilité de repérer des stades de développement reposant sur un degré majeur ou moindre de capacité d'adaptation [Granovetter 1979]. Pour établir une échelle de développement, il faudrait connaître à l'avance les problèmes environnementaux d'une société. Or la capacité d'adaptation mesurée à partir du degré de différenciation structurelle des sociétés plus développées ne peut être considérée dans l'absolu comme un objectif à atteindre par celles moins développées qui doivent se moderniser. En effet, rien ne permet d'affirmer que les problèmes à venir de ces dernières soient semblables aux problèmes affrontés avec succès par les pays déjà industrialisés. De plus, on ne peut se baser sur l'expérience du passé car les sociétés qui se sont le mieux adaptées et qui sont très différenciées ne sont pas nécessairement à même d'affronter dans l'avenir des problèmes et des obstacles divers des précédents. Il est donc impossible d'établir une hiérarchie du progrès ou des stades de développement d'après les caractéristiques structurelles de chaque société. Ce postulat est d'ailleurs partagé par la biologie moderne qui exclut que l'on puisse indiquer en général les caractéristiques d'une espèce qui la rendent plus adaptée à la survie et enquête plutôt sur les conditions du milieu qui favorisent l'adaptation d'une certaine espèce dotée de caractéristiques particulières. Il n'y a donc pas qu'un seul parcours de développement, l'évolution peut être multilinéaire.

La troisième critique met en discussion l'idée selon laquelle il est possible d'établir des séquences évolutives à partir des expériences historiques précédentes. Cette idée suppose une conception de la société comme système clos et cohérent, comme organisme dont l'état futur peut être prévu d'après ses caractéristiques structurelles du moment. Or, le changement n'est pas seulement un processus endogène d'adaptation. Il est déterminé par les rapports entre la société et un environnement extérieur qui change continuellement avec le développement historique et qui impose donc à chaque société des contraintes et des opportunités différentes de celles du passé. Les stimulants provenant de la modernisation ne sont ni entièrement positifs, comme le soutiennent les théoriciens de la modernisation, ni entièrement négatifs, comme le prétendent les théoriciens de la dépendance. Les premiers négligent le fait que le milieu extérieur puisse provoquer, dans les sociétés en voie de développement, des réactions internes qui ne suivent pas obligatoirement l'expérience passée des sociétés occidentales. Les seconds sont particulièrement attentifs aux obstacles économiques qui découlent de la division internationale du travail, mais perdent de vue les facteurs endogènes. La mutation est au contraire un processus complexe, dans lequel s'entremêlent d'un côté des conditionnements économiques, politiques, culturels extérieurs, ainsi que des événements contingents comme les guerres et, de l'autre, les caractéristiques internes d'une société donnée. Parmi ces dernières, il convient d'accorder une importance particulière non seulement aux poussées vers une plus grande efficience provenant de l'économie, mais aussi au rôle des élites intellectuelles, aux processus de mobilisation politique, à l'intervention de l'État. Cette approche s'attache surtout aux acteurs qui introduisent le changement, à leur identité et à leurs intérêts.

Les critiques adressées à la théorie de la modernisation des pays sous-développés sont généralement issues de l'étude comparée du processus de modernisation des sociétés occidentales et, en particulier, européennes [Bendix 1964, 1978 et Moore 1966]. Cette approche cherche à saisir comment les processus d'industrialisation économique et de démocratisation politique se combinent avec l'expérience des États-nations. La diversité des parcours politiques qui accompagnent l'essor industriel suscite de multiples interrogations. Pourquoi, par exemple, la croissance industrielle et la démocratie politique ont-elles avancé simultanément en Angleterre et aux États-Unis, alors que dans d'autres pays, comme en Allemagne, en Italie et en Russie, le développement économique a traversé des régimes politiques totalitaires (le fascisme, le nazisme ou le communisme) ?

Pour répondre à ces questions, on est amené à dépasser les grands modèles interprétatifs, formulés par les auteurs classiques de la théorie sociale. Sensible au caractère complexe et multilinéaire du processus de modernisation, cette approche peut être synthétisée en soulignant trois principaux aspects.

1. Il n'y a pas un parcours unique, linéaire et nécessaire de modernisation. La situation de départ, l'évolution et les issues du processus sont différenciées. À travers l'analyse comparée, il est possible d'esquisser des types idéaux (au sens webérien du terme) permettant de relier théorie et recherche et de formuler des hypothèses causales.

2. Le parcours de modernisation est influencé par des facteurs exogènes et par des événements contingents comme les guerres. Ces facteurs ne sont pas uniquement de nature économique, mais aussi de nature politique et culturelle. Les pays « les premiers arrivés », par exemple, ont tendance à agir sur l'expérience de ceux qui sont en retard.

3. Le processus de modernisation dépend en grande partie du type de réponse aux défis extérieurs consentis par les facteurs endogènes. Ces derniers ne sont pas compréhensibles au moyen du concept générique de société traditionnelle. La société préindustrielle se caractérise par des combinaisons différentes d'éléments culturels et institutionnels à la fois traditionnels et modernes. L'influence de ces éléments doit être évaluée en repérant les groupes sociaux concrets, leurs alliances et leurs conflits, c'est-à-dire en prêtant attention aux acteurs historiques de la modernisation.

4. LA NOUVELLE *POLITICAL ECONOMY* COMPARÉE

Dans les années 1970 et 1980, le cadre des expériences de développement des pays du tiers-monde est devenu plus disparate. Les difficultés rencontrées par les pays nouvellement créés n'ont pas disparu et, dans certains cas, surtout dans le continent africain, elles se sont même aggravées. Par contre, dans d'autres régions, comme en Amérique Latine et dans l'Est asiatique, le processus de développement économique s'est accéléré. Cette trajectoire hétérogène a conduit à la remise en cause de la théorie de la modernisation et de celle de la dépendance. Ces deux approches tendaient à présenter la réalité des pays moins avancés de façon homogène, même si les uns formulaient une hypothèse optimiste quant aux possibilités de développement, tandis que les autres partageaient une perspective plus pessimiste. Aucune de ces deux théories n'apparaissait donc en mesure de rendre compte de la différenciation croissante des processus de changement. Cette hétérogénéité des parcours de développement a encouragé de nombreux chercheurs à utiliser les comparaisons entre un nombre limité de cas pour mieux appréhender les phénomènes de dynamisme, de stagnation ou de récession. Beaucoup d'études ont donc confronté entre eux les pays de l'Est asiatique, d'autres se sont concentrées sur les États d'Amérique Latine, d'autres encore ont comparé les pays de ces différents contextes. C'est ainsi qu'a pris forme une approche qualifiée de « nouvelle *political economy* comparée » [Evans et Stephens 1988].

Les facteurs extérieurs — et notamment la dimension géopolitique — sont considérés par la *political economy* à la fois comme des opportunités et des obstacles. L'aptitude à faire prévaloir les aspects plus favorables au développement ou à transformer les contraintes en ressources dépend du rôle de l'État, de sa capacité à contrôler et à « négocier » les liens internationaux. C'est donc sur cette base que l'on explique le succès des stratégies d'industrialisation des pays asiatiques [Deyo 1987] par rapport à ceux latino-américains, ainsi que les différences entre les États [Gereffi et Wyman 1990]. Le rôle de l'État consiste à garantir le succès d'une stratégie d'industrialisation et, plus généralement, à faire fonctionner efficacement le marché. Le soutien de l'État ne s'exerce pas toujours efficacement. Il suffit de rappeler les graves problèmes qui affectent le continent africain [Bates 1982].

Des structures bureaucratiques évoluées et efficace, portées par un appareil central efficient, sont indispensables pour négocier avec les intérêts extérieurs, pour assurer le développement industriel intérieur et pour contrôler les intérêts sectoriels et catégoriels. La présence d'un leadership politique favorable au développement et largement autonome des intérêts économiques et sociaux est également essentielle. Seul l'isolement institutionnel des élites étatiques par rapport aux intérêts privés offre à l'État la possibilité de jouer un rôle d'orientation stratégique sans subir le poids des différents intérêts. Ces derniers sont soit insérés dans le processus décisionnel sous une forme dépendante, comme c'est souvent le cas des intérêts patronaux et industriels, soit exclus des décisions, comme cela advient généralement pour la classe ouvrière et populaire. Dans la *political economy* comparée, les facteurs et les conditionnements extérieurs économiques et politiques revêtent une grande importance. L'influence américaine, par exemple, liée aux problèmes géopolitiques de la confrontation avec l'URSS, a facilité le développement de certains pays asiatiques, alors qu'elle a joué un rôle moins favorable en Amérique Latine. La capacité stratégique de l'État dépend à son tour de la formation de coalitions d'intérêts économiques et sociaux qui favorisent ou non l'autonomie des élites politiques. L'efficience de l'appareil central dépend aussi des traditions culturelles qui assurent la légitimation de la classe dirigeante et des traditions institutionnelles.

Les pays où le processus d'industrialisation atteint les résultats les plus satisfaisants sont associés à des structures étatiques plus efficaces, mais aussi plus autoritaires, qui se déploient dans un contexte ouvert d'économie de marché capitaliste, avec une orientation idéologique et politique dirigiste. Il reste à voir dans quelle mesure cette hypothèse sera confirmée par l'expérience d'autres pays. Pour l'heure, il n'est pas possible d'évaluer si, en cas d'industrialisation réussie, il y aura plus ou moins de pressions et de développements significatifs vers un renforcement de la démocratie politique ou si, au contraire, les modèles autoritaires et dirigistes sur le plan économique, avec un État social très réduit, persisteront.

5. CIVILISATIONS ET DÉVELOPPEMENT

La recherche sur le « capitalisme asiatique » et sur le Japon de Hamilton [1994] part de certaines caractéristiques spécifiques du rôle de l'État dans l'économie, et surtout des formes d'organisation de l'activité productive et des relations de travail. Dans le capitalisme occidental, l'entreprise a une identité forte, une structure organisationnelle aux frontières clairement délimitées et renforcées par des normes juridiques. Le système capitaliste asiatique est au contraire caractérisé par une entreprise faible, insérée dans de puissants réseaux, avec des relations qui ne sont pas seulement financières ou juridiques, mais qui incluent aussi les liens personnels, familiaux et communautaires. Dans les relations de travail, les rapports de type contractuel et impersonnel caractéristiques de l'expérience occidentale sont remplacés par des formes d'identification communautaire dans l'entreprise, avec des modèles de syndicats d'entreprise (là où ils sont présents).

Hamilton estime que les institutions économiques et politiques ne peuvent être exclusivement envisagées comme des variables visant à définir l'autonomie et la capacité stratégique de l'État. Des caractères plus généraux mettent en cause les modèles de légitimation du pouvoir politique et économique. Ils renvoient à des visions du monde dont la matrice originelle garde l'empreinte des grandes religions. Pour ce qui est du capitalisme asiatique, par exemple, le rôle du confucianisme est primordial. La sphère d'influence d'une grande religion délimite le domaine d'une civilisation, entendue comme un ensemble de sociétés partageant certains traits culturels et institutionnels. Les images du monde, les principes, les valeurs orientent l'action, mais n'en déterminent pas l'issue. Des « trajectoires de développement » fournissent des cadres de référence dans lesquels se définissent les différents intérêts matériels et idéels qui, à travers leurs conflits, déterminent ensuite le développement historique. Comme Weber l'avait déjà pressenti, le confucianisme constitue un cadre de référence culturel qui s'oppose au développement capitaliste, mais qui fournit dans le même temps des ressources importantes pour s'y adapter.

Hamilton souligne les obstacles qui gênent la pleine affirmation de l'autonomie individuelle, tant dans le domaine économique que politique, et l'obligation culturelle d'appartenir au réseau familial, parental, communautaire, voire politique plus large. Les rapports d'autorité sont déterminés en fonction d'une vision harmonieuse du monde, où la position de l'individu est définie par la contribution attendue au maintien d'une telle intégration. Ce cadre permet de mieux comprendre à la fois les formes de légitimation du pouvoir politique et les caractéristiques de l'organisation productive fondée sur les réseaux et des relations de travail communautaires. Dans l'approche des théoriciens de la modernisation, ces éléments « traditionnels » freinent le développement. Paradoxalement, ils deviennent une ressource cruciale pour le dynamisme économique qui suscite l'intérêt du monde occidental et encourage les tentatives d'imitation.

L'expérience asiatique conduit à renoncer à l'idée selon laquelle la diffusion du capitalisme en dehors de l'Occident et les processus croissants de globalisation de l'économie préfigurent l'avenir d'une civilisation mondiale unique. L'essor d'une économie globale ne s'accompagne pas d'une plus grande uniformité institutionnelle, mais plutôt d'une différenciation des processus de modernisation, alimentée par le cadre de référence des diverses civilisations, qui offre des ressources institutionnelles variées pour s'adapter aux défis de l'économie mondiale (voir le chap. 10).

Malgré un cheminement différent et un long parcours intellectuel qui le place parmi les protagonistes des premiers développements de la théorie de la modernisation, Shmuel Eisenstadt [1994] parvient aux mêmes conclusions que Hamilton. Partant des critiques de l'approche structuralo-fonctionnaliste, Eisenstadt est convaincu que l'on ne peut renoncer au concept de modernisation, mais qu'il faut le redéfinir en se rapportant aux intuitions et aux analyses de Weber sur les dynamiques internes des différentes civilisations. Il engage donc un programme de recherche visant à une analyse comparée des civilisations. Les élites intellectuelles et politiques sont des entrepreneurs institutionnels qui se confrontent et s'affrontent pour redéfinir l'organisation d'une société à partir de ses cadres de référence culturels et religieux. Les diverses civilisations proposent des manières différentes d'interpréter l'ordre social, d'après des visions du monde liées au rapport entre la réalité humaine et transcendante. Des « hétérodoxies », des domaines d'interprétation et de redéfinition culturelle peuvent être exploités par les élites en vue de former des coalitions, d'alimenter les processus de mobilisation et de protestation, donc de modeler les différentes sphères institutionnelles et le changement social face aux défis extérieurs et intérieurs. Toutefois, Eisenstadt s'est surtout intéressé au passé, à la recherche des cadres de référence originels des diverses civilisations. Le lien entre les processus de modernisation contemporains et les caractères spécifiques des différentes civilisations reste encore à établir. Il est encore trop tôt pour affirmer que cette approche sera poursuivie de manière significative dans l'avenir. Pour Ronald Dore [1990], la légitimation de l'autorité, la confiance interpersonnelle, l'engagement dans le travail, l'intérêt pour la technologie sont plus ou moins encouragés par les orientations culturelles.

Cette approche permet de mieux saisir les raisons du succès des pays asiatiques, en allant au-delà des résultats de la *political economy*. L'interprétation du « capitalisme asiatique » exige de reconsidérer les dimensions culturelles et les motivations des acteurs. Ces dernières permettent également d'interpréter les difficultés des pays de l'Europe orientale et de la Russie, après la chute des régimes communistes [Sztompka 1996 ; Offe 1995]. En définitive, on assiste à un regain d'intérêt pour la dimension culturelle qui était au centre des premières études, et qui avait fini par être indûment rejetée par les critiques en raison de la manière dont elle était traitée dans ces travaux. Aujourd'hui, cette variable tend à être reconsidérée comme un élément nécessaire, bien qu'insuffisant, pour une approche plus ouverte et complexe de la modernisation et de ses cheminements.

Chapitre 8

La *political economy* comparée

Au cours de la décennie 1970, les instruments de l'économie keynésienne, qui avaient acquis une influence considérable sur le plan théorique et pratique, semblent en effet moins à même de fournir une interprétation adéquate de la phase de récession des pays plus industrialisés. Alors qu'ils semblaient pratiquement éradiqués — ou tout au moins contrôlés — dans les années de forte croissance, l'inflation et le chômage réapparaissent avec une virulence inattendue. Cette nouvelle situation provoque un regain d'intérêt des chercheurs pour les facteurs institutionnels, en vue de comprendre les nouveaux problèmes et de suggérer des solutions. Les sociologues et les politologues commencent donc à parler de crise, ou mieux de déclin, de l'« État social keynésien » et s'interrogent sur les origines de ce phénomène, ainsi que sur la manière dont les pays les plus industrialisés font face aux nouveaux défis. La comparaison entre les divers États nationaux s'affirme comme une méthode particulièrement utile pour déterminer comment les facteurs institutionnels agissent sur les tensions économiques et sociales émergentes, et quelles sont les réponses apportées. On assiste donc à une reprise de la sociologie économique comme *political economy* comparée. L'expression anglaise *political economy* est difficilement traduisible en français. Sa traduction en « économie politique » implique une identification trompeuse avec l'économie comme discipline et trahit le sens de l'expression anglaise. En anglais, on utilise le terme *economics* pour désigner l'économie comme discipline et *economy* pour indiquer les activités économiques concrètes. Le terme *political* souligne que l'on cherche à mettre en évidence comment des facteurs politiques, entendus au sens large (pratiquement comme synonyme de facteurs institutionnels), influencent les activités économiques et, plus généralement, interagissent avec elles.

Au départ, la recherche s'intéresse surtout au problème macroéconomique de l'origine et du contrôle de l'inflation dans l'Occident industrialisé. Par la suite, dans les années quatre-vingt, cette approche combine les aspects macro et microéconomiques. Ce changement d'objectif provoque une sorte d'hybridation entre la *political economy* comparée et la sociologie économique. Il s'agit d'analyser, au niveau micro, les évolutions de la grande entreprise de la production de masse, les transformations du modèle d'organisation « fordiste » et l'émergence de nouveaux modèles de production flexible. Dans ce chapitre, nous nous occuperons de la *political economy* comparée, tandis que dans le suivant, nous examinerons la nouvelle sociologie économique au niveau micro. Enfin, dans le dernier chapitre, nous considérerons les tentatives plus récentes de combiner les deux approches à partir d'une problématique de recherche centrée sur la variété des capitalismes.

1. ASCENSION ET DÉCLIN DE L'ÉTAT SOCIAL KEYNESIEN

Le « keynésianisme de la croissance » [Skidelsky 1996] consiste à utiliser l'intervention étatique et la dépense publique non plus pour remédier aux dépressions, mais pour soutenir l'essor économique. Un autre courant insiste sur l'utilisation de la dépense publique pour consolider le consensus à travers la diffusion massive des programmes de *welfare*, indépendamment du cycle économique et de la situation de l'emploi. C'est en référence à ces deux phénomènes que l'on parle d'« État social keynésien », entendu comme une intervention publique qui s'éloigne des conceptions originelles de Keynes [Regini 1991].

L'idée de fond est que les politiques fondées sur le soutien de la demande permettent non seulement d'éviter les récessions, mais aussi de favoriser sur le long terme le développement des ressources productives. Dans cette version du keynésianisme, l'essor économique dépend de la croissance des investissements, lesquels engendrent à leur tour une hausse de la production et de la productivité. Il s'agit donc de soutenir les investissements par une politique de la demande, même en présence du plein-emploi. Comme le note Shonfield, cette conception de l'économie s'accompagne, sous diverses formes, de l'idée d'une planification des objectifs, notamment à travers le crédit destiné à accroître les investissements dans certains secteurs, la formation de grandes entreprises capables de réaliser de fortes économies d'échelle, ou encore l'intervention directe d'entreprises publiques. Cette tendance très générale varie cependant d'un pays à l'autre et se manifeste plus distinctement dans les États qui adoptent des politiques dirigistes, comme la France et le Japon, ou qui font un large usage de l'entreprise publique, comme l'Italie.

Des différences significatives émergent en ce qui concerne les politiques plus traditionnelles de soutien de la demande. Dans le « keynésianisme faible », l'intervention publique (à travers la politique fiscale et monétaire) reste proche de l'inspiration keynésienne originelle et se limite à stabiliser le cycle économique en encourageant la demande dans les moments de récession et en la ralentissant en cas de plein-emploi des facteurs productifs. Les politiques économiques s'approchent donc du *stop and go*, avec l'alternance de manœuvres expansives (stimulation de la demande) et récessives (freinage de la demande). La dépense sociale est généralement moindre. Les États-Unis de la fin des années soixante-dix représentent un bon exemple de ce modèle. Le « keynésianisme fort » se caractérise au contraire par un engagement plus déterminé à défendre plein-emploi et croissance économique en financant une hausse plus importante de la dépense sociale. La Suède et les autres pays scandinaves sont emblématiques de ce modèle. Les deux idéaux-types se différencient par leur système de représentation des intérêts et par la composition politique de leurs gouvernements. Le keynésianisme fort est généralement associé à des syndicats plus puissants et centralisés, à des relations industrielles plus institutionnalisées et à des gouvernements avec une présence stable des partis de gauche, engagés non seulement sur le terrain du plein-emploi, mais aussi sur celui de la diffusion du *welfare*. Dans les premières années d'après-guerre, des pays expérimentent des politiques de planification plus dirigistes. Dans ces cas, les secteurs économiques — et en particulier le secteur industriel — sont réglementés et orientés sans augmentation de la dépense dans le domaine social, comme dans le modèle du keynésianisme fort. En France et au Japon, l'intervention de l'État dans l'économie s'accompagne d'une grande autonomie accordée aux élites technocratiques.

1.1. La croissance des systèmes de protection sociale

L'État social keynésien se caractérise évidemment par la forte croissance des politiques de *welfare*. Les premières interventions en matière de protection sociale remontent à la fin du XIXe siècle et connaissent des développements ultérieurs dans l'entre-deux-guerres. Après la Deuxième Guerre mondiale, les dépenses publiques de protection sociales augmentent, se diversifient et bénéficient à une part croissante de la population. Au début des années 1970, les assurances contre la maladie et la vieillesse couvrent plus de 90 % de la population active de l'Europe occidentale, les assurances contre les accidents de travail concernent en moyenne quatre actifs sur cinq et celles contre le chômage deux actifs sur trois [Albert 1982]. En 1950, la dépense sociale moyenne des pays de l'Europe occidentale ne dépasse pas 5 % du produit intérieur brut. En 1974, elle atteint 13 % du PIB.

Une vaste littérature tente d'expliquer la hausse tendancielle des programmes de sécurité sociale. Au début des années soixante, certaines analyses très générales soulignent que la demande des classes subalternes débouche sur une reconnaissance progressive des droits civils, politiques et sociaux [Marshall 1964 ; Bendix 1964, 1978]. La protection contre la maladie, les accidents de travail, la vieillesse, le chômage, et un accès équitable à l'éducation, sont de plus en plus revendiquées au nom des « droits de citoyenneté ». En polémique avec Marx, Bendix estime que les revendications des classes économiquement dominées expriment des besoins de reconnaissance sociale et politique, plus qu'économique. À travers l'analyse comparée, il montre que le degré d'ouverture du système politique est un facteur important. Là où le système politique est plus ouvert et plus disposé à canaliser les nouvelles demandes, comme dans le cas anglais, celles-ci se développent graduellement, sans remettre en cause les institutions démocratiques. En revanche, lorsque la tradition institutionnelle et les classes sociales dominantes s'opposent à la reconnaissance des nouveaux droits des classes inférieures (qui se forment et se mobilisent avec le processus d'industrialisation), les contestations de l'ordre établi sont plus importantes.

Les théoriciens néo-marxistes offrent une autre explication de l'État-providence [O'Connors 1973 ; Habermas 1973 ; Offe 1972] en mettant l'accent sur les exigences fonctionnelles de reproduction du capitalisme qui poussent l'État à étendre son rôle dans le domaine économique et social. L'augmentation des programmes de protection sociale répond à la nécessité de soutenir les mécanismes d'accumulation du capital tout en préservant le consensus et la légitimité des institutions politiques. Les « investissements sociaux », le financement des infrastructures et la promotion de la recherche augmentent la productivité du capital et les « consommations sociales », les dépenses pour la santé, l'éducation et l'habitat diminuent les coûts de reproduction du travail. L'accroissement ininterrompu des dépenses sociales doit donc s'analyser comme un processus de légitimation qui débouche nécessairement sur une crise « financière » de l'État-providence.

Les explications de Marshall, Bendix ou des néo-marxistes ont pour principal défaut d'être très générales et de ne pas permettre de comprendre pourquoi les dépenses sociales et les modèles institutionnels diffèrent selon les pays. Certaines études comparatives [Flora et Heidenheimer 1981, Alber 1982] contestent l'importance des facteurs « socio-centriques » comme la mobilisation des classes populaires, les exigences de l'économie capitaliste ou le niveau de croissance [Wilensky 1975]. Elles montrent que ces facteurs ont un impact différent sur les temps, l'extension et les modalités des politiques sociales, en fonction des variables politico-institutionnelles. Pour parvenir à une analyse plus fine des différents modèles d'organisation adoptés par les pays capitalistes, il convient donc d'examiner attentivement d'autres variables : la culture des élites administratives et les traditions de politiques publiques héritées du passé [Ferrera 1993].

La mobilisation des classes populaires a une incidence décisive sur l'évolution générale des institutions. Avec le développement capitaliste, ces classes se libèrent progressivement des formes traditionnelles de protection sociale liées aux réseaux de réciprocité familiale et communautaire. Dans son analyse, Alber [1982] souligne le rôle joué par les organisations politiques représentant les travailleurs. C'est à la suite de leur apparition à la fin du XIXe siècle que les premières assurances obligatoires commencent à voir le jour. Dans les régimes autoritaires, comme l'Allemagne de Bismarck (mais aussi en Autriche et en Italie), les programmes de protection sociale s'affirment en tant que réaction des élites conservatrices défiées par les nouvelles forces et cherchant à accroître leur légitimité. Dans les régimes parlementaires, en revanche, le processus est retardé, notamment du fait de la résistance des partis ouvriers eux-mêmes qui se méfient de l'extension de l'intervention étatique. Si la naissance des systèmes d'assurance en Europe peut être considérée comme venue « par le haut », dans l'entre-deux-guerres ce seront surtout les pays où les partis des travailleurs sont forts et participent au gouvernement qui enregistreront les développements les plus significatifs. Après la Deuxième Guerre mondiale, cette tendance se confirme, même si elle se manifeste moins nettement. Les nations dans lesquelles les partis ouvriers ont été le plus longtemps au gouvernement ont dépensé davantage en matière de politique sociale et ont introduit des programmes de protection sociale plus étendus. Mais tous les pays, sans exception, connaissent une expansion des interventions sociales de l'État, sous la forme d'assurances obligatoires nationales valables pour toute la population résidente. Dans la période d'après-guerre, le processus est donc soutenu par des forces politiques différentes et, en particulier, par les partis centristes d'inspiration catholique.

À la suite des travaux de Richard Titmuss [1974], repris et approfondis par Esping-Andersen [1990], il est courant de distinguer trois types-idéaux d'État-providence. Le premier modèle, défini comme « institutionnel-redistributif » couvre les principaux risques de la population nationale sur la base de la reconnaissance des droits sociaux comme éléments constitutifs du principe de citoyenneté. Ce modèle s'inspire de la réorganisation du système anglais dans les années quarante, sur la base du « Rapport Beveridge », du nom d'un économiste et administrateur britannique connu pour son plan de réformes des assurances sociales (1941). Il comporte des programmes publics qui fournissent des bénéfices uniformes à tous les citoyens, d'après un critère universaliste. Il prévoit aussi des transferts monétaires importants en matière de services (souvent dans les domaines sanitaire, social et éducatif) et un financement principalement fiscal plutôt que contributif, lié à la profession. Les pays qui s'apparentent le plus à ce modèle sont surtout ceux de l'Europe du Nord — Suède, Norvège et Danemark — où l'existence d'un fort mouvement ouvrier et la présence prolongée de la gauche au pouvoir font du système de protection sociale un pilier de la stratégie visant à réduire les inégalités sociales à travers la redistribution de l'État.

Dans le type idéal « résiduel », opposé au précédent, la protection sociale publique vise à couvrir les besoins d'une couche de la population particulièrement nécessiteuse. L'État doit prémunir les plus pauvres contre les risques qui ne sont pas couverts par le marché, par la famille ou par des formes d'actions volontaires. Les programmes sont très sélectifs et la dépense sociale modeste. Un exemple classique de ce modèle est le *New Deal* de Roosevelt en 1933, repris dans les années soixante, dans un contexte marqué par l'idéologie libérale, par la moindre force du mouvement ouvrier et par l'absence de parti socialiste. Hormis les États-Unis, les pays proches de ce modèle « libéral » sont le Canada, l'Australie et, plus récemment, la Grande-Bretagne qui, dans les années cinquante, était plus proche du modèle « social-démocrate ».

Enfin, il convient de considérer le modèle « rémunérateur » de Titmuss, que Paci [1982] qualifie de « méritocratique-corporatif » et Esping-Andersen [1990] de « conservateur-corporatif ». Ici, la protection sociale contre les principaux risques ne se fonde pas sur un droit de citoyenneté mais sur l'appartenance à une catégorie socioprofessionnelle. Dans ce modèle, les bénéfices changent en fonction de l'emploi occupé. Le financement repose sur les contributions plus que sur l'impôt. La redistribution est donc moindre. Les transferts monétaires sont nettement supérieurs aux services offerts par l'État. Ce troisième modèle prend surtout forme en Europe continentale : Allemagne, Autriche, Belgique, Italie, Espagne, Portugal et Hollande en partie. Une caractéristique du « modèle continental » est l'influence politique exercée par la culture catholique qui se reflète dans le poids des transferts destinés à renforcer le rôle de la famille dans la satisfaction des besoins sociaux, avec une différenciation entre les fonctions de soin assignées aux femmes et les fonctions professionnelles attribuées surtout aux hommes [Esping-Andersen 1995]. Bien que s'apparentant à ce modèle, le cas italien assume un caractère plus particulariste et clientéliste qui se répercute sur les modalités de fonctionnement de ce pays [Paci 1984 ; Ferrera 1984].

Tableau 8.1. Trois modèles de welfare

	Résiduel	**Rémunérateur**	**Institutionnel-redistributif**
Couverture	Marginale	Professionnelle	Universelle
Principaux destinataires	Pauvres	Travailleurs	Citoyens
Fragmentation institutionnelle	Haute (localisme)	Haute (professionnalisme)	Basse/absente
Prestations : Gamme	Limitée	Moyenne	Étendue
Conditions d'accès	Selon ses moyens	Assurance sociale liée à la profession	Citoyenneté Résidence
Financement	Fiscal	Cotisations	Fiscal
Dépense : Niveau Principale composante	Bas Programmes means-tested	Moyen Transferts	Élevé Consommations publiques

Source : d'après Ferrera [1993, 66]

Au-delà de ces différences, tous les pays industrialisés connaissent après 1945 une hausse considérable de l'intervention de l'État dans la protection sociale, qu'elle se manifeste sous la forme d'un keynésianisme faible ou s'accompagne de politiques économiques interventionnistes. Une main-d'œuvre nombreuse libérée de l'agriculture, la vaste gamme des besoins à satisfaire à travers la production de masse, la libéralisation du commerce international garantie par les nouveaux accords internationaux et par l'hégémonie américaine sont autant de facteurs qui favorisent un « cercle vertueux » entre croissance de la dépense sociale, augmentation de la consommation et dynamisme économique, dans un cadre de faible inflation.

1.2. Les tensions économiques et sociales des années 1970

Dans les années soixante-dix, la reprise inattendue du conflit industriel, la hausse de l'inflation, la diminution sensible des taux de croissance de la production et le retour du chômage remettent rapidement en cause la stabilisation économique. La « stagflation » défie l'hégémonie du keynésianisme, qui ne parvient pas à expliquer la présence simultanée d'un fort taux d'inflation et de chômage. On assiste alors à une reprise de l'analyse institutionnelle de l'économie. Le mécanisme de régulation keynésien a tendance à générer deux types d'« effets pervers » [Regini 1991]. Le premier se réfère aux politiques de la demande. Keynes estimait que cette fonction revenait à des élites bureaucratiques compétentes tournées vers l'intérêt général. En réalité, dans les démocraties occidentales, le contrôle de la dépense publique est rapidement devenu un instrument crucial de la classe politique destiné à favoriser et à reproduire le consensus. Les choix économiques ont donc fini par être motivés par des considérations plus politiques que techniques, entraînant une hausse de la dépense publique, avec des effets inflationnistes. Le deuxième aspect a trait au rôle du marché au niveau microéconomique. Keynes préconisait une intervention des pouvoirs publics pour assurer le plein-emploi, mais il voulait aussi préserver au maximum les principes du libéralisme et de la libre-concurrence. Dans son raisonnement, le marché devait continuer à exercer sa fonction de régulation tant au niveau des produits que du travail. En réalité, sous la poussée du plein-emploi, la discipline exercée par le marché sur les demandes des travailleurs se relâche. Ce processus est renforcé par des politiques de protection sociale qui, en attribuant des services et des revenus à travers la redistribution, rendent les travailleurs moins dépendants de leur position sur le marché du travail [Offe 1972].

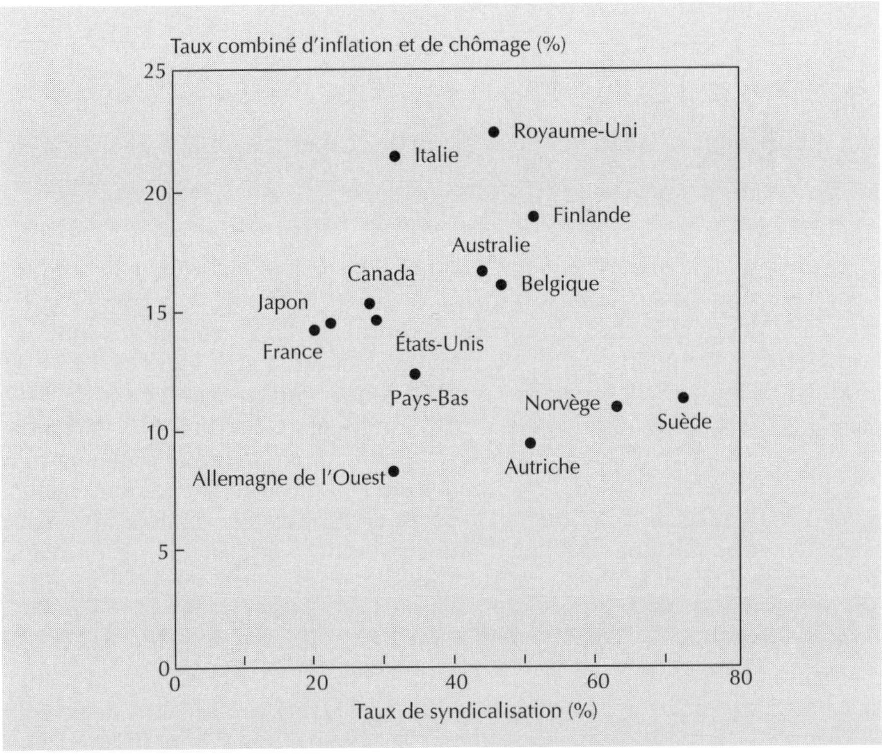

Figure 8.1. Inflation, chômage et syndicalisation au milieu des années 1970
Source : d'après Crouch [1985, 124]

La forte croissance des deux décennies d'après-guerre finit par épuiser la réserve de main-d'œuvre provenant de l'agriculture et incite la plupart des pays occidentaux à recourir de plus en plus à l'immigration. Dans le même temps, la classe ouvrière exprime de nouvelles demandes tant sur le plan de la redistribution que sur celui de la reconnaissance sociale et politique [Crouch et Pizzorno 1978]. Par ailleurs, l'intensification de la concurrence internationale dans le secteur manufacturier oblige les entreprises à se réorganiser et à adopter une division du travail encore plus rigide et aliénante [Soskice 1977]. Cette situation provoque une reprise du conflit industriel et un renforcement des organisations syndicales qui tirent profit du plein-emploi. Selon des modalités différentes, l'action syndicale entraîne la hausse des salaires qui nourrit l'inflation.

Au niveau macroéconomique, les gouvernements éprouvent des difficultés à contrôler la dépense sociale parce que la protection sociale devient l'un des principaux critères de légitimité des démocraties capitalistes modernes [Habermas 1973 ; Offe 1972]. Cette situation engendre une pression croissante de la part des différents intérêts qui s'organisent pour améliorer et accroître leurs bénéfices. Il est notamment difficile pour la classe politique de résister aux pressions des revendications syndicales et encore plus de réduire les programmes de protection sociale et le déficit public.

Les effets pervers de l'État social keynésien commencent à se manifester à la fin des années soixante. Certains ont un caractère structurel et durable — comme la saturation du marché des biens de consommation de masse et l'intensification de la concurrence en provenance des pays industrialisés émergents — d'autres sont plus conjoncturels — comme la brusque flambée du prix du pétrole ou l'abandon du système de change fixe et la dévaluation du dollar. À la fin des années 1960, les marchés nationaux arrivent à saturation [Piore et Sabel 1984]. Aux États-Unis, par exemple, en 1970 99,9 % des familles possèdent une télévision contre 47 % en 1953. Pratiquement chaque foyer dispose désormais d'un réfrigérateur et d'un lave-vaisselle, et le nombre des voitures en circulation est d'une pour deux habitants. À la recherche de nouveaux débouchés, les entreprises se tournent vers le commerce international et exportent une partie de leur production. Entre 1960 et 1973, la production industrielle des pays avancés connaît un accroissement de 5 %, mais les exportations augmentent de 10 % et les importations de 11 %, tandis que les ventes aux pays en voie de développement augmentent seulement de 7 %. Sur le marché mondial, l'émergence des pays nouvellement industrialisés accentue la concurrence et met en crise les entreprises occidentales. Les pays asiatiques adoptent une stratégie d'industrialisation dirigiste dans le domaine le moins qualifié de la production de masse, en utilisant le plus bas coût du travail comme un avantage compétitif pour leurs exportations.

Enfin, d'autres facteurs plus contingents viennent compliquer et détériorer la situation économique. À partir de 1973, l'industrie occidentale ne bénéficie plus d'une énergie à bon marché. Les pays arabes producteurs de pétrole s'organisent en cartel pour réglementer les exportations de pétrole et faire grimper les prix, ce qui met immédiatement en difficulté les économies plus développées dépendantes des importations pétrolières et génère des poussées inflationnistes. Au début des années 1970, la perte de compétitivité de l'économie américaine par rapport aux économies européenne et japonaise est à son comble. Concernés par un déficit croissant de la balance des paiements, les États-Unis sont obligés, en 1971, de suspendre la convertibilité du dollar en or et de dévaluer leur monnaie. Ce passage d'un système de change fixe à un système de change fluctuant accentue l'instabilité et l'incertitude des marchés, au détriment des grandes entreprises de la production de masse qui avaient prospéré sous le signe de la stabilité du marché international et sous l'égide des États-Unis.

1.3. Les explications de l'inflation et les deux *political econonomy*

L'inflation, le ralentissement de la croissance et le chômage, la « stagflation », sont donc des effets pervers de l'État social keynésien, aggravés par une série de facteurs structurels et conjoncturels. Dans les années 1970, une abondante littérature tente de comprendre comment de tels effets se déploient, en intégrant dans l'explication du phénomène des facteurs institutionnels qui ne sont plus considérés comme exogènes par rapport aux variables économiques : le comportement des gouvernements, des syndicats et des entreprises dans les relations industrielles. Un premier courant se propose de considérer les phénomènes institutionnels et politiques au moyen d'une approche économique de type néo-classique, tandis que le deuxième, qui se rattache davantage à la sociologie économique, met en évidence l'impact économique des facteurs politiques et administratifs et du système de représentation des intérêts.

Dans la conception monétariste, l'inflation est vue comme la conséquence de l'incapacité des gouvernements à contrôler l'offre de monnaie en fonction du cours de la production. La faible capacité des gouvernements à résister aux « pressions politiques » favorables à une hausse de la dépense, ainsi que l'engagement à soutenir la demande et l'emploi, génèrent dans les entreprises et dans les syndicats des attentes inflationnistes qui les poussent à accroître leur niveau de revenu. Cette situation détermine à son tour un renforcement des tendances inflationnistes (hausse du coût du travail et du prix des biens) dans une spirale qui s'auto-alimente. D'après l'interprétation monétariste, la cause principale de l'inflation est donc exogène par rapport au fonctionnement de l'économie [voir, par exemple, Cagan 1979]. La *political economy* conteste l'idée selon laquelle le problème de l'inflation se résume à une erreur technique dans la gestion de la politique économique ; une erreur qui peut être corrigée à travers une politique restrictive cohérente et une orientation libérale laissant plus de place au marché, au prix d'une augmentation provisoire du chômage. Les deux courants de *political economy* proposent des interprétations divergentes du rôle des gouvernements et des relations industrielles.

1.3.1. La *political economy* des théories néo-utilitaristes

Le premier courant développe une analyse économique de la politique et des relations industrielles pour expliquer l'inflation des années 1970. Il se rapporte à la « théorie des choix publics » qui applique l'analyse économique à celle de l'élaboration et de la mise en œuvre des politiques publiques [Buchanan et Tullock 1962 ; Buchanan et Tollison 1972]. Le « cycle politico-électoral » désigne les phénomènes d'expansion politiquement induits de l'économie, qui coïncident avec les échéances électorales et qui dérivent de la tentative des hommes politiques en place d'être réélus à travers une augmentation de la dépense et/ou une réduction des impôts [Nordhaus 1975 ; Buchanan et Wagner 1977 ; Tufte 1978].

Dans son modèle, Brittan [1978] suppose que les électeurs cherchent à maximiser, par leur vote, leur propre bien-être, et les hommes politiques, par leurs mesures, le consensus et leurs chances de réélection :

1. Il est possible d'accroître la production et l'emploi, pendant un certain temps, au moyen de stimulants monétaires ou fiscaux, qui provoqueront en retour une plus haute inflation ;
2. Il existe un décalage temporel entre les effets expansifs sur l'économie et la manifestation de l'inflation. Cet écart permet d'utiliser des politiques expansives avant les élections, en reportant les coûts dans le temps ;
3. Les électeurs ont la mémoire courte, les hommes politiques en exercice ont donc moins à perdre d'un taux de chômage faible pendant la période des élections que d'un taux de chômage élevé durant la première phase de l'exercice de leurs fonctions. En outre, les électeurs sont « myopes », au sens où ils ont tendance à ne pas envisager les conséquences négatives de certaines politiques dans la période post-électorale.

Brittan souligne toutefois que si l'on se limitait à ces différents aspects, les effets inflationnistes resteraient limités. En réalité, avec la hausse de l'inflation consécutive aux politiques publiques, les travailleurs ont conscience de subir une diminution de leur pouvoir d'achat. Ils soutiennent donc les revendications syndicales en matière de revenus. Sous la pression des syndicats, les salaires tendent à augmenter pour retrouver le pouvoir d'achat perdu avec la dépréciation monétaire et la hausse des prix. Tous les ingrédients sont donc réunis pour une croissance continue de la spirale inflationniste.

À l'instar des autres théoriciens des choix publics, Brittan détecte une contradiction progressive entre l'économie de marché et la démocratie [Brittan 1975]. Certaines normes constitutionnelles (notamment l'obligation de maintenir en équilibre la balance publique) permettent de contenir les effets explosifs d'une telle contradiction. En général, ce genre de diagnostic s'accompagne d'une préférence pour la thérapie néo-libérale de réduction drastique du rôle de l'État. Ce courant de pensée, partagé par les théories monétaristes, se reflète dans les nouvelles politiques expérimentées aux États-Unis par Ronald Reagan et en Grande-Bretagne par Margaret Thatcher.

1.3.2. La *political economy* de la sociologie économique

La deuxième approche de *political economy* tente de donner une explication institutionnelle à l'inflation, elle cherche à comprendre les raisons qui poussent les gouvernements à *intensifier* la recherche du consensus à travers l'accroissement excessif de la monnaie et la dépense publique. John Goldthorpe, par exemple, se réfère explicitement à la façon dont la sociologie économique conçoit le marché : « Les économistes considèrent généralement que le marché est doté d'une tendance intrinsèque à la stabilité [...]. Les sociologues, au contraire, considèrent que l'économie de marché est intrinsèquement instable, ou mieux, pour être plus précis, qu'elle tend continuellement à déstabiliser la société dans laquelle elle opère, c'est pourquoi elle ne peut continuer à fonctionner que dans la mesure où cet effet déstabilisant est contrôlé par des facteurs exogènes : en particulier, par l'influence intégrative de valeurs partagées [...] ou par certaines formes de coordination impérative imposées par le gouvernement » [Goldthorpe 1978]. Dans cette perspective, l'inflation est vue comme l'expression monétaire d'un conflit de redistribution. Les demandes croissantes de revenus de la part des classes inférieures sont renforcées sous l'effet de deux tendances qui se combinent entre elles : d'une part, le rejet des inégalités sociales ; d'autre part, la transformation des différentiels de pouvoir au profit du travail organisé [Goldthorpe 1983].

Goldthorpe souligne que les formes de légitimation traditionnelles des inégalités tendent à s'éroder sous l'effet de l'urbanisation, de la forte mobilité géographique et professionnelle. Les classes sociales désavantagées sont de plus en plus poussées à s'organiser et à utiliser l'action collective pour améliorer leur position. L'accroissement des demandes et l'intensification des conflits de redistribution sont à leur tour favorisés par des rapports de pouvoir plus équilibrés entre les différents groupes. Le système de protection sociale réduit la dépendance des individus à l'égard du marché du travail et l'engagement des gouvernements en faveur du plein-emploi renforce les organisations des travailleurs. Enfin, Goldthorpe accorde une importance particulière à la formation d'une classe ouvrière « de deuxième génération » plus mûre et étendue, employée dans les grandes entreprises et habitant les villes. Il s'agit d'un groupe social libéré des formes traditionnelles de statut et d'autorité, qui exploite au maximum les nouveaux rapports de force.

L'intérêt de cette analyse est de montrer que les choix des gouvernements ne sont compréhensibles ni en termes de « décision faible » (ou d'« erreurs techniques ») comme la théorie monétariste traditionnelle le suggère, ni en termes de calcul rationnel du consensus de la part de la classe politique, comme le postule la théorie des choix publics. En réalité, les gouvernants doivent de plus en plus tenir compte des déterminants sociaux de la demande des différents groupes. Cette perspective offre une vision plus complexe des rapports entre la demande de la société et l'offre des gouvernements.

D'après une étude de la *Brookings Institution* [Lindberg et Maier 1985], la demande peut varier en fonction de facteurs culturels — qui agissent sur la légitimation des inégalités produites par le marché — et de variables institutionnelles, comme les caractères du système de représentation (syndicats, partis), qui définissent et agrègent différemment la demande des groupes sociaux. Les organisations de représentation des intérêts peuvent formuler des demandes plus intenses sur le court terme ou, au contraire, plus modérées et à plus long terme. La nature des demandes dépend des facteurs culturels et institutionnels propres à chaque pays et ne se réduit pas à la simple tendance à la maximisation du bien-être individuel par les électeurs, comme dans l'autre approche de *political economy*. Le même constat vaut pour l'offre des gouvernements. Plutôt que de supposer une tendance générale à privilégier le consensus électoral et les chances de réélection à travers des politiques inflationnistes, il s'agit de montrer que les réponses de la classe politique sont influencées par des facteurs institutionnels liés à l'idéologie et à l'organisation du système politique (type de parti, règles électorales...). En d'autres termes, l'inflation peut également refléter *l'incapacité du système de représentation à hiérarchiser les différentes demandes et à maîtriser le conflit de redistribution entre les différents groupes.* Dans ce cas, les gouvernements faibles et surchargés de demandes utilisent l'inflation comme une solution provisoire pour tenter de limiter rapidement le conflit de redistribution, mais au prix d'une spirale continue qui tend à produire de la « stagflation », c'est-à-dire moins de croissance, plus de chômage et plus d'inflation.

L'analyse empirique comparée souligne que les plus mauvais résultats se rencontrent dans des pays comme les États-Unis, la Grande-Bretagne et l'Italie, en raison de la présence d'un système de représentation fragmenté, incapable de hiérarchiser et d'intégrer les demandes. En Allemagne, en Autriche et dans les pays scandinaves au contraire, des systèmes de représentation plus structurés ont limité les poussées inflationnistes et ont permis la coexistence d'un taux élevé de dépense publique, d'une inflation modérée et d'un faible taux de chômage. En général, la forte inflation, le déficit important et la chute de la productivité ne sont pas liés à des niveaux élevés de dépense publique et d'imposition, mais à une relation inverse [Cameron 1985]. Cette situation confirme que les modèles de keynésianisme faible, avec un engagement plus limité de l'État en faveur de l'emploi et de la protection sociale, peuvent aviver les conflits de redistribution, voire même avoir un effet sur la stagflation plus négatif que celui du keynésianisme fort. C'est d'ailleurs dans ce modèle que le cycle politico-électoral est le plus présent, en raison du caractère moins structuré du système de représentation [Bordogna et Provasi, 1984].

2. PLURALISME ET NÉO-CORPORATISME

Pourquoi, dans les années 1970, les États-Unis, la Grande-Bretagne et l'Italie présentent-ils des taux d'inflation élevés et une conflictualité sociale beaucoup plus forte que celle des pays scandinaves, de l'Autriche ou de l'Allemagne ? Les meilleurs résultats en termes de contrôle des tensions économiques et sociales (ou des effets pervers de l'État social keynésien) sont liés à un système de représentation des intérêts et de décision politique qui s'éloigne du pluralisme. Cette thèse distingue deux dimensions interdépendantes. La première se réfère aux caractéristiques du système de représentation et concerne, en particulier, le degré de concentration (ou de monopole) des organisations des intérêts fonctionnels (souvent ceux des entreprises et des travailleurs) et le degré de centralisation du pouvoir de représentation de ces mêmes organisations. La deuxième dimension fait référence au processus de décision politique et s'intéresse aux rapports entre les organisations des intérêts et les gouvernements dans le processus de décision et de mise en œuvre des politiques publiques. La réflexion sur le néo-corporatisme trouve son origine dans la contribution de Philippe Schmitter qui se concentrait sur l'organisation des intérêts, et dans une étude de Gerhard Lehmbruch [1977] qui examinait le processus de décision politique. Ces deux approches ont donné naissance à une vaste littérature.

Tableau 8.2. Pluralisme et néo-corporatisme

	Système de représentation		**Processus de décision politique**
	Degré de concentration	Degré de centralisation	
Pluralisme	Bas	Bas	Politique de pression Lobbying
Néo-corporatisme	Haut	Haut	Concertation

Un système pluraliste est composé d'un nombre élevé d'associations volontaires de petites dimensions en concurrence entre elles qui expriment généralement une représentation d'intérêts spécifiques et sectoriels ; par exemple, les intérêts des entreprises ou des travailleurs de l'industrie mécanique, textile. Ces organisations entretiennent peu de rapports entre elles et disposent d'une faible capacité de coordination, tant à l'intérieur de chaque secteur qu'entre les différents secteurs. Le pouvoir de représentation est donc peu centralisé, les structures syndicales de nature confédérale (comme les groupements nationaux d'associations professionnelles) font défaut ou sont faibles.

Le système néo-corporatiste, au contraire, est caractérisé par un petit nombre de grands syndicats qui regroupent les membres de secteurs économiques et de catégories professionnelles très larges (comme l'industrie dans son ensemble ou l'agriculture). Il y a donc une sorte de monopole ou d'oligopole de la représentation. L'adhésion reste formellement libre, mais l'alternative manque soit parce que la concurrence est faible, soit parce que le monopole ou l'oligopole se trouve renforcé par la reconnaissance de l'État qui délègue des fonctions publiques (notamment dans la gestion de certaines politiques du travail) aux organisations en question [Offe 1981]. Cette situation encourage les membres potentiels à s'associer, l'adhésion étant souvent le seul moyen de pouvoir accéder à certains biens publics. Dans ce modèle caractérisé par la centralisation, les confédérations nationales détiennent un fort pouvoir de négociation avec les autres structures représentatives et avec les organisations publiques (en particulier le gouvernement central).

En ce qui concerne le processus de décision politique, le système pluraliste se caractérise par une concurrence élevée entre les organisations des intérêts qui influencent les partis politiques, les fractions partisanes, les parlementaires ou les agences de l'État en exerçant une activité de *lobbying*, c'est-à-dire une *politique de pression* destinée à orienter les décisions les concernant. Dans ce cas, le rôle des partis, des groupes politiques et des courants, ou de chaque homme politique, est plus important. Ces acteurs rivalisent sur un « marché politique » plus ouvert. Dans le système néo-corporatiste de représentation, au contraire, les mécanismes de décision et de réalisation des politiques sont fondés sur la concertation. Les grands groupes d'intérêt et, en particulier, les associations patronales et syndicales, collaborent plus étroitement avec le gouvernement et avec les autres acteurs publics à la définition des politiques économiques et sociales, et participent souvent à la gestion des interventions, notamment en matière de formation. Le néo-corporatisme est *un modèle de régulation politique de l'économie dans lequel les grandes organisations de représentation des intérêts participent avec les autorités publiques, sous une forme concertée, au processus de décision et de réalisation de politiques économiques et sociales importantes.*

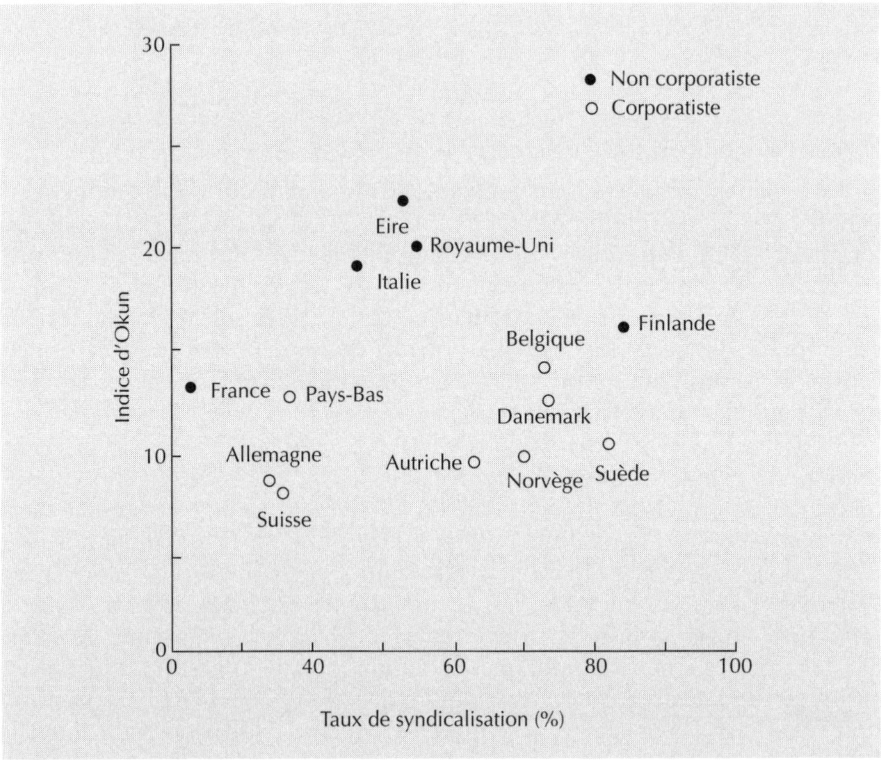

Figure 8.2. Performance économique et force syndicale, 1971-1975

Note : L'indice d'Okun se base sur la somme du taux d'inflation et de chômage.

Source : d'après Crouch [1993]

On parle donc de néo-corporatisme pour distinguer ce type d'agencement des régimes autoritaires de l'entre-deux-guerres (l'Allemagne nazie, l'Italie fasciste) ou de certains pays comme l'Espagne, le Portugal et certains États d'Amérique Latine d'après-guerre. Le corporatisme des régimes autoritaires fait référence à l'expérience des corporations médiévales pour définir et mettre en place un système obligatoire de représentation imposé par l'État. Les gouvernements autoritaires se servent de la représentation essentiellement comme d'un instrument pour dicter des programmes et des choix aux groupes d'intérêt. Dans le cas du néo-corporatisme, l'adhésion aux organisations de représentation reste volontaire et le rapport qui s'établit entre les groupes d'intérêts et les autorités publiques relève de l'interdépendance plutôt que de la dépendance, même lorsque l'État reconnaît les organisations et leur délègue certaines fonctions publiques. En général, le processus de construction des groupements organisés se réalise « par le bas », même si cette construction peut être plus ou moins renforcée par la reconnaissance et par le soutien de l'État. L'appareil central joue plus un rôle de coordination que de direction. C'est la raison pour laquelle Schmitter [1974] distingue le corporatisme des pays capitalistes démocratiques, dit aussi « corporatisme sociétal », du corporatisme des pays autoritaires dit « corporatisme étatique ». Lehmbruch [1977] utilise la catégorie de « corporatisme libéral ».

2.1. La logique de l'échange politique

Pourquoi le modèle néo-corporatiste (comme le montre la figure 8.2) a-t-il mieux contrôlé la « stagflation » des années 1970 ? Pourquoi les syndicats sont-ils amenés à accepter la modération salariale en participant à des formes d'organisation néo-corporatistes ? Pour répondre à ces questions, Alessandro Pizzorno [1977] analyse l'« échange politique » comme une situation où « un acteur (généralement le gouvernement) qui a des biens à distribuer est prêt à les échanger contre le consensus social qu'un autre acteur est capable de donner ou de retirer parce qu'il est en mesure de menacer l'ordre ». Les syndicats, surtout au début des années soixante-dix, avaient un fort pouvoir de marchandage. Ils pouvaient avec leurs revendications et avec le conflit modifier la situation économique, l'emploi et les équilibres sociaux et politiques. Pour que les groupements d'intérêt acceptent de modérer leurs attentes, il faut un degré élevé d'autonomie des représentants par rapport aux représentés, c'est-à-dire une centralisation du pouvoir de représentation en mesure d'imposer une modération des demandes à la base. Il faut enfin une situation de faible concurrence de la part des organisations rivales susceptibles d'exploiter la situation. Les avantages que les groupes d'intérêt peuvent attendre de l'échange ne se mesurent pas seulement en termes de pouvoir accru pour les représentants syndicaux. Certes, la reconnaissance institutionnelle et l'éventuelle délégation de fonctions publiques renforcent les syndicats comme organisations et contribuent à stabiliser ou à accroître le pouvoir de leurs dirigeants. Toutefois, l'avantage principal réside plutôt dans la possibilité de modifier les résultats du marché en faveur du travail.

Les organisations de travailleurs peuvent compenser la modération des demandes salariales sur le marché économique grâce aux bénéfices liés aux politiques publiques. C'est pour cette raison que la concertation se structure souvent autour d'un ensemble de mesures (*package deals*). Les politiques publiques concernent le plein-emploi et la régulation des conditions de travail (horaires, sécurité, statut juridique), ainsi que la politique fiscale et les politiques de protection (contre le chômage, la maladie, les accidents...). De plus, les syndicats puissants et tendanciellement monopolistes sont portés à tenir compte des coûts globaux pour l'économie et l'emploi dans leurs revendications. En effet, une crise économique risquerait de mettre en danger la stabilité même de l'organisation et de compromettre les intérêts des représentés, avec une croissance probable du chômage. Ce type d'organisation aide à contrôler les effets néfastes d'une crise économique. Ce n'est en revanche pas le cas pour les petites organisations dotées d'un certain pouvoir sur le marché du travail, qui sont moins encouragées à tenir compte dans leur action des coûts globaux qui en découlent pour le système économique. Naturellement, le calcul des syndicats est aussi influencé par l'identité des organisations, leur histoire et leurs valeurs. Les syndicats qui aspirent à une représentation générale du monde du travail seront plus enclins à évaluer les coûts globaux pour les travailleurs et développeront davantage une politique solidaire sacrifiant le pouvoir des groupes les plus forts sur le marché au bénéfice des plus faibles. Ils seront donc incités à demander une réduction des différentiels de salaires.

Face aux demandes des grands syndicats sur le marché économique qui risquent de mettre en question l'équilibre social et politique, les gouvernements peuvent chercher à intégrer les organisations de travailleurs dans le processus de décision politique, en échangeant du pouvoir politique contre du consensus et du contrôle social (faible conflictualité). Les gouvernements de gauche, avec la présence de partis socialistes, sont généralement plus sensibles au consensus du monde du travail et des syndicats. Ils ont donc tendance à prendre la voie de la concertation et des bénéfices politiques qui augmentent le « salaire social », même si une telle option peut aussi être prise ou continuée par des gouvernements de centre-droite.

Pour les entrepreneurs, la participation à la négociation politique se présente comme un « deuxième choix » [Martinelli, Schmitter et Streeck 1981]. À la différence des travailleurs qui sont obligés de s'organiser collectivement afin d'améliorer leur pouvoir de négociation sur le marché, les entrepreneurs jouissent d'une position structurelle avantageuse puisqu'ils contrôlent les moyens de production. Ils disposent d'une plus grande force contractuelle, sans organisation des intérêts, tant sur le marché du travail que dans les rapports avec les autorités publiques. Ces dernières doivent en effet tenir compte des effets de leur action sur la propension des entrepreneurs à investir, propension dont dépendent la production et l'emploi dans l'économie capitaliste.

Cette situation peut néanmoins se modifier quand les organisations syndicales se renforcent et augmentent leur contrôle sur le marché du travail et quand la croissance de l'intervention étatique interfère avec le

Tableau 8.3. Journées de travail perdues pour 1 000 employés

	1950-1954	1955-1959	1960-1964	1965-1969	1970-1974	1975-1979	1980-1984	1985-1989	1990-1994
Danemark	3,8	122,0	227,0	31,7	360,0	69,8	95,3	211,1	32,7
France	501,0	130,0	150,0	127,0	169,0	168,0	73,0	34,1	21,2
Allemagne	60,9	34,1	18,6	5,5	47,8	42,8	47,1	1,7	18,2
Italie	300,0	303,0	625,0	812,0	1 049,0	860,0	479,3	143,8	94,2
Hollande	18,0	20,8	29,0	5,0	47,7	24,8	17,8	8,0	23,8
Suède	82,6	15,7	4,9	19,7	55,8	26,6	225,0	111,2	49,2
UK	81,7	190,0	131,0	155,0	578,0	465,5	431,3	155,6	36,3
USA	572,0	535,3	277,3	487,6	533,4	383,2	185,3	78,6	39,2

Source : Bordagna et Provasi [1998, 343]

fonctionnement du marché au moyen de politiques fiscales et monétaires. Face au syndicalisme et à l'interventionnisme d'État qui se diffusent après la Deuxième Guerre mondiale, les entrepreneurs sont donc amenés à renforcer leurs organisations collectives pour coordonner leur action à l'égard des revendications syndicales et pour influencer les décisions publiques. Là où les syndicats ouvriers sont forts, les associations d'entrepreneurs sont souvent poussées à disposer d'une organisation centralisée pour négocier avec le gouvernement, afin de contrôler la conflictualité industrielle et la hausse des salaires.

Dans les années soixante-dix, le modèle néo-corporatiste se caractérise par une plus faible conflictualité (voir tableau 8.3). Les grèves sont largement suivies, mais sans gravité. Elles ont une connotation politique pour démontrer la force des organisations du travail. Force qui n'est pas déployée dans des conflits d'entreprises durs et prolongés, comme cela se produit en revanche dans les systèmes non corporatistes, en particulier en Italie, en France, aux États-Unis ou au Canada. Le modèle politique de conflictualité a donc tendance à soutenir une négociation centralisée fondée sur l'échange politique.

En général, les associations d'entrepreneurs sont moins inclusives et centralisées que celles des travailleurs [Streeck 1991]. En effet, les entrepreneurs peuvent poursuivre leurs objectifs individuellement. En outre, leurs intérêts sont plus hétérogènes ; les entreprises peuvent être en concurrence entre elles ou produire dans des secteurs ayant des exigences différentes. Que les associations patronales soient incapables de prendre des engagements contraignants en matière d'investissement ou d'emploi introduit un élément d'asymétrie dans la politique des revenus, qui est source de difficultés et de tensions dans l'échange politique néo-corporatiste. La concertation est plus instable et davantage tributaire des conditions du marché du travail. En somme, la tentation de l'*exit* est plus forte pour les intérêts patronaux dès lors que se modifient les conditions de nécessité pour lesquelles les entrepreneurs acceptent la concertation comme « deuxième choix ».

2.2. Typologie des néo-corporatismes

Le premier type idéal correspond au *néo-corporatisme avec de fortes organisations de travailleurs.* Les pays scandinaves (Suède, Norvège, Danemark en partie) connaissent un syndicalisme important et centralisé, ainsi que l'Autriche. Dans ce modèle, les organisations patronales sont généralement fortes et centralisées et les partis socialistes détiennent durablement les commandes de l'État. Dans ce cadre se développe une concertation stable. Les syndicats limitent la conflictualité et parviennent à contenir les revendications salariales. En échange, ils obtiennent un engagement des gouvernements en faveur du plein-emploi, ainsi que des bénéfices politiques liés à l'extension d'un État social de type universaliste. En d'autres termes, les forces du travail réussissent à tirer parti des conditions de l'échange politique néo-corporatiste, sans pour autant compromettre le développement économique. La capacité de contrôle de la stagflation est donc importante, même si les différences ne manquent pas dans la manière de combiner la faible inflation et le chômage, d'une part, et la croissance de l'économie, de l'autre [Scharpf 1984]. Le mouvement syndical soutient généralement une politique salariale solidaire qui tend à réduire les écarts de salaires entre les catégories socioprofessionnelles. Pour éviter les répercussions négatives de cette politique sur les entreprises plus faibles, contraintes à payer des salaires élevés comparés à leur productivité plus basse, les gouvernements mettent en œuvre des « politiques actives du travail » visant à encourager la formation et la mobilité des travailleurs vers des secteurs plus productifs.

Le deuxième type idéal se rapporte au *néo-corporatisme avec des organisations du travail plus faibles.* Ce modèle se réfère surtout à la Hollande, la Belgique et la Suisse, tandis que l'Allemagne — où les syndicats sont plus forts — se situe à mi-chemin entre ce modèle et le précédent. Soulignons que tous ces pays sont relativement petits comparés à l'Allemagne. Les syndicats sont plus faibles et plus fragmentés. Le degré de monopole de la représentation est moindre. En Belgique et en Hollande, par exemple, les organisations liées au mouvement socialiste sont concurrencées par des organisations syndicales provenant des différentes orientations religieuses. Les syndicats développent néanmoins des formes de coordination entre eux et sont fortement centralisés, de même que les organisations entrepreneuriales. Alors que la négociation était initialement concentrée au niveau sectoriel, à la fin des années 1960 et au début des années 1970, les intérêts organisés participent davantage à la concertation en matière de politique économique. Toutefois, étant donné la relative faiblesse des syndicats, l'échange politique centralisé reste moins favorable au travail. Ce phénomène se répercute sur le système de protection sociale qui s'éloigne du modèle universaliste et prend la forme du modèle « méritocratique-corporatiste », caractérisé par un lien plus étroit entre les formes d'assurance et la position professionnelle des travailleurs. Lorsque les syndicats sont plus faibles, comme en Suisse [Katzenstein 1984], ils sont en réalité cooptés et incorporés dans le processus de décision politique, afin de favoriser le consensus. Les organisations syndicales se font le porte-parole d'une politique de modération salariale en échange d'une reconnaissance institutionnelle qui leur donne une représentation générale qu'ils n'auraient pas sur la base de leur force militante. Plus cette logique est forte, plus les niveaux faibles de conflictualité — qui caractérisent également ce deuxième type — reflètent une situation de faiblesse des travailleurs.

Au cours de la décennie 1970, la nécessité de contrôler les conflits, les revendications salariales et les poussées inflationnistes incitent les gouvernements à rechercher l'accord avec les syndicats, souvent où ces derniers sont forts ou se sont rapidement renforcés. Parfois ces ententes ne se sont pas consolidées et ont donné lieu à un *néo-corporatisme instable.* C'est le cas de la Grande-Bretagne et de l'Italie [Regini 1983 ; Crouch 1977, 1993], ainsi que du Danemark, qui se distancie, dans les années soixante-dix, du « modèle scandinave ». Les syndicats sont forts comme dans le premier type. Ils présentent toutefois une moindre coordination centrale et, en Italie, un moindre degré de monopole, imputable à la présence de plusieurs confédérations. Dans ces conditions, il manque une infrastructure institutionnelle capable de stabiliser les tendances néo-corporatistes, même si celles-ci se manifestent à plusieurs reprises : en Grande-Bretagne avec les tentatives de « contrat social » entre 1974 et 1979, en Italie entre 1977 et 1984 (elles se représenteront aussi, avec plus de succès, dans les années 1990).

On peut identifier les principaux facteurs qui agissent sur la diffusion de ce phénomène :

1. Le premier facteur est la *force des organisations syndicales.* Le néo-corporatisme ne peut se déployer significativement sans la présence de syndicats puissants. En cas de syndicalisme faible, les entrepreneurs préfèrent une négociation individuelle ou une négociation collective décentralisée, et les gouvernements ne sont pas obligés d'intervenir parce que les rapports de travail ne constituent pas une menace pour l'économie et pour l'ordre social.

2. Le *monopole de la représentation* et la *centralisation du pouvoir de représentation* se révèlent indispensables. Des syndicats forts mais incapables de coordonner et de contrôler les revendications de la base, ou de se fédérer, ne favorisent pas l'institutionnalisation néo-corporatiste. La représentation entrepreneuriale tend à s'adapter au modèle des confédérations syndicales.

3. Enfin, la *présence dans les gouvernements de partis de gauche* s'avère déterminante. Plus disposés à mettre en jeu des bénéfices politiques, ils peuvent offrir plus de garanties de confiance dans l'échange entre la modération salariale immédiate et les bénéfices politiques à rendement différé. Toutefois, des partis de centre-droit, en particulier les formations catholiques, peuvent utiliser la concertation, surtout quand celle-ci est déjà engagée et qu'il peut s'avérer coûteux d'y renoncer.

4. L'*efficience des structures administratives* est souvent négligée par la littérature. Pour que l'échange néo-corporatiste fonctionne, il faut que les

appareils de l'État soient en mesure de fournir rapidement et efficacement, au centre et à la périphérie, des prestations qui garantissent des bénéfices politiques et une hausse du « salaire social ». Le cas italien montre bien comment des structures administratives inefficientes ont souvent rendu plus difficile l'échange politique.

5. La continuité avec les traditions corporatives préindustrielles est un facteur qui favorise les tendances néocorporatives. Il dépend du *degré d'enracinement culturel et institutionnel du libéralisme*. La doctrine libérale redoute que le poids politique des intérêts particuliers ne vienne déformer la formation des intérêts collectifs confiés au parlement. Plus l'idéologie libérale est forte et enracinée, plus l'on se méfie de la représentation des intérêts particuliers qui augmentent avec le processus d'industrialisation, à la fois chez les travailleurs et les élites. Cette défiance se retrouve dans l'expérience historique des pays anglo-saxons, mais aussi en France, après la Révolution. Inversement, dans l'Europe septentrionale, la faiblesse des élites libérales et le poids d'une tradition centraliste et bureaucratique se sont souvent accompagnés de la persistance et de la valorisation des traditions corporatistes. Dans l'Europe méridionale, au contraire, les élites libérales faibles se sont heurtées à la domination de l'Église catholique, qui s'opposait fortement à la construction de l'État libéral et qui exerçait son hégémonie sur les structures corporatives préindustrielles. En voulant renforcer son contrôle sur le champ politique, l'État se heurte aux traditions et aux corporations. Par la suite, les corporations seront créées d'en haut par les régimes totalitaires, comme dans le cas du fascisme italien, et seront donc délégitimées à la chute de ces régimes. Cette situation freinera l'institutionnalisation des tendances néo-corporatistes.

2.3. Les tendances plus récentes

Au début des années quatre-vingt, la plupart des théoriciens du néo-corporatisme pensaient que le corporatisme correspondait aux nécessités économiques et politiques de l'époque. Malgré des divergences sensibles sur l'interprétation, ils étaient convaincus que, tôt ou tard, les différents capitalismes nationaux finiraient par suivre ce parcours. Les principaux États occidentaux connaissent pourtant des évolutions très différentes. D'un côté, dans les pays comme les États-Unis et la Grande-Bretagne, les gouvernements tentent de surmonter les difficultés économiques et sociales des années soixante-dix en expérimentant des mesures néo-libérales de relance du marché et de réduction de l'intervention publique. De l'autre, les pays traditionnellement proches de formes fortes ou faibles de néo-corporatisme abandonnent progressivement la négociation centralisée au profit de formes décentralisées de concertation formelle et informelle, tant au niveau sectoriel que territorial.

À partir des années 1970, l'organisation productive fondée sur la production de masse doit faire face à la saturation des marchés et à la concurrence des pays nouvellement industrialisés qui bénéficient d'un coût du travail plus bas. Dans ce contexte où l'incertitude et les difficultés augmentent aussi du fait de la rupture du système de change fixe et de la flambée des prix du pétrole, le modèle de production « fordiste » fondé sur les grandes entreprises intégrées verticalement entre en crise. L'économie des pays capitalistes s'achemine vers un processus profond de réorganisation de ses structures productives. Les entreprises cherchent à acquérir plus de flexibilité pour affronter l'instabilité et la variabilité des marchés. Les productions plus simples et à intensité du travail plus élevée ont tendance à être délocalisées dans les pays en voie de développement, tandis que dans les économies capitalistes avancées, le poids du secteur tertiaire (recherche, finance, services juridiques, marketing, publicité...) ne cesse d'augmenter.

Ce processus débouche sur une diminution rapide de la classe ouvrière, qui s'était considérablement renforcée dans tous les pays plus développés suite à la formidable croissance d'après-guerre et faisait la force des organisations syndicales à la fin des années soixante et au début des années soixante-dix. Son déclin s'accompagne d'une croissance des travailleurs très qualifiés dans l'industrie et le tertiaire, ainsi que d'une augmentation des emplois plus ou moins qualifiés dans les secteurs dynamiques des services aux entreprises et aux personnes. Cette fragmentation des intérêts dans le monde du travail a pour conséquence d'affaiblir les syndicats (avec une baisse généralisée du taux de syndicalisation) et de rendre les processus de coordination de la négociation plus complexes et difficiles [Crouch 1993].

C'est ainsi que se modifie l'une des conditions essentielles de l'échange néo-corporatiste. Affaiblis et moins à même de coordonner la négociation, les syndicats ouvriers perdent en partie leur pouvoir d'influence sur les décisions patronales et gouvernementales. La moindre pression syndicale modifie le comportement des entrepreneurs, pour qui l'acceptation de la négociation centralisée visait à limiter les conflits et les revendications salariales. Or, les associations patronales sont à leur tour soumises à des tensions internes générées par la nécessité des entreprises de s'adapter à des conditions plus différenciées dans l'utilisation et dans la rémunération de la main-d'œuvre. Dans cette situation, elles se montrent davantage favorables à une décentralisation de la négociation.

L'orientation des gouvernements tient non seulement compte de la moindre menace des revendications syndicales et de la conflictualité, mais aussi des nouvelles contraintes macro-économiques, comme la part croissante des finances publiques destinées au système de protection sociale. Malgré des différences significatives dans les formes et les degrés des politiques de *welfare*, tous les pays occidentaux enregistrent une hausse des dépenses sociales, due essentiellement à trois facteurs : le vieillissement de la population ; l'amélioration des techniques de prévention et de traitement des maladies (liée aux progrès de la médecine) ; la réduction des années de travail à temps plein typique des carrières professionnelles traditionnelles de l'industrie fordiste. Bien que généralisé, ce dernier aspect concerne surtout les systèmes de protection sociale de l'Europe continentale. En effet, là plus qu'ailleurs, l'offre de travail a été découragée, le financement du système de protection sociale à la charge des travailleurs actifs est donc devenu plus important [Esping-Andersen 1995].

Tous les pays occidentaux, surtout ceux engagés dans des rapports néo-corporatistes, doivent impérativement limiter les dépenses sociales. Cette exigence est aggravée par l'intégration croissante des marchés financiers qui limite l'autonomie des gouvernements dans le domaine macroéconomique. Les gouvernements dont le bilan est déficitaire sont en effet contraints d'augmenter leur taux d'intérêt pour éviter le départ des capitaux à l'étranger et les attaques à la stabilité de la monnaie nationale de la part des marchés financiers. Dans ce contexte, les gouvernements ont moins de ressources politiques à distribuer pour favoriser des formes d'échange politique néo-corporatiste[1], quand ils ne sont pas contraints de réduire celles concédées par le passé.

À partir des années quatre-vingt, la négociation politique centralisée est donc minée par une série de facteurs : la fragmentation des intérêts du travail et l'affaiblissement des syndicats ; la moindre vulnérabilité des entrepreneurs et des gouvernements par rapport aux revendications syndicales et à la conflictualité ; les tensions internes aux associations patronales conduisent à la décentralisation de la négociation ; enfin, les contraintes macro-économiques posées à l'action des gouvernements réduisent la possibilité de recourir aux bénéfices politiques de l'échange. Dans de nombreux États, y compris dans certains pays scandinaves, la longue domination des partis de gauche s'interrompt, des forces libérales conservatrices accèdent au gouvernement, tandis que de nouvelles formations, en particulier les mouvements écologistes et régionalistes font leur apparition sur la scène politique. En comparaison avec les années 1970, les partis semblent récupérer un rôle majeur dans le système de représentation. En somme, le bouleversement de l'équilibre socio-économique complexe qui reposait sur le couple fordisme/État social keynésien accroît la différenciation économique et socioculturelle et laisse plus de place à des formes de représentation pluralistes. En Europe, le processus de construction des institutions communautaires stimule également des formes de représentation pluraliste au niveau supranational [Schmitter et Streeck 1991].

Il ne faut pas considérer pour autant que le corporatisme soit dépassé. Les données recueillies par Colin Crouch [1993] montrent que, bien qu'affaiblis au niveau de la négociation centrale, les modèles néo-corporatistes apparus dans les années soixante-dix résistent globalement dans la période suivante et continuent à caractériser les formes de régulation de l'économie d'une grande partie de l'Europe. Les pays marqués par le corporatisme obtiennent généralement de meilleurs résultats macroéconomiques en termes de contrôle de l'inflation et du chômage (figure 8.3). Ces pays — ainsi que d'autres comme l'Italie et la France — expérimentent dans les années 1980 des formes de concertation au niveau micro et meso, c'est-à-dire au niveau de l'entreprise, du secteur ou du territoire [Regini 1991].

D'ordinaire, les processus de restructuration des entreprises soulèvent des questions sur la gestion des surplus, la mobilité des travailleurs, les problèmes de formation et de qualification, mais aussi sur la disposition et la gestion des

1 Nous nous référons aux formes traditionnelles de l'échange politique, décrites ci-dessus. Comme nous le verrons, de nouveaux accords peuvent cependant découler de l'exigence de réorganiser l'État social de manière consensuelle.

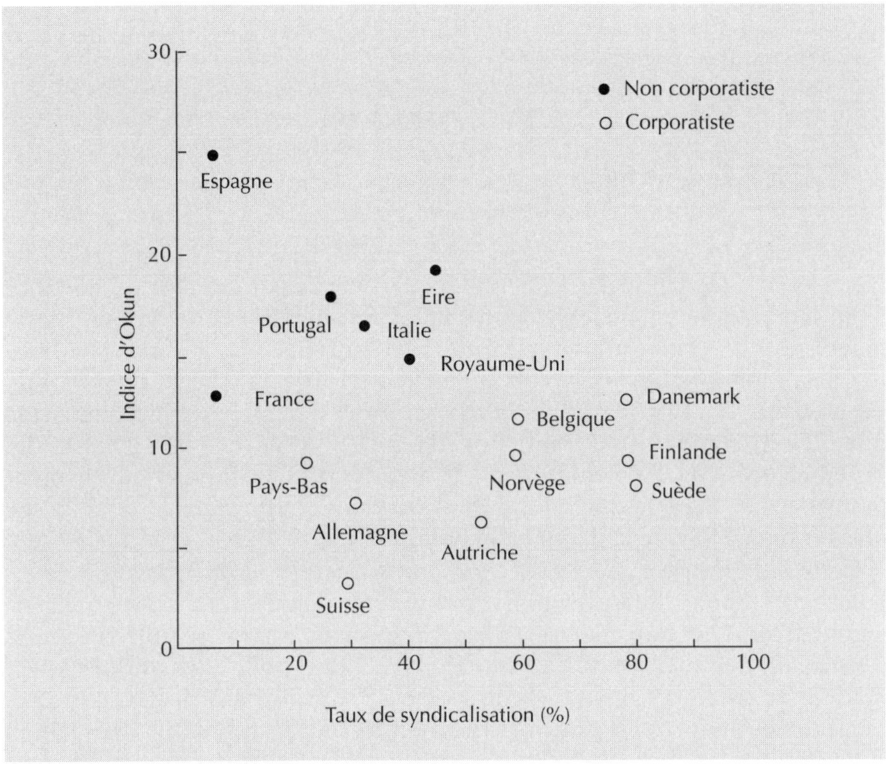

Figure 8.3. Performance économique et force syndicale, 1986-1990
Note : L'indice d'Okun se base sur la somme du taux d'inflation et de chômage.
Source : d'après Crouch [1993]

services et des infrastructures, ou bien la production de biens collectifs, dont dépend davantage la compétitivité des entreprises dans les nouvelles conditions de l'économie. C'est dans ce cadre qu'il est possible de comprendre l'importance grandissante des formes de concertation micro et meso. La coopération entre les acteurs se déplace du niveau macroéconomique à celui plus micro. D'une part, leur caractère désagrégé et moins visible, comparativement à la concertation centralisée, peut faciliter l'entente entre les parties concernées, parce que les exigences de médiation entre les intérêts divergents des entreprises et des travailleurs se réduisent. De l'autre, les ententes conclues au niveau territorial ou sectoriel peuvent comporter une augmentation des charges pour les institutions publiques.

Quoi qu'il en soit, les problèmes macroéconomiques restent considérables et exigent des formes de coordination avec les intérêts organisés, tout particulièrement dans les pays où les syndicats conservent une présence importante et où il existe une infrastructure et une tradition institutionnelle corporatiste persistantes. En Europe, les obstacles macroéconomiques liés à la construction de l'union monétaire européenne ont stimulé une reprise de la macro-concertation pour affronter les problèmes de la modération salariale, du contrôle de l'inflation, du chômage et de la réorganisation de l'État social [Schmitter et Grote 1997].

3. FRANCE ET JAPON

La *political economy* comparée des années 1970 distingue aussi un troisième type idéal de régulation particulièrement pertinent pour l'analyse de la France et du Japon, différent à la fois des formes d'organisation néo-corporatistes et pluralistes. Il montre qu'une régulation institutionnelle qui obtient de bons résultats économiques, sans pour autant rentrer dans le schéma corporatiste, est possible. Il s'agit d'un type qualitativement différent tant du pluralisme que du néo-corporatisme. En dehors des pays plus développés, il existe des ressemblances avec les formes de régulation des pays asiatiques nouvellement industrialisés, dans lesquels l'industrialisation s'accompagne d'un blocage plus ou moins fort de la démocratie politique.

Cette situation est caractérisée par une forte autonomie des gouvernements par rapport aux pressions des intérêts organisés qui sont généralement faibles. Une bureaucratie efficace et motivée permet au gouvernement central d'intervenir dans l'économie avec des politiques dirigistes en matière de crédit, de fiscalité et de soutien aux exportations. Le comportement des entreprises est donc orienté à l'intérieur d'un système dans lequel l'État assume la direction des mécanismes économiques, tout en conservant les cadres de la société capitaliste. Le rapport qui s'établit entre l'État, les syndicats et les industries — dans le cadre de structures comme le commissariat au Plan en France ou le Miti (le ministère du commerce et de l'industrie) au Japon — est crucial. Les résultats économiques se caractérisent par un niveau relativement bas d'inflation qui s'accompagne d'un taux de chômage faible et d'un niveau de croissance élevé (souvent dans les années 1970 et au début des années 1980). L'action étatique se concentre sur des politiques de régulation économique, plus que sur des politiques sociales de redistribution.

Salvati [1982] parle du modèle du décret pour ce type de régulation et l'oppose aux deux autres modèles : le néo-corporatisme défini comme *accord* et le pluralisme radical défini comme *marché*. Le tableau 8.4 distingue trois dimensions qui, en se combinant différemment, donnent lieu à trois formes idéales de régulation. La première (1) concerne la force de la classe ouvrière dans la sphère du marché (syndicats) et de l'État (partis de gauche). Dans les contextes néo-corporatistes (type C), la force du mouvement ouvrier s'oppose à la faiblesse syndicale des modèles du décret et du marché. Les modalités néo-corporatistes de l'accord et celles radicalement pluralistes du marché contrastent avec la division politique du décret, caractérisé par la présence de forces politiques de gauche exclues durablement de l'accès au gouvernement (en France, avant l'accession au pouvoir de François Mitterrand).

Tableau 8.4. Marché, décret, accord

	Dimensions	Types		
		A **Marché**	B **Décret**	C **Accord**
(1)	Pouvoir et organisation de la classe ouvrière	Faible	Faible	Forte
(2)	Institutions politiques	Polity pluraliste	Polity divisée	Polity organisée
(3)	Hégémonie idéologique et normative	Société civile	État	État social

Source : Salvati [1982]

La dimension idéologique (3) mérite une attention particulière. Elle se réfère aux critères de légitimation de l'État et aux attentes des citoyens à l'égard de l'intervention publique. Dans modèle du marché, l'attention se porte sur le fort enracinement, dans la société civile, du libéralisme économique et politique. L'individualisme libéral limite les attentes relatives à l'intervention de l'État dans l'économie et dans la société, et s'oppose à l'idée d'associer les groupes d'intérêt au processus de décision politique, comme le montre le cas anglais (très proche, sur ce point, de l'exemple américain). Certes, même les États-Unis — à partir de l'expérience du New Deal et dans le second après-guerre — ont introduit de nouvelles méthodes d'action gouvernementale et des programmes socio-économiques allant dans le sens d'une plus grande intervention publique, mais il s'est agi d'une tendance limitée. En effet, dans l'expérience américaine, les forces syndicales et politiques d'orientation socialiste manquaient. Un grand pays de formation récente comme les États-Unis, avec une forte immigration et une population pluriethnique, n'a jamais constitué un terrain propice aux idées socialistes. En Europe, au contraire, non seulement le libéralisme était souvent faible, mais sa progression s'est vue rapidement contrariée par de puissants mouvements socialistes. Cette situation s'est répercutée sur les critères de légitimation de l'État, générant des attentes plus intenses et étendues sur les responsabilités des institutions publiques dans le domaine économique et social. Dans le type du décret les revendications portent plus sur une intervention dirigiste de l'État au niveau économique que sur une responsabilité diffuse au niveau social.

Le type du marché peut développer un modèle de régulation institutionnelle de l'économie qui « fonctionne » sans devoir nécessairement se transformer en accord néo-corporatiste, contrairement à ceux qui voient dans le corporatisme une sorte d'exigence fonctionnelle du capitalisme. En effet, dans les années soixante-dix, les partisans du néo-corporatisme pensaient que tout projet libéral de réduction de l'intervention de l'État et d'élargissement de la sphère du marché risquait d'aggraver le conflit de redistribution entre les différents groupes sociaux et de provoquer un déclin économique ultérieur. Pour affronter les difficultés des années 1970, les gouvernements américains de l'époque se sont orientés dans deux directions. D'une part, ils ont élargi l'espace de régulation du marché, surtout dans les rapports de travail. De l'autre, pour réduire l'impact des pressions pluralistes des intérêts sur la dépense publique, ils ont cherché à réduire l'intervention même de l'État. La direction suivie a donc été à l'opposé de celle de la concertation. Une politique analogue a été menée en Grande-Bretagne. L'Angleterre est en effet le pays qui, en Europe, s'apparente le plus au modèle américain, en raison de l'influence originelle du libéralisme dans les rapports entre État et marché. Toutefois, la force des organisations syndicales et la tradition travailliste ont compliqué la réalisation de l'expérience [Crouch 1993]. Quoi qu'il en soit, les évolutions actuelles confirment qu'un réajustement fondé principalement sur la régulation du marché peut obtenir des résultats satisfaisants en matière de dynamisme économique et de création d'emplois.

4. LES SYSTÈMES DE RÉGULATION

Il est possible de distinguer trois formes de régulation selon les institutions qui s'y rapportent : l'échange de marché qui se fonde sur les prix, avec les institutions des marchés autorégulés ; la solidarité qui repose sur des obligations partagées (à laquelle se joint la réciprocité de Polanyi), avec une vaste gamme d'institutions (la famille, la parenté, la communauté locale et, dans les sociétés modernes, les mouvements et les associations volontaires) ; l'autorité qui s'appuie en dernière instance sur la coercition, avec les institutions de l'État (la redistribution de Polanyi) ou, au niveau micro, avec l'entreprise comme organisation hiérarchique. Réfléchissant sur l'expérience du néo-corporatisme, Schmitter et Streeck [1985] proposent d'ajouter à cette typologie la concertation comme forme de régulation et les associations de type néo-corporatiste comme institutions qui la soutiennent. Cette proposition est-elle acceptable ?

En réalité, la concertation néo-corporatiste est proche de la redistribution de Polanyi, en raison de l'importance que prennent les décisions et les interventions politiques dans la production et la distribution du revenu. Ce n'est pas un hasard si nous avons parlé à ce propos d'échange politique. Néanmoins, dans cette forme de régulation, l'allocation des ressources et les rapports entre les acteurs (en particulier entre les travailleurs et les entrepreneurs) ne se réalisent pas seulement par l'intermédiaire de l'État (normes législatives ou administratives), mais impliquent dans une large mesure les organisations des intérêts comme « gouvernements privés » à qui l'on délègue des fonctions publiques importantes dans les domaines économiques et sociaux. Les « pactes » des organisations des intérêts (entre eux et avec les autorités publiques) acquièrent donc une importance par rapport aux normes produites par l'État. En ce sens, il est possible d'accepter la suggestion de

Schmitter et Streeck, en considérant la concertation néo-corporatiste comme une variante moderne de la redistribution, qui aide à mieux mettre en lumière certains caractères régulateurs des économies capitalistes [Cella 1997].

De plus, aucune économie concrète ne repose sur une forme unique de régulation. Il est donc opportun de distinguer les principes (ou les formes) de régulation et les systèmes de régulation. Les principes ou les formes de régulation dépendent des combinaisons des différentes ressources dans le processus productif, de la distribution du revenu produit et du contrôle des conflits entre les personnes impliquées dans le processus économique [Lange et Regini 1987]. L'importance que revêt une certaine forme de régulation sur l'économie concrète peut être vérifiée sur la base du rôle exercé par les institutions qui la soutiennent. Dans les économies primitives, par exemple, le poids de la famille et de la parenté s'accompagne du principe de la réciprocité. Dans les économies des pays développés du XIXe siècle, les institutions qui permettent le fonctionnement de marchés autorégulés sont généralement plus importantes. Après la Deuxième Guerre mondiale, le poids de l'État social keynésien signale la prépondérance des formes de régulation fondées sur la redistribution.

La catégorie de système de régulation se réfère au contraire à la combinaison et à l'intégration spécifiques des différentes formes de régulation qui caractérisent une économie déterminée. Ce concept équivaut donc à celui de système économique, entendu comme une modalité de régulation institutionnelle globale d'une certaine économie. Un tel instrument permet d'entreprendre des comparaisons dans le temps et dans l'espace.

Tableau 8.5. Principes et systèmes de régulation

	Marché	Décret	Accord
Échange de marché	++	+	+
Solidarité	+	+	–
Autorité	+	++	+
Concertation	–	–	++

D'après le schéma de Salvati [1982], ces trois types ou systèmes de régulation sont caractérisés non seulement par une forme de régulation dominante, mais aussi par une combinaison et une intégration différentes des autres. Dans le modèle de l'accord, par exemple, le moindre poids de la solidarité souligne qu'un État social étendu tend à réduire le rôle des institutions comme la famille, la parenté ou le volontariat, dans la protection des personnes contre certains risques. Ailleurs, cette fonction est confiée à la société civile. Dans le modèle du décret, en revanche, le poids des décisions publiques souligne la composante plus dirigiste de ce type idéal par rapport à l'échange politique néo-corporatiste de l'accord et au pluralisme traditionnel du marché.

La dernière observation concerne la possibilité d'utiliser le concept de système de régulation au niveau macroéconomique, pour étudier soit l'organisation spécifique de certains secteurs d'activité, soit les économies de territoires infra-nationaux. La *political economy* comparée développe des analyses dans ces deux directions. Du point de vue de l'analyse sectorielle, par exemple, Hollinsworth et Lindberg [1985] tentent d'évaluer les différents systèmes de régulation qui caractérisent les secteurs de l'économie américaine : des petites entreprises traditionnelles aux grandes usines techniquement plus avancées. Dans chaque secteur étudié, les auteurs repèrent plusieurs formes de régulation qui se combinent entre elles. Ainsi, à côté du marché, dont le poids est très variable, d'autres principes sont pris en considération : les *hiérarchies*, c'est-à-dire les commandes impératives de l'État ou des grandes entreprises (*corporations*) ; les *clans*, qui se réfèrent à des ententes fondées sur des attentes partagées et sur la confiance [Ouchi 1980], essentielles pour réguler les rapports entre les acteurs dans des zones où les relations sont incertaines et difficilement définissables en termes contractuels ; enfin, les *associations* se rapportent surtout à l'associationnisme économique au sens strict, plutôt qu'à celui lié aux relations industrielles. L'étude en question montre une forte variabilité des systèmes de régulation et souligne donc l'utilité d'une analyse institutionnelle pour interpréter les origines, les développements et les problèmes des différents secteurs. La recherche italienne sur l'émergence de petites entreprises dans les régions du Centre et du Nord-Est offre un exemple d'utilisation du concept de système de régulation au niveau territorial.

Chapitre 9

La crise du fordisme et la nouvelle sociologie économique

ALORS QUE LA *POLITICAL ECONOMY* COMPARÉE s'interroge sur les difficultés et les transformations de l'État social keynésien, marquant ainsi le retour de la sociologie économique au niveau macro, une nouvelle perspective de recherche plus microéconomique s'intéresse aux changements dans l'organisation des entreprises. Dans les années 1970 en effet, non seulement le corporatisme des pays occidentaux entre en crise, mais des tensions affectent aussi le modèle d'organisation productive fondé sur la grande entreprise fordiste et la production industrielle de masse.

La nouvelle sociologie économique plus « micro » s'intéresse aux origines et aux évolutions des nouveaux modèles de production fondés sur la flexibilité, c'est-à-dire sur la réadaptation des facteurs productifs permettant de saisir plus rapidement les opportunités offertes par l'innovation technologique et par des marchés toujours plus segmentés et instables. À un niveau plus théorique, sociologues et économistes cherchent à mettre au point des instruments capables d'interpréter la variété des formes d'organisation et de gouvernement. Apparaissent en effet des formes hybrides reposant sur la collaboration plus ou moins formalisée entre les entreprises (*joint ventures*, alliances, accords de coopération, sous-traitance, rapport avec les fournisseurs...). On se demande alors quels facteurs expliquent l'émergence et l'utilisation de la hiérarchie, des rapports de marché ou de formes de régulation plus composites dans les processus de production. En économie, le néo-institutionnalisme redéfinit la théorie de l'action traditionnelle. En sociologie, les nouvelles recherches insistent sur les liens entre l'émergence de nouvelles formes institutionnelles et les facteurs culturels, les rapports de confiance, les réseaux de relations sociales. Enfin, plusieurs études tentent d'interpréter le comportement des consommateurs en dépassant les théories atomistiques et utilitaristes traditionnelles. Les achats marchands sont non seulement l'expression d'une recherche de statut — selon le modèle de Veblen — mais aussi un processus de construction active d'une identité qui implique les styles de vie et la consommation.

1. CRISE ET TRANSFORMATION DU MODÈLE FORDISTE

Le XXe siècle a donné naissance à un modèle d'organisation économique « fordiste » ou « fordiste-tayloriste » fondé sur les grandes entreprises qui a atteint le sommet de son développement pendant les deux décennies de l'après-guerre et dont voici les caractéristiques principales :

1. Les entreprises sont intégrées verticalement, c'est-à-dire qu'elles incluent dans leur activité propre des phases de la production auparavant exécutées par des entreprises extérieures. L'intégration peut s'étendre en aval au moment de la distribution (entretien, assistance aux clients...), mais aussi en amont de la production (contrôle des matières premières et des éléments de base nécessaires à l'alimentation stable des *inputs*).
2. Les entreprises sont engagées dans la production de masse, c'est-à-dire dans la fabrication de biens standardisés produits en grande quantité au moyen de machines spécialisées. La standardisation et la fabrication en série permettent d'abaisser les coûts en exploitant les économies d'échelle et les avantages des nouvelles technologies (des volumes de production élevés font en effet baisser les coûts unitaires) ;
3. La production est réalisée avec une main-d'œuvre faiblement qualifiée et avec une organisation du travail « tayloriste » fortement parcellisée. Le travail est rationalisé, divisé en tâches simples et répétitives qui limitent l'autonomie des ouvriers. La séparation entre conception des produits et réalisation est nette et rigide. L'entreprise fonctionne comme une grande organisation bureaucratique fondée sur une structure hiérarchique. Le management a pour mission essentielle de coordonner, d'intégrer et de contrôler l'ensemble des activités productives. Il y a donc une séparation entre la propriété de l'entreprise, qui peut conserver un caractère familial ou être répartie entre différents détenteurs du capital, et la gestion de l'entreprise, qui est en revanche confiée à des dirigeants spécialisés.

Ce nouveau modèle d'organisation productive se renforce au cours du XXe siècle sous l'effet d'une série de facteurs. D'abord, la diffusion de l'électricité comme source d'énergie bon marché et facile à distribuer, ensuite, l'amélioration des moyens de transport et la révolution des instruments de communication est essentielle pour coordonner le flux des marchandises et des échanges. Cependant, l'utilisation des technologies nécessaires à la production fordiste est en effet très coûteuse et requiert des investissements considérables en machines limitées à la production de biens déterminés. L'exploitation des économies d'échelle et les opportunités de profits ne sont possibles que lorsque l'écoulement des marchandises est stable et important. Or, dans de nombreux secteurs de production, les économies d'échelle sont impossibles. Une part plus ou moins grande de biens non standardisés persiste. Par exemple, la production de masse requiert l'utilisation d'outillages spécifiques fournis par des entreprises de petites dimensions dans le domaine de l'équipement industriel (machines-outils, appareils spécialisés). La demande des biens de consommation de qualité — inévitablement plus réduite en raison de son prix — ne peut être satisfaite par le modèle fordiste. De surcroît, la demande de certains produits varie en fonction des goûts et de la mode, par exemple dans l'habillement et l'ameublement.

Les firmes de petite taille peuvent aussi être utilisées par les grandes pour couvrir un segment de la demande plus instable, soumis à des variations cycliques. Les grandes entreprises développent ainsi des formes de « décentralisation des capacités », elles commercialisent des biens dont la fabrication est confiée à plusieurs sous-traitants, utilisant une main-d'œuvre nombreuse. Le fordisme doit donc être considéré comme un modèle idéal-typique à côté duquel existent des secteurs d'activité organisés sur des bases différentes avec une forte présence de petites et moyennes entreprises à gestion traditionnelle.

La diffusion du fordisme et son enracinement dans les différents contextes nationaux varient sensiblement. D'une part, le marché des biens de masse est clairement influencé par la dimension des États et par le degré d'ouverture ou de fermeture de l'économie nationale qui dépend des choix de politique économique. D'autre part, le marché intérieur peut être plus ou moins favorable à la production de masse en raison de la différenciation des goûts et des styles de vie, donc de la stratification sociale et de la culture nationale. C'est ce que montre clairement la comparaison entre les États-Unis et les pays européens, ou encore le Japon.

Le fait que le fordisme soit né en Amérique du Nord et s'y soit développé plus rapidement n'a rien d'étonnant. Au début du XXe siècle, le pays disposait d'un grand marché national unifié très tôt par les infrastructures de communication, en particulier par les voies de chemin de fer. Terre d'immigration non marquée par les différenciations sociales propres à l'expérience européenne, les États-Unis bénéficiaient d'une population en croissance, beaucoup plus encline à la consommation de biens standardisés. À la différence du contexte européen, le grand essor économique s'est accompagné d'une pénurie de main-d'œuvre spécialisée. Les entreprises américaines se sont donc montrées particulièrement favorables à l'introduction de méthodes de production fordistes-tayloristes permettant l'utilisation rapide d'une main-d'œuvre immigrée faiblement qualifiée et bon marché. En Europe persistent davantage les formes de production liées aux entreprises de petite dimension, souvent concentrées territorialement et intégrées entre elles dans des « districts industriels » [Marshall 1890, 1919 ; Becattini 1987]. Les caractéristiques du fordisme changent en fonction des pays : diversité des règles de propriété, de gestion des entreprises (persistance ou non du contrôle familial), du financement (rôle de la bourse et des banques), de l'organisation interne de l'entreprise et du travail, des relations industrielles et des rapports avec l'État.

Après la guerre, les exigences de stabilisation du modèle de production conduisent à élargir la négociation collective et à institutionnaliser les relations industrielles, de manière à atténuer les conflits et à garantir la collaboration dans les usines d'une classe ouvrière importante et homogène. Pour éviter les déséquilibres entre production et consommation, l'État cherche à intervenir dans la régulation de la demande, même si son action peut prendre des formes contrastées. Les relations industrielles et l'intervention publique stabilisent le marché, créant des conditions favorables pour l'essor de la production de masse.

Fordisme (au niveau micro) et État social keynésien (au niveau macro) sont donc intimement liés. Cette interdépendance permet de mieux saisir les tensions et les transformations du modèle fordiste à partir des années 1970. Saturation du marché, hausse de la demande diversifiée de biens de plus grande qualité, émergence des pays nouvellement industrialisés, envolée des prix du pétrole et des matières premières, fin du système de taux de change fixes, plus grande instabilité du marché international découragent la reproduction de l'ancien modèle productif. L'explosion des conflits industriels au début des années soixante-dix reflète non seulement une situation de plein emploi qui renforce les revendications de la classe ouvrière, mais aussi une réaction à l'intensification de l'organisation taylorienne du travail.

Tous ces facteurs structurels et conjoncturels mettent à rude épreuve le modèle fordiste parce qu'ils contribuent à ébranler les conditions de stabilité du marché du travail et des biens nécessaires aux investissements. Dans les pays industrialisés, les tendances à la crise se manifestent plus ou moins violemment suivant les capacités du contexte institutionnel à limiter le conflit industriel et à maintenir une politique de régulation de la demande garantissant une plus grande stabilité. En d'autres termes, l'existence d'un système de représentation plus structuré (de type néo-corporatiste) et les pratiques de concertation ont atténué la crise du fordisme dans certains pays européens, alors que le choc a été plus violent et les transformations socialement plus coûteuses aux États-Unis, en Grande-Bretagne ou en Italie. Et successivement le modèle suédois, le modèle allemand et le modèle japonais se trouvent en difficulté.

Les contextes néo-corporatistes n'échappent pas en effet à la transformation du fordisme. Dans les pays plus riches, l'augmentation des revenus et surtout de la formation de nouveaux groupes sociaux instruits propose d'autres styles de vie et modèles de consommation. Il ne s'agit donc pas d'un phénomène mécaniquement attribuable à la croissance des revenus ou à l'existence d'une sorte de hiérarchie fixe des besoins inférieurs et supérieurs. Pour faire face à la crise des productions plus traditionnelles, les entreprises changent de stratégie et s'orientent vers la diversification et l'offre de produits plus personnalisés et de qualité. Très souvent, ce sont les entreprises elles-mêmes qui poussent les consommateurs à aller vers ces produits.

L'utilisation de l'informatique (en particulier l'emploi des machines à contrôle numérique) révolutionne les secteurs d'activité. Il est désormais possible de programmer l'outillage industriel de manière à pouvoir le réutiliser pour des tâches différentes. Les nouvelles technologies permettent une reprogrammation des machines. Les firmes peuvent ainsi fabriquer des biens non standardisés, de qualité, en série limitée, à des coûts plus bas. Cette opportunité peut être saisie à la fois par les grandes entreprises qui s'éloignent de la production de masse et par les petites et moyennes entreprises qui prennent leurs distances avec les formes de production artisanale et traditionnelle. Les entrepreneurs peuvent ainsi échapper à la concurrence des pays à plus bas coût du travail, engagés dans des productions de biens standardisés, plus simples et de moindre qualité. Des entreprises cherchent à redéfinir le modèle fordiste et à occuper les espaces qui restent pour la production de masse dans les pays plus industrialisés, et surtout dans les pays en voie de développement. Les grandes entreprises peuvent élaborer des stratégies d'adaptation « néo-fordistes » définies comme « production flexible de masse » [Boyer 1988]. L'objectif consiste à enrichir la gamme d'un produit sans abandonner le modèle de production fondé sur la séparation entre conception et exécution, et sur une organisation du travail rigide. La fabrication des produits reste centralisée, même si les entreprises cherchent à raccourcir les temps de réalisation grâce aux nouvelles technologies. Les sous-traitants et les unités de production dépendent largement de la maison mère. L'innovation principale prend corps dans la phase de production grâce à l'« automation programmable » et à l'emploi de machines automatiques comme les robots. Les firmes réalisent ainsi des économies de main-d'œuvre, mais au prix d'une requalification des travailleurs. Certains chercheurs évoquent à ce propos des formes de « néo-taylorisme informatisé ». En investissant directement à l'étranger et en déployant des stratégies multinationales, certaines grandes entreprises retrouvent des conditions avantageuses : un marché en croissance et une main-d'œuvre moins chère.

2. MODÈLES DE PRODUCTION FLEXIBLES ET CONTEXTE INSTITUTIONNEL

Dans *The Second Industrial Divide* publié en 1984, Michael Piore et Charles Sabel introduisent le modèle de *spécialisation flexible* en l'opposant au modèle fordiste de la production de masse. Contrairement au fordisme qui produit des biens standardisés avec des machines spécialisées et une main-d'œuvre semi-qualifiée, la spécialisation flexible se caractérise par la fabrication de biens non standardisés réalisés avec des machines utilisables pour différents modèles et une main-d'œuvre plus qualifiée. L'accent est surtout mis sur les nouvelles technologies électroniques qui réduisent les coûts de la production flexible et diversifiée. Ce modèle « néo-artisanal » se différencie de celui traditionnel par son dynamisme technologique et ses innovations. Piore et Sabel notent que la spécialisation flexible concerne aussi les grandes entreprises en transformation, surtout dans des pays comme l'Allemagne et le Japon, mais ils s'intéressent davantage aux nouvelles possibilités que ce processus ouvre pour les entreprises plus petites.

Le phénomène des districts industriels et de l'industrialisation diffuse en PME-PMI spécialisées et concentrées dans certaines régions a été repéré dans différents pays. Parfois, il s'agit de territoires caractérisés depuis longtemps par des structures productives de ce type, qui sont toutefois impliqués dans une phase de fort dynamisme, dans d'autres les concentrations d'entreprises et les spécialisations productives sont plus récentes. Les secteurs sont soit « traditionnels » (textile, habillement, chaussure, mobilier, ameublement, céramique...), soit « modernes » (mécanique, métallurgie, machines-outils, électronique, informatique, chimie...). Deux conditions souvent associées s'avèrent essentielles : d'une part, le processus productif doit être divisible en phases différentes, techniquement séparables, de façon à permettre la spécialisation des petites entreprises par phase ou par composante ; de l'autre, les productions sont sujettes à une demande quantitative et qualitative très variable qui requiert des formes d'organisation flexible. Le concept même de district a été élaboré en référence au contexte italien. Des tendances similaires se sont néanmoins manifestées dans le Baden-Württemberg, au Danemark, en Suisse, dans certaines régions du Japon, de la France, de l'Espagne, en Californie dans la Silicon Valley et à Los Angeles.

2.1. Les districts industriels en Italie

Au cours des années soixante-dix, les petites entreprises italiennes connaissent une forte croissance, surtout dans les régions périphériques du Centre et du Nord-Est. Cette « Troisième Italie » se distingue à la fois du Nord-Ouest, c'est-à-dire de la zone de la première industrialisation et des grandes entreprises (Gêne, Turin, Milan), et du Sud, économiquement arriéré et agraire [Bagnasco 1977]. Les petites entreprises sont concentrées dans des aires urbaines de dimension réduite (en général, les villes ne dépassent pas 100 000 habitants). Le marché du travail est intégré (en terme de déplacements entre lieu de travail et lieu de résidence) et la spécialisation sectorielle importante. Les secteurs les plus présents sont « traditionnels » (textile, habillement, chaussure, mobilier, céramique...), mais les productions « modernes » ne manquent pas (surtout la mécanique et les machines-outils). Lorsque la spécialisation sectorielle et l'intégration entre les petites entreprises sont très élevées, donnant lieu à une division spécialisée du travail, de véritables « districts industriels » se forment. Dans certains cas, des aires de spécialisation productive de ce type existaient depuis longtemps et cohabitaient avec la production de masse, dans d'autres, elles se forment dans la phase plus récente, sous l'effet des nouvelles opportunités offertes aux productions flexibles.

Le district industriel se présente comme une forme d'organisation industrielle localisée rassemblant un grand nombre de petites entreprises spécialisées dans une phase particulière du processus productif. Seul un nombre limité d'entreprises entretient des rapports directs avec le marché final. Elles décident la quantité et la qualité des biens à produire, en confient la réalisation aux producteurs et coordonnent l'ensemble du processus. La production décentralisée suppose une étroite collaboration entre les unités productives spécialisées. Dans certains cas, les entreprises terminales peuvent être de dimension plus grande et exécuter elles-mêmes certaines phases. Elles peuvent aussi entretenir des rapports de collaboration plus formalisés avec les sous-traitants, qui passent parfois par des formes de contrôle de la propriété. Ces phénomènes ont tendance à croître pour faire face aux problèmes d'innovation et d'amélioration de la qualité.

Pour répondre aux exigences du marché, la flexibilité ne repose pas seulement sur l'utilisation des nouvelles technologies, mais aussi et surtout sur les rapports de coopération. D'autre part, l'aptitude à innover et à améliorer la qualité des biens produits est soutenue par des collaborateurs spécialisés, une main-d'œuvre qualifiée, des services publics, des infrastructures collectives et des facteurs « immatériels » agissant sur la productivité. La circulation et diffusion rapide des connaissances et des informations, et une innovation continue créent des ressources cognitives faites de « connaissances tacites », un savoir-faire diffus, un langage partagé permettant d'adapter le « savoir codifié » des connaissances scientifiques et techniques aux problèmes spécifiques de production. Enfin, des facteurs normatifs jouent un rôle essentiel : la coopération à l'intérieur des entreprises et entre les entreprises n'est pas possible sans le soutien d'une éthique commune.

Trois facteurs institutionnels sont cruciaux pour le développement des districts [Bagnasco et Trigilia 1993]. Les territoires concernés disposent d'un réseau de centres urbains de petite et moyenne dimensions caractérisés par des traditions artisanales et commerciales diffuses, non érodées par la première industrialisation, par l'urbanisation et par l'immigration. Ces traditions locales, ainsi que la présence d'écoles techniques de qualité, ont contribué à la formation d'une entrepreneurialité diffuse. Le deuxième facteur institutionnel important concerne les rapports de production dans l'agriculture avant l'industrialisation. La présence de la famille élargie dans les campagnes (métayage et petite propriété paysanne) a permis la formation d'une main-d'œuvre flexible, à coûts réduits, disposant de connaissances et de motivations congruentes avec le développement de la petite entreprise. Enfin, le troisième facteur institutionnel est la présence de traditions et d'institutions politiques locales liées soit au mouvement catholique, soit au mouvement socialiste et communiste. Ces subcultures politiques territoriales « blanches » ou « rouges » ont contribué à renforcer la confiance et influencé les relations industrielles et l'activité des gouvernements locaux. Le modèle de relations industrielles a donc acquis un caractère coopératif et localiste. Les institutions locales ont garanti, directement ou indirectement, des services sociaux favorisant la flexibilité du travail ; elles ont aussi fourni des services et des infrastructures de base (zones industrielles équipées, réseau bancaire, soutien à la formation professionnelle, services aux entreprises).

Un haut niveau de coopération s'établit entre les entreprises d'une part, et entre les entrepreneurs et les travailleurs, d'autre part. La sous-traitance, par exemple, crée une forte concurrence à l'intérieur de chaque phase de production, mais elle est tempérée par des mécanismes de coopération qui font que le donneur d'ordre et le sous-traitant ne « tirent pas trop sur la corde » même lorsqu'ils jouissent d'une position de marché plus favorable. Autrement dit, ils ne maximisent pas l'utilité à court terme. Ce comportement offre des avantages réciproques à moyen et long terme, notamment en matière de délais de livraison ou de prise de risque. Ces formes de coopération informelles, qui intègrent les mécanismes concurrentiels, se fondent sur un tissu de confiance soutenu par des institutions.

La coopération interentreprises prend souvent un caractère plus formalisé et organisé. En effet, la dimension réduite des entreprises n'autorise pas le développement interne d'une série de services pourtant nécessaires à l'innovation et

Figure 9.1. Districts industriels en Italie
Note : Les données utilisées par l'Istat pour ce graphisme sont relatives au Recensement de 1991.
Source : Istat, *Rapport annuel 1995,* Rome, 1996

à l'amélioration de la productivité : formation professionnelle, informations sur les débouchés et les technologies, promotion des exportations, traitement des déchets industriels... L'activité des districts est en somme tributaire de sa capacité à produire les biens collectifs que chaque unité productive n'est pas en mesure de réaliser seule, mais dont l'efficacité d'ensemble dépend. La production consciente de biens collectifs permet de renforcer les économies externes qui sont essentielles pour le district. Des associations locales de chefs d'entreprise se chargent de créer et de gérer des centres de services. Parfois, les organisations syndicales participent à ces initiatives, surtout dans le domaine de la formation professionnelle. En règle générale, ces initiatives sont directement ou indirectement soutenues par des municipalités et par des organismes régionaux.

Enfin, le marché du travail se caractérise aussi par des formes de coopération. La production des districts exige non seulement une grande flexibilité interne en termes d'horaires et d'heures supplémentaires, mais aussi une disponibilité des travailleurs à exécuter des tâches diverses (polyvalence) et à contribuer à la qualité de la production. Elle comporte en outre une forte mobilité de la main-d'œuvre. L'acceptation sociale de ce type de production est bien sûr favorisée par l'environnement culturel et communautaire (éthique du travail, famille, solidarité locale...). Avec le temps, une forme spécifique de régulation politique du marché du travail s'affirme, liée aux relations industrielles coopératives précédemment évoquées. En somme, les relations industrielles et l'action des gouvernements locaux favorisent l'acceptation sociale de ce modèle de développement à travers des mécanismes de redistribution qui renforcent les mécanismes de réciprocité familiale et locale. En ce sens, la « construction sociale du marché » représente un aspect crucial pour le succès des districts.

Dans le cas italien, les connaissances proviennent de traditions artisanales anciennes, alimentées par de bonnes écoles techniques et autres instituts de formation. Dans d'autres, les ressources cognitives dérivent de la proximité de centres de recherche publics ou privés et de pôles universitaires qui développent des échanges intensifs avec les entreprises. C'est le cas notamment de la Silicon Valley proche de San Francisco (spécialisée dans la production de semi-conducteurs), de l'aire de la « Route 128 » près de Boston (spécialisée dans la production d'ordinateurs), ou du Baden-Württemberg en Allemagne.

L'enracinement du district dans une communauté locale représente un trait constant. La capacité de coopération et la disponibilité d'un réseau de confiance sont généralement basées sur des identités locales. Certaines peuvent avoir une matrice religieuse, d'autres politique, d'autres encore ethnique. L'appartenance territoriale permet des interactions plus directes et des formes de circulation des informations et de contrôle des comportements qui alimentent la confiance et permettent d'isoler rapidement (et de sanctionner avec des mécanismes d'exclusion) ceux qui s'éloignent des attentes partagées.

Certaines institutions locales ont pour but d'instaurer des liens continus entre les traditions productives locales et les connaissances scientifiques et techniques (centres pour la diffusion de la technologie, pour la formation des entrepreneurs et des travailleurs). D'autres institutions se chargent de produire des biens collectifs (connaissance des marchés, promotion des exportations). Cet aspect est commun à tous les districts industriels, même si l'organisation peut varier : des centres privés promus par les associations entrepreneuriales aux centres de service public, en passant par des institutions mixtes.

La flexibilité requiert une grande capacité de coopération et un engagement croissant des travailleurs pour améliorer la qualité. Pour assurer une telle participation, les appartenances culturelles traditionnelles ne suffisent pas, d'autant qu'elles ont tendance à s'affaiblir. Dans un premier cas, malgré des salaires et des conditions de travail souvent défavorables, les travailleurs salariés ont la possibilité de se mettre à leur compte (un facteur qui n'était évidemment pas possible dans les contextes de type fordiste). L'autre cas de figure concerne des situations où les relations industrielles sont plus institutionnalisées et conduit à des formes de flexibilité plus négociées avec des mesures compensatoires (c'est le cas notamment de nombreux districts italiens ou allemands). L'expérience italienne montre qu'il peut y avoir un déplacement graduel du premier cas au deuxième. Le rôle des syndicats est important.

2.2. La transformation des grandes entreprises

Mais la production flexible ne concerne pas que les PME. Avec l'instabilité et la fragmentation croissante des marchés, les grandes entreprises hésitent de plus en plus à investir dans des machines spécialisées qui risquent de ne pas être amorties en raison de la demande changeante et de l'obsolescence des produits. Les grandes firmes (surtout allemandes et japonaises) commencent donc à expérimenter des modèles diversifiés de production flexible.

Pour être compétitives, les grandes entreprises doivent limiter la séparation entre conception et exécution des produits. Une telle séparation — caractéristique du fordisme — rend l'introduction des nouveaux produits très lente, complexe et particulièrement rigide. Pour remédier à ces problèmes, les entreprises expérimentent des formes de décentralisation de l'autorité, de manière à rapprocher les unités productives des *stimuli* du marché et leur permettre de réagir rapidement. Les structures centrales deviennent plus légères et s'occupent uniquement des décisions stratégiques. Les laboratoires centraux d'études et de recherche sont démantelés et généralement remplacés par des laboratoires au niveau de l'unité de production. Les unités de fabrication s'apparentent à des entreprises semi-autonomes qui dirigent certaines productions. Du point de vue financier, la grande entreprise, souvent multinationale, se transforme en *holding* et contrôle les sociétés spécialisées dans les différents produits.

L'organisation du travail se transforme et les modèles tayloristes sont remis en question. La production de biens différenciés en petites séries, avec des ajustements continus par rapport à la demande, conduit à éliminer les ressources redondantes. Ce principe est surtout expérimenté au Japon avec la pratique du *just in time* qui consiste à réduire les écarts, les temps morts et l'accumulation des stocks, en synchronisant le plus possible l'offre à la demande provenant du marché. Ce processus requiert une collaboration élevée de la main-d'œuvre. L'utilisation de machines moins spécialisées, utilisables pour des productions diverses, exige une plus grande qualification du travail. Les ouvriers doivent acquérir une formation polyvalente, ils doivent être habitués à travailler en groupe se composant et se décomposant en fonction des exigences du marché, et être prêts à intervenir pour éviter les défauts de fabrication. En somme, contrairement au modèle de production fordiste-tayloriste, la nouvelle organisation de l'entreprise et du travail implique une participation plus active et une plus grande implication des travailleurs.

Comme les coûts d'élaboration des nouveaux produits augmentent considérablement alors que leur cycle de vie se raccourcit, les grandes multinationales peuvent de moins en moins assurer l'intégralité du processus productif. Elles ont donc tendance à se concentrer davantage sur le développement de certaines technologies clés, sur le *design* et sur l'assemblage global du produit final. Les parties complémentaires sont produites en collaboration avec des sous-traitants, qui ont à leur tour tendance à décentraliser les composantes ou les phases plus simples à d'autres confrères. Afin que leur rôle de partenaire soit plus efficace, les sous-traitants évitent de collaborer uniquement avec la maison mère. En travaillant pour plusieurs donneurs d'ordre et en étant plus exposés aux stimuli du marché, leur capacité d'apprentissage augmente. De plus, ils peuvent compenser les chutes de production d'un produit spécifique avec d'autres commandes, en augmentant la flexibilité productive et en réduisant les coûts pour l'entreprise principale. D'un côté, les sous-traitants sont davantage intégrés à travers des accords de collaboration formels et informels avec la maison mère, de l'autre ils sont encouragés à aller sur le marché.

À l'instar des petites entreprises et des districts, les grandes entreprises qui prennent la voie de la spécialisation flexible s'appuient sur des facteurs culturels et institutionnels. À partir du moment où elles expérimentent les nouvelles formes de production, elles deviennent plus dépendantes de l'environnement — plus « encastrées » dans la société — comparé aux vieilles structures fordistes.

La valorisation des capacités d'apprentissage semble favorisée dans les contextes où la hiérarchie et la déqualification du travail ont été atténuées par rapport au modèle fordiste traditionnel. C'est le cas au Japon, du fait d'une conception de l'entreprise comme communauté plutôt que comme réseau de contrats et d'une attention à la formation professionnelle. C'est aussi le cas de l'Allemagne, en raison d'un management participatif qui prévoit un engagement formalisé des travailleurs dans la gestion de l'entreprise, et de la place traditionnellement accordée à la formation professionnelle. Ces exemples montrent que la valorisation des ressources cognitives à travers la coopération est encouragée par une éthique et des règles institutionnalisées qui incitent les travailleurs à coopérer. Au Japon, l'emploi à vie dans les grandes entreprises, la présence d'un syndicalisme d'usine coopératif et la rémunération liée à la marche de l'entreprise sont autant de facteurs qui soutiennent la collaboration. En Allemagne, des relations industrielles très institutionnalisées en entreprise exercent une fonction similaire. Les contraintes et la rigidité de l'emploi du travail incitent les entreprises à investir davantage dans la formation des travailleurs qu'elles ne peuvent licencier facilement. Les firmes y sont aidées par des institutions extérieures, publiques ou mixtes.

La plus grande ouverture aux collaborations extérieures pousse les grandes entreprises à établir des contacts avec des réseaux de fournisseurs spécialisés localisés dans des régions de spécialisation productive ou dans de véritables districts. Les grandes entreprises ne peuvent expérimenter la spécialisation flexible que s'il existe des petites et moyennes entreprises externes. Cette condition renvoie aux facteurs culturels et institutionnels qui ont limité l'impact du modèle fordiste sur l'organisation économique. Les petites entreprises ont bénéficié de certaines politiques publiques, comme les mesures fiscales ou la législation sur le travail, et du soutien des gouvernements locaux. L'expérimentation de modèles flexibles débouche donc sur une certaine convergence entre la version fondée sur les districts et celle centrée sur les grandes entreprises [Sabel 1988 ; Regini et Sabel 1989]. Wolfgang Streeck [1992] a lui aussi souligné cette tendance en introduisant le concept de *production diversifiée de qualité*, réalisable soit par de grandes sociétés utilisant les nouvelles technologies flexibles pour produire des volumes élevés de biens non standardisés de qualité, soit par des entreprises plus petites pour produire, à des coûts réduits, des biens non standardisés en série limitée.

Les grandes entreprises, comme les petites, développent un modèle d'organisation réticulaire, fondé sur une collaboration horizontale entre les entreprises, qui rompt avec la fermeture et l'intégration verticale du modèle fordiste. Les districts peuvent être vus comme des *réseaux de petites et moyennes entreprises* qui tendent à se formaliser davantage dans le temps, alors que la grande firme se transforme en *entreprise-réseau*. Les réseaux fonctionnent comme des « systèmes d'initiation », c'est-à-dire comme un ensemble de relations formelles et informelles qui augmente la capacité d'ajustement rapide au marché. Il s'agit d'une formule organisationnelle qui détermine une sorte de renversement par rapport à l'organisation fordiste. Ce n'est plus l'entreprise, en tant que hiérarchie, qui décide les objectifs de production et qui les impose au marché, mais c'est le marché, plus fragmenté et instable, qui impose des processus d'ajustement plus rapides et coûteux. Les réseaux permettent d'accélérer les ajustements et les capacités d'apprentissage, et de réduire le coût des nouveaux produits, en les distribuant à un éventail plus large de personnes et en diminuant donc les risques. Les réseaux exercent mieux ces fonctions parce que la collaboration repose sur des liens formels et informels et n'exige donc pas une définition contractuelle détaillée des rapports entre les parties engagées, laquelle serait compliquée et incomplète. Elle évite aussi la rigidité et la lenteur bureaucratique de la hiérarchie.

Alors que le modèle fordiste accentuait au maximum l'autonomie de l'entreprise par rapport à l'environnement social, la production flexible a tendance à la réduire. Les réseaux se construisent et fonctionnent plus facilement dans les contextes où il existe un tissu de confiance facilitant la coopération et des institutions capables de générer et de reproduire le consensus. Dans le fordisme, les conditions qui agissent sur la régulation de la demande au niveau central (gouvernements, système de représentation...) priment, tandis que dans les modèles flexibles les facteurs institutionnels qui influent sur l'offre au niveau local et régional l'emportent.

2.3. L'autre face de la flexibilité : l'économie informelle

Les difficultés du fordisme et la crise de l'État-providence ont également attiré l'attention sur d'autres formes de flexibilité dans la production de biens et de services. Les chercheurs se sont de plus en plus intéressés à *l'économie informelle* non seulement comme mécanisme d'adaptation à la nouvelle situation, mais aussi comme tendance diffuse dans les pays et les régions économiquement plus faibles. De manière générale, l'économie informelle représente un ensemble d'activités de production et de distribution de biens et de services échappant entièrement ou en partie à la comptabilité nationale. Autrement dit, elle s'identifie avec l'économie non-comptabilisée. Cette définition générale inclut des phénomènes très différents entre eux, allant de la production familiale d'autoconsommation à la production industrielle réalisée avec le travail au noir, en passant par l'économie criminelle des trafiquants de drogue.

L'économie informelle se fonde sur trois dimensions : le mode de production des biens et des services (plus ou moins légal) ; le type de biens et de services produits (licites ou non) ; enfin, le caractère plus ou moins marchand de la production.

1. La production, selon des modalités qui violent la législation, de biens et de services eux-mêmes illégaux peut être qualifiée d'*économie criminelle* ;

2. La production de biens et de services licites, réalisée cependant avec des moyens qui violent totalement ou en partie la loi (par exemple, avec le travail non déclaré, avec l'évasion fiscale) constitue l'*économie cachée* (ou *souterraine*) ;

3. La production de biens et de services licites, réalisée selon des modalités qui ne violent pas la loi, destinée non pas au marché mais à l'autoconsommation familiale ou à la consommation d'un groupe social, d'une communauté quelconque, renvoie à l'*économie domestique* ou *communautaire*.

Tableau 9.1. Économie formelle et informelle

	Méthodes de production	Produits	Finalité marchande
Économie formelle	Légale	Légales	Oui
Économie informelle :			
Cachée	Illégale	Légales	Oui
Criminelle	Illégale	Illégales	Oui
Domestique-communautaire	Légale	Légales	Non

Cette distinction entre l'économie formelle et les différentes formes d'économie informelle montre combien les frontières entre les sphères sont floues et changeantes. Pour que la distinction résiste, il faut que l'économie formelle soit définie par des règles juridiques qui délimitent et organisent les activités économiques pour le marché. Quand cette condition n'est pas respectée, comme dans beaucoup de pays du tiers-monde ou régions sous-industrialisées, il s'avère difficile de distinguer la sphère informelle de la sphère formelle. D'une certaine manière, toutes les activités tendent à être informelles. De plus, il faut considérer les relations que les diverses composantes de l'économie informelle entretiennent entre elles et avec des pans de l'économie formelle [Bagnasco 1986 ; Portes 1994]. La production domestique ou communautaire, par exemple, peut fournir des ressources supplémentaires pour les acteurs engagés dans l'économie cachée produisant pour le marché avec des salaires non conformes et des conditions de travail irrégulières. Cette production peut également accroître la flexibilité des petites ou des grandes entreprises de l'économie formelle qui décentralisent de leur production des segments plus simples et à plus forte intensité de travail.

À partir du milieu des années 1970, la sociologie économique s'intéresse de plus en plus à l'économie informelle. Dans les pays moins développés, les formes d'activités cachées, domestiques ou communautaires n'apparaissent plus comme des phénomènes archaïques et isolés destinés à disparaître avec la modernisation, mais comme des modes de production spécifiques susceptibles de s'insérer dans le cadre de la division internationale du travail. Par ailleurs, la présence de l'économie informelle dans les régions plus développées a suscité de nouvelles recherches mettant l'accent sur les facteurs culturels et institutionnels du phénomène.

En l'absence d'informations et d'instruments de mesure précis, il est difficile d'évaluer avec précision l'évolution quantitative de l'économie informelle. L'essor du capitalisme libéral entraînait un déplacement progressif des activités informelles vers la sphère de l'économie formelle dans le domaine de la production. Dans le domaine des services, en revanche, les formes traditionnelles régulées par des mécanismes de réciprocité familiale et communautaire ont progressivement disparu, en partie remplacées par l'État-providence. L'inversion de tendance se serait manifestée au cours des années 1970 en rapport avec les difficultés du fordisme et de la production de masse, et avec la crise des systèmes publics de protection sociale.

Les transformations de la production de masse alimentent l'économie informelle, en particulier souterraine. Ce processus se produit surtout directement, comme une forme d'adaptation des travailleurs aux difficultés liées à l'emploi et comme une réaction des entreprises qui cherchent à abaisser leurs coûts de production en déréglementant les rapports de travail. Mais il se produit aussi indirectement, parce que la plus grande variabilité et fragmentation des marchés crée des espaces pour des productions flexibles pouvant utiliser totalement ou en partie des secteurs de l'économie informelle. L'amélioration des techniques de communication et de transport favorise aussi les stratégies de décentralisation et de délocalisation de phases ou de composantes de la production.

L'augmentation de l'autoproduction familiale ou communautaire de biens et de services peut également être vue comme une conséquence directe de l'insuffisance de la couverture sociale publique face aux nouveaux besoins sociaux (liés par exemple au chômage). Elle peut aussi exprimer des attentes nouvelles (soins aux personnes âgées, aux enfants, aux malades, aux handicapés) que les formes traditionnelles, bureaucratiques et standardisées de l'intervention publique ne peuvent satisfaire [Paci 1989]. Cette demande est souvent couverte par des réseaux d'économie domestique et communautaire fondés sur l'assistance, le volontariat et la réciprocité.

D'un côté, le coût des services finaux offerts sur le marché augmente, en particulier dans le domaine de l'entretien et de la réparation des biens comme la maison ou des équipements domestiques comme les appareils électroménagers, ou bien dans le domaine des services personnalisés. De l'autre, les nouvelles technologies mettent à la disposition des consommateurs des formes d'autofourniture leur permettant de réaliser eux-mêmes de tels services ou de les réaliser indirectement, à travers des échanges qui ne passent pas par le marché. Si les logiques qui alimentent l'économie informelle sont multiples et complexes, elles ont toutes recours à des formes de réciprocité comme mode de régulation dominant. Ce phénomène se manifeste surtout dans l'économie cachée ou souterraine, où les relations sociales familiales, parentales ou communautaires sont fortement mobilisées.

Il est plus facile d'organiser des activités indépendantes dans des contextes caractérisés par des traditions artisanales et commerciales, ou encore dans des contextes où les connaissances et les savoir-faire sont importés à travers l'immigration. Le degré de régulation des activités économiques agit également sur la demande informelle. Si la réglementation en vigueur ne crée pas des contraintes excessives aux activités formelles — notamment en termes de pression fiscale, de gestion administrative ou de rapports de travail — la demande d'activités informelles sera moindre. L'efficience des structures publiques et des organismes de contrôle œuvre dans la même direction. Si les contraintes sont très fortes par rapport à la productivité et si les structures de contrôle ne fonctionnement pas, la demande sera plus élevée. La confiance et les liens communautaires jouent un rôle fondamental. Sans eux, les transactions dans l'économie cachée ne pourraient pas avoir lieu, les acteurs ne pouvant faire référence à des contrats légaux et demander l'intervention des institutions publiques en cas de violation des clauses. La connaissance mutuelle entre les parties en jeu permet aussi de minimiser les risques de dénonciation des activités illégales aux autorités. Les réseaux de relations sont primordiaux pour se procurer la main-d'œuvre et pour obtenir les crédits nécessaires, les acteurs ne pouvant avoir recours aux structures bancaires. L'aide de la famille, des parents et de la communauté locale y remédie, en mobilisant les fortes identités ethniques, culturelles ou religieuses.

C'est dans un territoire que peuvent prendre forme les réseaux de relation et de connaissances permettant la mobilisation des ressources, ainsi que le contrôle des personnes impliquées et les sanctions d'exclusion à l'encontre de ceux qui rompent les liens de confiance. Ceci explique pourquoi les formes d'économie cachée sont très répandues dans certains quartiers des grandes métropoles modernes, comme New York, San Francisco, Miami et beaucoup d'autres villes caractérisées par des communautés ethniques et des groupes d'immigration à forte cohésion interne [Portes 1994]. Mais le phénomène est aussi largement présent dans des zones sous-développées, que ce soit dans les villes ou dans des régions rurales où l'entraide est traditionnelle et où la famille joue un rôle économique primordial. La diffusion de l'économie souterraine dans les communautés immigrées des pays plus développés témoigne non seulement de l'importance du tissu de confiance, mais aussi des motivations de l'étranger pour accomplir des travaux pénibles et mal payés, mais acceptés dans la perspective d'une mobilité sociale.

3. L'ÉCONOMIE DE LA RÉGULATION

À partir des années 1970, une « économie de la régulation », appelée aussi « néo-institutionnalisme économique » met en discussion l'idée de l'entreprise comme fonction de production, c'est-à-dire comme entité productive dont les frontières sont essentiellement définies par la technologie. La nouvelle approche voit dans le marché, dans l'entreprise ou dans les formes de collaboration interentreprises, des institutions économiques pouvant être expliquées comme des « réseaux de contrats » entre des acteurs cherchant à maximiser leur propre intérêt. Dans le modèle néo-classique traditionnel, on suppose l'existence de « coûts de transaction » variables, dus à des conditions d'incertitude et à un manque d'informations, pouvant créer des espaces plus ou moins grands pour des comportements opportunistes. Des mesures contractuelles permettent de réduire les coûts de transaction. La variété des formes d'organisation répond donc à une logique d'amélioration de l'efficience des transactions plutôt qu'à des déterminants technologiques.

Williamson [1975, 1985] soutient qu'il ne suffit pas de prendre en compte les facteurs « environnementaux » pour comprendre les coûts de transaction, il faut considérer les « facteurs humains ». Il met aussi l'accent sur les variables non économiques et prône un rapprochement avec la sociologie. Le concept de « rationalité limitée » formulé par Herbert Simon [1957] permet de caractériser de façon réaliste les décisions des acteurs économiques. Ce concept souligne la capacité limitée de l'esprit humain à résoudre des problèmes complexes, ce qui rend difficile la poursuite de comportements objectivement rationnels, dans la réalité. Lorsqu'une personne doit prendre une décision, il lui est pratiquement impossible de connaître toutes les alternatives et toutes leurs conséquences possibles. La rationalité est donc toujours limitée et vise à obtenir des résultats satisfaisants plutôt qu'optimaux, en se basant sur la sélection d'un nombre restreint d'informations. Pour mieux définir l'action économique, il faut également tenir compte de la tendance à l'« opportunisme », c'est-à-dire au manque de sincérité et d'honnêteté dans les échanges, qui peut conduire à la poursuite de l'intérêt individuel, à la duperie et à la fraude.

Quand, parmi les facteurs environnementaux, les conditions d'incertitude, de complexité ou de dépendance prévalent, l'importance des facteurs humains — c'est-à-dire de la rationalité limitée et de l'opportunisme — grandit. Les « coûts de transaction » dérivent donc de la difficulté à définir (d'abord) et à exécuter (ensuite) un contrat pour une transaction spécifique. Dans cette situation, on choisira de coordonner les activités par voie hiérarchique, à travers l'internalisation de l'entreprise, pour des raisons d'efficience, c'est-à-dire pour réduire les coûts de transactions. Autrement dit, à parité de coûts de production (déterminés par les technologies et par les économies d'échelle), on aura d'autant plus recours à l'entreprise plutôt qu'au marché que les coûts de transaction seront élevés. Mais la hiérarchie a des coûts. L'agrandissement de l'entreprise peut créer des problèmes dans les transactions internes, liés à la déresponsabilisation, à la perte de contrôle, à l'émergence de conflits internes et au cercle vicieux bureaucratique. Les facteurs humains conservent un rôle déterminant, bien qu'ils soient toujours considérés comme des données plutôt que comme des variables. Quant aux facteurs environnementaux, l'attention se concentre sur le degré de spécialisation des investissements qui caractérisent une transaction. Si les rapports entre une entreprise donneuse d'ordre et une firme sous-traitante, par exemple, impliquent des investissements importants de la part de cette dernière en machines ne pouvant être facilement réutilisées, la transaction sera spécifique. Plus les ressources engagées sont spécialisées, plus la relation se transforme en un rapport bilatéral entre les contractants, avec des risques d'exploitation opportuniste plus ou moins réciproques. Les coûts de transaction comme coûts du marché augmentent donc et requièrent de protéger les parties intéressées. Les risques augmentent aussi avec la répétition dans le temps des transactions.

La figure 9.2 permet de saisir les mécanismes de gestion sélectionnés en relation au degré de fréquence et de spécificité des transactions :

1. Le marché traditionnel tend à l'emporter pour des transactions occasionnelles ou récurrentes qui comportent une faible spécificité des ressources (par exemple, d'outillages standardisés) ;

2. Pour des transactions occasionnelles à spécificité plus élevée (par exemple, la construction d'un équipement), on aura aussi recours au marché,

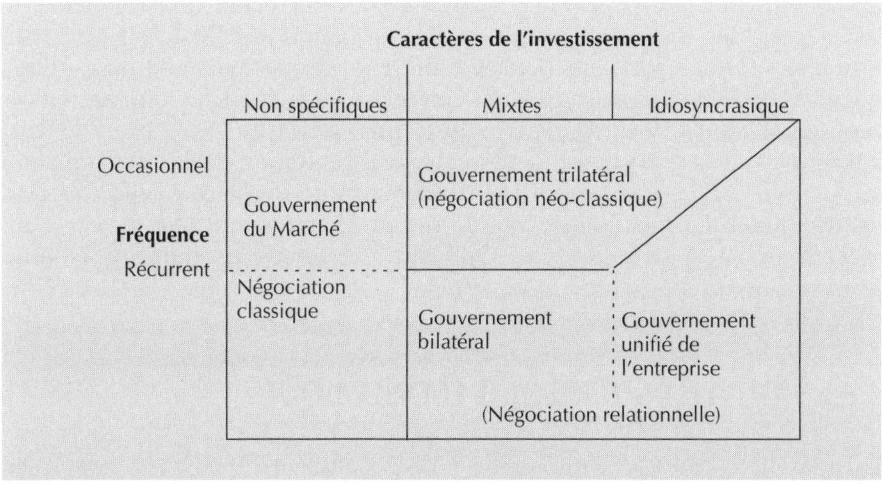

Figure 9.2. Les mécanismes de gouvernement efficient des transactions

Source : Williamson, 1985

mais pour réduire les coûts de transaction, on fera appel à des tiers en qualité d'arbitre ou de médiateur (par exemple, les professions libérales ayant pour mission de suivre la construction d'une maison ou d'un établissement) ;

3. Quand la fréquence et la spécificité des transactions augmentent (par exemple, des rapports de sous-traitance pour des produits de haute qualité), des rapports contractuels plus complexes (*relational contracting*) apparaissent. Une « gestion bilatérale » s'instaure avec des accords de longue durée et des *joint ventures*. Les entreprises s'ouvrent davantage à la collaboration externe, mais doivent aussi se protéger des risques qui en découlent ;

4. Enfin, avec l'accroissement ultérieur de la spécificité des ressources, donc du caractère idiosyncrasique des investissements qui ne sont plus utilisables pour d'autres usages, la hiérarchie apparaît comme la solution la plus efficace pour limiter les coûts de transaction.

Le chercheur américain souligne que ces facteurs permettent de tenir compte de la « nature humaine telle que nous la connaissons ». Cette affirmation est significative. En introduisant des éléments non économiques dans l'explication, Williamson recourt aux propensions psychologiques naturelles des acteurs. Il s'agit cependant d'une position très différente de celle de la sociologie économique. La rationalité limitée et l'opportunisme renvoient à des orientations cognitives et normatives qui ne sont pas données mais variables. Elles sont une construction sociale, un produit du processus historique d'une société déterminée. Le concept sociologique de « capacité entrepreneuriale » exprime aussi la variabilité de la rationalité dans le domaine économique. Même l'opportunisme est influencé, dans ses expressions concrètes, par les institutions sociales et politiques pouvant en limiter ou en renforcer la diffusion. Par conséquent, dans la réalité, même les transactions avec une spécificité élevée des ressources peuvent ne pas être intégrées verticalement, si le contexte institutionnel limite l'opportunisme et renforce les liens de confiance.

L'autre élément problématique de ce schéma d'analyse concerne l'explication des institutions. Leur origine proviendrait de la recherche rationnelle par les acteurs des solutions les plus efficaces. Cette perspective pose deux problèmes. D'une part, elle néglige l'influence des facteurs culturels, politiques, et des réseaux sociaux sur l'émergence des modèles d'organisation économique qui s'affirment dans les différents contextes. De l'autre, elle tend à sous-évaluer la persistance de systèmes d'organisation moins performants, qui peuvent également se reproduire en raison de ses liens avec le contexte institutionnel. La sociologie économique développe sa critique sur ces deux aspects, liés à la définition de Williamson des facteurs humains comme propensions psychologiques données.

4. LA NOUVELLE SOCIOLOGIE ÉCONOMIQUE

La nouvelle sociologie économique propose plusieurs approches, dont celle centrée sur les réseaux sociaux et celle qualifiée de néo-institutionnalisme sociologique. Il paraît opportun de souligner ce qui les unit et, dans le même temps, les distingue du néo-institutionnalisme économique en faisant allusion à deux aspects interdépendants : la théorie de l'action et les conséquences qui en découlent pour l'explication de la variété des formes d'organisation économique.

En ce qui concerne le premier aspect, les études en question partagent une théorie de l'action typique de la sociologie économique, c'est-à-dire qu'elles considèrent l'action comme socialement orientée, et elles critiquent l'atomisme et l'utilitarisme encore dominant dans l'économie institutionnelle, malgré les nuances introduites avec les concepts de rationalité limitée et d'opportunisme. Pour reprendre une distinction proposée par Mark Granovetter [1985], la critique de la nouvelle sociologie ne renvoie pas seulement à la conception « sous-socialisée » de l'acteur propre à l'économie, mais aussi à celle « sur-socialisée » présente dans la sociologie. Cette perspective réfute la conception selon laquelle le comportement des acteurs est fortement conditionné par la culture et par les normes transmises avec le processus de socialisation. Cette critique fait allusion à l'acteur esquissé par la sociologie de Parsons, qui semble autant irréaliste que l'individu calculateur et utilitariste du modèle économique traditionnel.

La nouvelle sociologie économique propose une théorie de l'action plus constructiviste, inspirée des critiques adressées à Parsons par l'ethnométhodologie et par la phénoménologie. À partir de ce terrain commun, s'ouvrent des parcours différenciés. L'approche structurale souligne davantage l'insertion des acteurs dans des réseaux sociaux comme facteur qui conditionne les échanges et les orientations, tandis que le néo-institutionnalisme accorde plus de poids aux composantes cognitives et normatives de la culture qui se produisent et se reproduisent dans l'interaction sociale. Malgré ces différences, ces deux positions partagent la critique à l'économie institutionnelle relative aux origines des différentes formes d'organisation économique. Ces dernières ne se réduisent pas à la recherche rationnelle de solutions efficaces pour maximiser les coûts de transaction, mais dépendent de l'enracinement social de l'action économique. Pour les partisans de l'approche structurale, il est impossible de comprendre l'organisation économique sans la relier à l'influence autonome exercée par les réseaux dans lesquels les individus sont insérés. Pour les néo-institutionnalistes, en revanche, il faut faire référence à l'enracinement cognitif et normatif de l'action, donc au rôle de la culture.

4.1. L'approche structurale et les réseaux sociaux

Pour l'approche structurale, l'action est fondamentalement influencée par l'insertion des acteurs dans des réseaux de relations sociales. Des réseaux stables de relations sociales constituent d'ailleurs des structures qui encadrent le comportement économique. Parmi les auteurs qui se rallient à ce courant, Mark Granovetter part de la critique de la théorie de l'action dominante en économie. Williamson et, plus généralement, l'économie institutionnelle ont une vision « sous-socialisée » de l'acteur. Ils soulignent le poids de l'opportunisme, mais pensent que ce dernier peut être maîtrisé par des institutions efficaces ayant pour but de minimiser les coûts de transaction. D'autres économistes reconnaissent l'importance de la confiance pour le déroulement ordinaire des activités économiques, mais sont enclins à penser que ce problème est résolu par la présence diffuse d'une « moralité généralisée », c'est-à-dire de normes de comportement intériorisées par les acteurs. De ce point de vue, ils se réfèrent à une théorie « hyper-socialisée » de l'acteur semblable à celle de la sociologie parsonsienne. Selon Granovetter, ces deux positions sont insatisfaisantes parce qu'elles négligent le mécanisme principal contrôlant l'opportunisme et la malhonnêteté : la notion d'« encastrement » souligne le rôle joué par les relations personnelles concrètes et ses réseaux qui génèrent la confiance découragent la transgression des règles. L'insertion des individus dans des réseaux stables de relations personnelles permet de diffuser les informations et de contrôler le comportement, en générant de la confiance et en isolant rapidement ceux qui ne la méritent pas.

Selon Granovetter, Williamson surestime les capacités de la hiérarchie de l'entreprise à gérer des transactions complexes et sous-évalue les capacités du marché. En réalité, même des transactions complexes et potentiellement risquées peuvent être effectuées à travers le marché s'il existe des relations de confiance réticulaires qui lient les entreprises engagées et qui abaissent donc de manière autonome les coûts de transaction. Cette évaluation trouve confirmation dans l'analyse des districts industriels. Des transactions simples effectuées dans des marchés concurrentiels ont souvent tendance à assumer un caractère stable et répété parce qu'elles s'enracinent dans des réseaux de relations personnelles entre fournisseurs et clients. Le recours au marché, à la hiérarchie ou à des formes intermédiaires est donc influencé par les caractéristiques des réseaux sociaux. Autrement dit, il faut s'attendre à une pression vers l'intégration verticale dans un marché où les entreprises ne disposent pas d'un réseau de relations personnelles qui les unit ou encore quand ce réseau génère du conflit, du désordre ou de la prévarication. Selon Granovetter, cette perspective évite les explications fonctionnalistes en termes d'efficience des institutions économiques. En effet, rien ne permet d'affirmer que des solutions efficaces aux problèmes de coûts de transaction émergent automatiquement. L'adaptation institutionnelle dépend du rôle des réseaux sociaux qui peuvent être plus ou moins présents et favoriser plus ou moins certaines solutions. Les réseaux relationnels interdisent les comportements incorrects, mais ils peuvent aussi les autoriser, comme dans le cas des formes d'économie criminelle, ou les faciliter comme dans l'*insider-trading* (c'est-à-dire l'utilisation d'informations réservées par des opérateurs économiques en vue de spéculer). L'importance des réseaux sociaux permet aussi d'expliquer la persistance de solutions moins performantes et néanmoins susceptibles de se reproduire dans le temps parce que soutenues par des réseaux sociaux bien établis.

Dans une étude pionnière, Granovetter [1974] étudie l'influence des réseaux sociaux comme instrument pour trouver du travail et attire l'attention sur la « force des liens faibles ». Il suppose que les individus insérés dans des réseaux de relations sociales faibles ont la possibilité d'accéder à un nombre plus grand et plus diversifié d'informations que s'ils disposent de liens « forts », c'est-à-dire les rapports avec la famille, les parents, les amis intimes. Chaque lien est inséré dans des cercles sociaux différents et peut donc mettre en communication avec des environnements plus diversifiés. La contribution de l'approche structurale au développement d'une « sociologie des marchés » s'est limitée au débat théorique [Swedberg 1994]. L'idée de fond est que pour comprendre le comportement des entreprises, il faut s'intéresser aux réseaux de relations entre des entreprises produisant dans un marché déterminé (la structure du marché). La sociologie des marchés critique donc le postulat des modèles économiques traditionnels d'entreprises isolées et indépendantes les unes des autres qui réagissent à la demande des consommateurs. Certaines de ces études se réfèrent au problème des marchés de « concurrence imparfaite » ou « monopolistique » étudiés par l'économie sur les traces des premières contributions de Chamberlin. Dans ce cadre, la différenciation du produit est une stratégie que les entreprises adoptent pour se soustraire à la concurrence en segmentant le marché. Les travaux rattachés à ce courant mettent toutefois l'accent sur un aspect négligé par l'analyse économique, les conditionnements exercés par les autres entreprises, et sur les stratégies spécifiques de différenciation et d'occupation de niches particulières (spécialisation) suivies par chacune d'elles. D'une certaine manière, les marchés sont vus comme des groupes de producteurs qui s'observent mutuellement et minutieusement afin de déterminer la stratégie la plus avantageuse en termes de rapport qualité-prix des biens offerts. Les marchés répondent donc à une logique d'auto-reproduction des producteurs plutôt que d'efficience en termes de satisfaction de la demande des consommateurs aux coûts les plus bas.

Des entreprises ont tenté d'éviter ou de contrôler la concurrence en instaurant une présence croisée de leurs représentants dans les organismes de direction, en particulier dans les conseils d'administration (*interlocking directorates*). Ce phénomène a été notamment signalé dans des recherches sur le secteur bancaire et financier aux États-Unis ou sur les rapports entre élites économiques et politiques au moyen de réseaux mettant en communication ses acteurs dans les grandes entreprises, les groupes d'intérêt et les cercles sociaux de prestige.

4.2. Le capital social

L'ensemble de relations sociales dont un sujet individuel et collectif (comme une entreprise) dispose à un moment donné constitue son « capital social ». À travers ce capital de relations, les ressources cognitives (les informations) ou normatives (la confiance) deviennent disponibles et permettent aux acteurs de réaliser des objectifs qu'ils n'auraient pas réalisés autrement ou avec des coûts beaucoup plus élevés. Le capital social est donc productif comme les autres formes de capital : le capital physique (biens matériels et monétaires) et le capital humain (connaissances et habileté des individus). Il y a cependant une différence fondamentale. Les individus peuvent acquérir personnellement le capital physique et humain. Ils sont donc encouragés à investir leurs propres ressources pour accroître la disponibilité de ces formes de capital et profiter pleinement de leurs avantages. Ce n'est en revanche pas le cas pour le capital social qui appartient à l'ensemble des personnes engagées dans les réseaux de relations. Il n'est pas divisible et ses avantages ne profitent pas à un individu mais à tous ceux qui participent au réseau. Il s'agit en somme d'un bien collectif. C'est la raison pour laquelle chaque acteur est moins incité à contribuer à sa production. C'est pourquoi, d'après Coleman, « la plupart des formes de capital social sont créées ou détruites comme sous-produits des autres activités ». Ainsi, par exemple, l'existence de relations familiales, parentales, communautaires ou ethniques peut servir de fondement à des formes de capital social utilisables sur le plan économique (comme dans le cas de l'économie informelle). Naturellement, cela n'exclut pas qu'il puisse y avoir des efforts conscients pour créer des réseaux productifs de capital social à des fins économiques. La formation de « clans » fondés sur des relations informelles entre les entreprises pour faire face à des transactions complexes est un exemple de ce type. De même, la construction de participations croisées dans les organes de direction des sociétés (*interlocking directorates*) rentre dans ce cas de figure.

Le capital social peut générer de la confiance qui favorise le développement économique, surtout quand les modèles de production flexible se répandent. Mais les réseaux sont aussi un instrument à travers lequel le pouvoir des membres augmente par rapport aux acteurs extérieurs. Ceci permet de comprendre les situations dans lesquelles les réseaux sont utilisés aux dépens des consommateurs ou des autres entreprises, et permettent d'échapper à la concurrence. Les réseaux qui impliquent des criminels, mais aussi les forces de l'ordre, les hommes politiques ou le personnel administratif, constituent un instrument essentiel de l'économie criminelle.

La nature indéterminée du capital social résulte surtout de la diffusion et du succès que cette catégorie a eu suite à son utilisation récente dans certaines études sur le développement économique et sur le rendement institutionnel [Putnam 1993 ; Fukuyama 1995]. Dans ces travaux, le concept de capital social est identifié à la disponibilité d'un réservoir important de confiance. Ce facteur favorise la capacité de coopération et l'essor économique au niveau régional ou national, et agit aussi positivement sur le fonctionnement des institutions publiques. Cela pose cependant un certain nombre de problèmes. D'une part, le capital social est identifié avec le tissu de confiance, mais les origines de cette ressource, ainsi que ses rapports avec les réseaux sociaux, ne sont pas clairs. Le renvoi à l'expérience historique et à la culture reste bien souvent générique. D'autre part, contrairement aux études de la *political economy* du développement (par. 4, chap. 7), le rôle des facteurs politico-administratifs et l'interaction entre l'État et les processus de création du capital social et de développement économique ne sont pas suffisamment approfondis [Mutti 1998, Bagnasco 1999].

4.3. Le néo-institutionnalisme sociologique

Dans l'approche structurale, l'ordre des relations sociales dans la structure prévaut sur les motivations des individus. Ceci explique, entre autres, pourquoi dans la perspective de Granovetter, ainsi que dans la manière dont Coleman conçoit le capital social, on ne note aucun contraste fort avec la théorie du choix rationnel [Granovetter 1985]. La position des néo-institutionnalistes se différencie de celle des structuralistes parce qu'elle met en évidence le rôle autonome des facteurs culturels. Alors que pour les structuralistes les réseaux apportent des ressources et des contraintes qui déterminent la poursuite rationnelle des intérêts individuels, pour les néo-institutionnalistes les facteurs culturels contribuent à définir les intérêts et les modalités à travers lesquels ils sont poursuivis [Friedland et Alford 1991]. Outre le réseau structurel, il faut donc considérer l'*embeddedness* cognitif, culturel et politique [Zukin et DiMaggio 1990].

La théorie de l'action des néo-institutionnalistes est plus vaste que celle des structuralistes et a un caractère multidimensionnel. La critique adressée à la nouvelle économie institutionnelle rejoint « un intérêt pour les unités d'analyse supra-individuelles et pour les institutions comme variables indépendantes, ainsi qu'une orientation vers des explications normatives et culturelles [...] » [Powel et DiMaggio 1991b]. Cette position prend aussi ses distances avec la théorie « sur-socialisée » de l'acteur parsonsien, mais contrairement aux courants structuralistes, une telle critique n'est pas assortie d'une dépréciation du rôle de la culture et des institutions.

Le néo-institutionnalisme est fortement influencé par l'ethnométhodologie de Harold Garfinkel [1967] et par la démarche phénoménologique de Berger et de Luckmann [1967], mais aussi par les développements de la psychologie cognitive. Cette approche conduit à valoriser la dimension cognitive des institutions par rapport à la dimension normative. Autrement dit, elle accorde plus d'importance aux règles « routinières » (largement données pour acquises) dans l'orientation du comportement. Il s'agit de schémas interprétatifs et de répertoires d'actions communes qui aident à définir l'identité et les intérêts individuels. Face au manque d'informations et aux risques liés aux transactions, il n'est pas possible d'effectuer une sélection rationnelle et rigoureuse des solutions les plus efficientes. Les acteurs individuels et collectifs se fient alors non seulement aux réseaux, mais aussi aux solutions qui sont considérées comme plus appropriées et légitimes par l'environnement ; ainsi se créent des zones d'homogénéité dans les formes d'organisation économique et les mécanismes sociaux qui les influencent. Cette démarche permet également d'expliquer l'inertie des aspects organisationnels et leur persistance, même lorsqu'ils perdent leur efficacité économique. Ces aspects sont bien présentés dans les travaux de Powell et de Di Maggio sur l'« isomorphisme » qui expliquent l'homogénéité des modèles de comportement au sein d'un « champ organisationnel » déterminé.

Un « champ organisationnel » est constitué par l'ensemble des acteurs importants dans un certain domaine d'activité. Par exemple, il s'étend non seulement aux entreprises qui rivalisent dans un secteur déterminé, mais aussi à celles qui fournissent des services, aux structures publiques, aux organisations syndicales et professionnelles. La prise en compte de l'ensemble de ces unités (même si elles n'interagissent pas directement entre elles) est importante pour appréhender comment se forment les modèles de comportement retenus appropriés. La première forme (et la plus évidente) d'isomorphisme institutionnel est « coercitive » : la réglementation publique (de l'antitrust aux normes sur le travail et sur la sécurité) peut contraindre les individus à adopter des modèles semblables. Une influence coercitive est également exercée par des organisations fortes à l'égard des structures qui en dépendent (par exemple, les entreprises donneuses d'ordre à l'égard des sous-traitants). L'« isomorphisme normatif » est lié au rôle des universités et des écoles spécialisées dans la formation des managers, ou encore des agences de conseil. Les managers, soit à travers leur mobilité de carrière, soit par le biais de leur réseau relationnel, diffusent des idées et des modèles de comportement professionnel qui acquièrent une forte légitimité et sont donc plus facilement suivis par les entreprises. Enfin, l'« isomorphisme mimétique » est très important dans les secteurs où les unités organisationnelles sont petites et disposent de ressources limitées pour déterminer les solutions les plus efficaces. Dans ce cas, on suit les modèles qui sont plus légitimés. Naturellement, les différentes formes d'isomorphisme peuvent concrètement se combiner entre elles.

Sur le plan empirique, cette approche a offert de nombreuses contributions, que ce soit dans des secteurs distants de la concurrence de marché, comme les organisations bénévoles [DiMaggio 1987, 1991 ; Powell et Friedkin 1987 ; Brint et Karabel 1991] ou dans le domaine des institutions financières, des grandes agences d'expertise [Montagna 1990] et des entreprises de production. L'étude de Fligstein [1990] sur le processus de diversification productive des grandes entreprises — considérées comme un « champ organisationnel » — constitue un bon exemple d'application de cette approche. Cette étude montre comment le choix de diversifier au cours du XXe siècle a été stimulé par un choc initial, la Grande Dépression, puis par l'action antitrust du gouvernement. Toutefois, l'innovation se manifeste quand, dans l'entreprise, les postes à responsabilité sont dans les mains d'un personnel ne provenant pas de la production, mais du marketing et de la finance. Quand cette solution d'organisation dépasse un certain seuil, elle provoque des changements massifs liés aux pressions isomorphes de type mimétique ou normatif, avec la formation de nouveaux standards plus appropriés.

Une comparaison entre les firmes d'organisation économique au Japon, en Corée du Sud et à Taïwan [Orrù, Biggard et Hamilton 1997] montre que l'existence de groupes d'entreprises avec des caractéristiques très différentes à l'intérieur de chacun de ces pays ne peut être expliquée avec des considérations d'efficience liées aux coûts de transaction, ou en termes de retard relatif des diverses expériences d'industrialisation. La présence de réseaux d'entreprises fortement isomorphes à l'intérieur de chaque pays, mais différents entre les pays, résulte plutôt de l'influence exercée par des facteurs institutionnels, culturels et politiques.

5. CULTURE ET CONSOMMATION

Les nouvelles méthodes d'analyse de la sociologie introduites par le structuralisme et le néo-institutionnalisme se sont surtout intéressées aux activités productives des biens et des services. Le thème de la consommation a peu retenu l'attention, malgré son importance dans la sociologie économique traditionnelle. Ce manque d'intérêt s'explique en partie par la provenance de nombreux auteurs proches du néo-institutionnalisme. Il s'agit d'une limite importante car la transformation des modèles de consommation semble avoir joué un rôle essentiel dans le passage à des formes d'organisation flexibles

[Piore et Sabel 1984] et plus généralement dans les difficultés rencontrées par les systèmes sociaux keynésiens [Hirsh 1977 ; Hirschman 1982].

Traditionnellement, la sociologie économique souligne l'influence des facteurs socioculturels sur la formation des préférences et sur les modalités avec lesquelles les individus cherchent à les satisfaire. Une importance particulière est attribuée à la valeur symbolique des biens, choisis et consommés pour leur signification sociale. La consommation est vue comme un élément essentiel des processus d'identification avec certains groupes sociaux qui partagent un même style de vie et de différenciation des autres groupes. Dès l'entre-deux-guerres, Halbwachs avait souligné le contraste entre le mode de vie des ouvriers et celui des employés. Par rapport à cette tradition, les développements plus récents prennent une double direction. D'un côté, ils se distancient du modèle d'inspiration « veblenienne » qui lie la consommation à la compétition pour le statut social. De l'autre, ils s'opposent aux visions qui soulignent la subordination passive des consommateurs aux choix imposés par les entreprises à travers la publicité.

Sur les traces de Veblen, Jean Baudrillard [1968, 1970] souligne le rôle de la compétition pour le statut dans les comportements de consommation. Dans les sociétés contemporaines, la logique de la différenciation sociale est ultérieurement renforcée par l'affaiblissement des formes traditionnelles d'identification (famille, classe). Les modèles de consommation à travers lesquels les individus tendent à se différencier sont de plus en plus encouragés par les moyens de communication de masse. Dans cette situation, les individus s'identifient socialement grâce aux objets de consommation et sont constamment engagés dans une activité de manipulation de ces objets comme signes, c'est-à-dire comme porteurs d'une valeur symbolique d'adhésion à des modèles culturels distinctifs. Les consommateurs ont l'illusion de choisir librement parmi ces modèles, mais en réalité ils sont fortement conditionnés par le système des médias qui les impose. Ils sont des automates sociaux qui s'adaptent passivement aux stimuli provenant de l'extérieur.

À l'instar de Baudrillard, Bourdieu estime que les comportements de consommation répondent à une logique de compétition pour le statut qui pousse les individus à s'identifier avec les styles de vie et les goûts de certains groupes et à se différencier des autres. Toutefois, il ne focalise pas son attention sur les médias, mais sur les conditionnements exercés sur les individus par leur position dans la stratification sociale. Outre le capital économique, les individus possèdent un capital culturel (lié à la famille et à l'école) et un capital social (lié aux réseaux de relations). De la combinaison de ces trois dimensions il ressort un cadre très détaillé de groupes sociaux se distinguant les uns des autres par des styles de vie spécifiques. Des tendances de consommation particulières se dessinent qui concernent des aspects matériels, comme l'habillement, l'ameublement de la maison, l'alimentation, le sport, mais aussi l'art et les activités culturelles. L'appartenance à un même groupe social, définie à partir de la combinaison entre les différents types de capital possédé, favorise la formation d'un habitus, d'un ensemble de dispositions et d'orientations qui se manifeste dans le style de vie et dans les consommations comme instrument essentiel de différenciation sociale et de statut. Dans la perspective de

Bourdieu, comme dans celle de Baudrillard, les individus ne semblent toutefois pas disposer de marges d'autonomie dans la sphère de la consommation.

L'autre approche, plus proche du néo-institutionnalisme, accorde moins d'importance à la compétition pour le statut et met en avant le rôle plus actif des acteurs. Dans cette perspective, les consommations sont vues comme « fondamentalement sociales, relationnelles et actives, plutôt que privées, atomistiques et passives ». L'étude de Mary Douglas et Baron Isherwood [1979] met l'accent sur la valeur symbolique des biens, par rapport à leur utilité fonctionnelle. Ils insistent toutefois sur le rôle des objets en tant que signe d'identification, de détachement, ou même de contestation, à l'égard des valeurs culturelles dominantes dans certains contextes, comme cela se produit notamment avec la formation de subcultures (juvéniles, ethniques, politiques, religieuses...). En somme, les objets choisis servent à construire l'identité des personnes, à donner un sens à leur existence et à communiquer avec les autres, et pas nécessairement à les concurrencer. L'étude de Sahlins [1976] sur les consommations alimentaires et sur l'habillement des Américains représente une bonne application de cette perspective.

La consommation est donc un domaine fondamental où se livre la bataille pour définir les valeurs, pour donner forme aux critères de référence à l'organisation sociale : « Au lieu de supposer que les biens sont essentiellement nécessaires pour la subsistance ou l'exhibition compétitive, notre hypothèse est qu'ils sont nécessaires pour rendre visibles et stables les catégories de la culture » [Douglas et Isherwood 1979]. Douglas met l'accent sur les marges d'autonomie du consommateur par rapport aux conditionnements du marché et de la mode. Daniel Miller [1987] attire l'attention sur les « stratégies » actives des consommateurs, sur les expériences qui permettent de s'opposer aux influences de la culture de consommation de masse et de lutter contre la « marchandisation » des rapports sociaux.

Contrairement aux critiques sur les effets standardisants et homogénéisants du marché sur les comportements des individus, Viviana Zelizer [1988] met en évidence que le marché non seulement peut être conditionné par les réseaux sociaux, mais qu'il subit l'influence des facteurs culturels, notamment dans des marchés de biens considérés « sacrés », c'est-à-dire liés à la vie et à la mort. Dans le marché des assurances-vie, par exemple, la consommation est influencée par des conceptions dominantes sur la valeur de la vie humaine. Le marché des enfants (adoption, assurances, « ventes »...) dépend lui aussi de la valeur attribuée à la vie des enfants, laquelle varie dans l'espace et dans le temps. Les facteurs culturels ne se manifestent pas seulement dans des marchés particuliers, mais aussi dans l'usage de l'argent comme moyen d'échange standardisé, utilisé dans des contextes différents selon des règles différenciées et influencées par des références culturelles (argent consacré aux dons, à l'usage domestique ou aux œuvres de bienfaisance).

En conclusion, dans la sphère de la consommation, alors que certaines orientations soulignent l'enracinement structurel des choix (Bourdieu), d'autres insistent plutôt sur le rôle autonome des facteurs culturels. Ces études tendent aussi à limiter la prépondérance que le modèle de la compétition pour le statut a eue par le passé. Il convient néanmoins de noter que les liens entre cette manière d'envisager la consommation et l'étude de la variété des formes d'organisation économique restent encore largement inexplorés. Les tendances plus récentes de la sociologie de la consommation attribuent un rôle plus actif aux consommateurs dans la définition de leurs préférences et dans l'opposition aux conditionnements provenant du marché et diffusés par les médias. Cette orientation semble plus congruente avec les processus de différenciation qualitative et quantitative de la demande mis en évidence par ceux qui ont étudié l'émergence des nouveaux modèles d'organisation flexible. Toutefois, il manque encore une liaison directe en termes de stratégie de recherche, dans le domaine de la sociologie économique, les études de marketing pour les entreprises sont en effet insuffisantes.

Chapitre 10

La mondialisation et la diversité des capitalismes

1. LES DEUX CAPITALISMES

Au cours des années soixante-dix, les économies développées sont confrontées à une situation nouvelle. Le modèle du néo-corporatisme propose une solution fondée sur l'accord des gouvernants avec les grands intérêts organisés. Dans ce cas, l'inflation comme le chômage se maintiennent à des taux relativement bas. Le modèle plus colbertiste du « décret » obtient également de bons résultats en termes de contrôle de ces variables. En revanche, les systèmes pluralistes qui s'en remettent davantage au marché (en particulier les États-Unis et la Grande-Bretagne), le contrôle de l'inflation s'avère plus difficile. À partir des années quatre-vingt, prend forme un environnement dans lequel la compétitivité des entreprises sur le marché international devient encore plus déterminante pour le développement et l'emploi. Avec l'ouverture des frontières et la réduction des protections douanières, la concurrence se généralise. Une part croissante de la production nationale est orientée vers les marchés internationaux et le revenu d'un pays dépend de plus en plus de la capacité de ses entreprises à vaincre la concurrence des importations sur les marchés intérieurs et à rivaliser sur les marchés extérieurs. Une série d'études tentent de mettre à jour la variété des réactions des capitalismes nationaux face à ces nouveaux défis [Soskice 1989, 1993 ; Streeck 1992 ; Hollingsworth, Schmitter et Streeck 1994 ; Hollingsworth et Boyer 1997].

Le problème crucial n'est plus seulement le contrôle de l'inflation, mais aussi la balance des paiements, c'est-à-dire la capacité des entreprises nationales à innover et à augmenter les exportations par rapport aux importations, dans le cadre d'une croissance globale de l'économie mondiale plus lente et d'une concurrence plus forte entre les producteurs. La modération salariale et le contrôle de l'inflation, obtenus à travers des accords centralisés entre gouvernements et grands syndicats, ne sont pas suffisants à eux seuls pour garantir l'emploi. Désormais, celui-ci dépend surtout de l'aptitude des entreprises à innover, à maintenir et à accroître leurs parts de marché au niveau international.

Dans cette perspective, les deux approches macro et micro (détaillées dans les deux précédents chapitres) ont tendance à se rejoindre. Le contrôle de l'inflation et du chômage est moins essentiel que la capacité d'innovation des entreprises : la finance, les mécanismes de gouvernance des entreprises, le rôle du management, la régulation des rapports de travail, la formation de la main-d'œuvre et les services aux entreprises. La diversité institutionnelle des pays industrialisés débouche sur des modèles de capitalisme national différents du point de vue leur capacité d'adaptation. Commençons par rappeler les conditions qui encouragent l'innovation des entreprises. Nous verrons ensuite comment différents environnements institutionnels favorisent plus ou moins la satisfaction de telles conditions.

1.1. La capacité d'innovation des entreprises

Soskice [1989] définit cinq conditions essentielles qui permettent aux entreprises des pays plus développés de se tourner vers une production flexible de qualité, en vue d'éviter la compétition des prix liée au coût du travail.

1. Tout d'abord, *une gestion managériale orientée sur le long terme* est nécessaire. L'innovation est en effet un processus risqué qui demande du temps et des investissements au rendement non immédiat. Seul un management projeté sur une longue période et évalué sur cette dimension peut le favoriser.
2. L'amélioration de la qualité des produits dépend de l'innovation qui exige des *compétences professionnelles* élevées du management et de la main-d'œuvre. La qualification des ressources humaines doit donc être constamment mise à jour.
3. La *capacité de coopération entre le management et les travailleurs* est tout aussi importante. L'innovation requiert le dépassement des hiérarchies rigides du fordisme et l'implication active des travailleurs dans la réalisation des objectifs de la firme.
4. Enfin, une *capacité élevée de coopération avec les clients et avec les sous-traitants* est essentielle. La collaboration entre les clients, les fournisseurs et les sous-traitants permet en effet d'échanger des informations et de construire un réseau de confiance qui favorise l'innovation, dans une situation où les coûts pour la mise au point de nouveaux produits sont élevés et leur rendement sur le marché plus bref.
5. Enfin, il convient de ne pas négliger le rôle de la *restriction des salaires* sur la productivité. Si cette condition n'est pas satisfaite, les efforts globaux visant à améliorer la productivité risquent évidemment d'être compromis.

L'étape suivante consiste à montrer que les conditions énumérées ci-dessus ne se décrètent pas par un pur choix volontariste du management des entreprises, mais sont facilitées ou entravées par l'environnement institutionnel extérieur aux entreprises, c'est-à-dire par un ensemble d'institutions qui agissent au niveau macro et micro-économique et qui sont intrinsèquement liées entre elles. La littérature sur la variété des capitalismes souligne à ce propos deux aspects. Tout d'abord, les études sur la variété des capitalismes partagent les positions du néo-institutionnalisme sociologique : les capacités d'adaptation aux nouveaux défis sont structurées par le parcours historique précédent (*path dependency*). Le patrimoine institutionnel hérité du passé n'est pas facilement malléable. L'importance accordée au parcours historique conduit à souligner le rôle joué par l'État-nation dans la définition d'un ensemble institutionnel. Ensuite, la diversité des mécanismes de régulation des secteurs économiques reflète des conditions spécifiques de technologie et de marché. À l'inverse, des secteurs différents à l'intérieur du même pays montrent des ressemblances du point de vue de l'organisation, clairement influencées par le contexte institutionnel national. En d'autres termes, l'organisation des secteurs se ressent d'une sorte d'effet contextuel ou « sociétal » qui se manifeste par des spécificités technologiques et de marché [Maurice, Sellier et Silvestre, 1984]. La dimension régionale tend à devenir plus significative avec les modèles d'organisation flexible. Le développement des districts industriels dans les régions italiennes du Centre et du Nord-Est représente un exemple particulièrement évident de cette tendance.

1.2. Les conditions institutionnelles de la compétitivité

D'après les études menées sur la variété des capitalismes, la situation des pays développés peut être ramenée à deux modèles idéal-typiques. Soskice [1989] distingue les « économies de marché fortement régulées » et les « économies de marché faiblement régulées ». Dans le premier type, le rôle du marché est plus limité comparé à celui de l'État, des associations, voire de formes de solidarité communautaires. C'est l'Europe centrale et septentrionale : l'Allemagne, l'Autriche, la Suisse, la Hollande, les pays scandinaves. Le Japon peut également s'ajouter à la liste. Les économies non coordonnées, marquées par une régulation plus grande du seul jeu du marché, comprennent les pays anglo-saxons : les États-Unis et la Grande-Bretagne, mais aussi le Canada, l'Australie et la Nouvelle-Zélande.

Cette différenciation des deux types est reprise par Michel Albert [1991] qui propose la distinction entre « modèle anglo-saxon » et modèle « germano-nippon » ou « rhénan ». Les dénominations utilisées par l'auteur soulignent que les modèles idéal-typiques élaborés sont surtout utiles pour la comparaison entre le capitalisme de marché des pays anglo-saxons et celui plus organisé de l'Allemagne et du Japon (c'est-à-dire les pays qui ont enregistré les meilleurs résultats économiques dans les années 1990). La position des autres nations reste, quant à elle, plus résiduelle et incertaine. De Jong [1995] et Moerland [1995] ont essayé de mettre au point des typologies plus spécifiques pour les pays européens. Ils opposent un modèle de capitalisme « orienté vers le marché », auquel appartiennent la Grande-Bretagne et l'Irlande, à un autre « fondé sur les réseaux (*networks)* » qui se divise à son tour en deux composantes : celle de l'« économie sociale de marché » (Allemagne, Benelux, Hollande, Danemark) et celle « latine » (Italie, Grèce, Portugal, Espagne).

Les pays latins se distingueraient, en particulier, par le poids plus grand du contrôle familial des entreprises, par la diffusion de participations croisées entre les principales firmes et par la plus grande présence des entreprises étatiques. Dans ces modèles, comme dans la typologie de Michel Albert, la place de la France est plus incertaine. Les études sur la variété des capitalismes veulent montrer que les capitalismes de type germano-nippon offrent aux entreprises un environnement institutionnel plus favorable à l'innovation. Elles cherchent surtout à éclairer les bases institutionnelles du succès économique de l'Allemagne et du Japon dans les années quatre-vingt (qui ont été contredites par les difficultés des années quatre-vingt-dix).

D'après Soskice [1989], plus l'environnement est proche de la concurrence parfaite, moins il offre de soutien à l'entreprise innovante. L'intervention de l'État peut aider mais elle n'est pleinement efficace (et pas toujours nécessaire) que lorsque les entreprises, les organisations extérieures et les travailleurs sont en mesure de prendre part à des accords de longue durée.

Le financement des entreprises est un aspect privilégié des analyses sur la variété des capitalismes. Dans les économies faiblement régulées, il est le plus souvent assuré par le placement du capital sur le marché des actions. Les entreprises sont cotées en bourse, en particulier les plus grandes, et la propriété du capital est partagée entre différents acteurs (fonds d'investissement, sujets privés ou représentants des familles autrefois propriétaires) qui ne se sentent pas engagés dans un rapport durable avec l'entreprise. Par conséquent, la décision de garder ou de vendre les actions possédées dépend surtout des estimations sur leur rentabilité à court terme ou sur des offres d'acquisition éventuelles. Cette situation a tendance à décourager une gestion managériale orientée sur le long terme, ce qui freine l'innovation qui exige des investissements au rendement différé dans le temps. Les dirigeants préfèrent garantir une rentabilité de l'entreprise à court terme (notamment avec le développement d'activités financières, au détriment des investissements industriels) car ils craignent les acquisitions hostiles en cas de perte de rentabilité. Tout changement de propriété comporte en effet le risque d'une substitution du management par les nouveaux détenteurs du capital.

Dans les économies de marché fortement régulées, en particulier en Allemagne et au Japon, le marché boursier est nettement moins développé. La propriété des entreprises, surtout des plus grandes, est détenue par un groupe restreint d'actionnaires. Les exigences de financement à long terme sont principalement satisfaites par les banques qui ont tendance à entretenir un rapport durable avec les entreprises et sont également en mesure d'évaluer les perspectives de rentabilité sur le long terme. Dans la variante européenne, la présence bancaire au sein des entreprises permet de contrôler et de planifier sur une longue échéance l'activité productive. Le management est moins menacé par les risques d'acquisitions hostiles rendues plus difficiles par les règles institutionnelles. Les dirigeants courent moins le risque d'être remplacés en cas de faible rentabilité à court terme des entreprises. Au contraire, ils sont plus encouragés à entreprendre des investissements et des projets à long terme, sur lesquels ils sont ensuite évalués par les détenteurs du capital.

Bien sûr, l'aspect institutionnel du capitalisme rhénan-nippon n'est pas exempt de problèmes. Un capital « patient » peut constituer un stimulant faible pour le management, alors que l'« impatience » du marché des actions exerce un contrôle plus pressant sur l'efficience des dirigeants industriels, même si elle les pousse à rechercher le profit à court terme. Nous reviendrons sur le débat qui s'est développé autour de cette question. Pour l'heure, soulignons que les études sur la variété des capitalismes mettent à jour des différences importantes en matière de financement et de propriété des entreprises, avec des conséquences considérables sur le fonctionnement de l'économie. Dans le modèle anglo-saxon, les règles institutionnelles privilégient les actionnaires qui ont un pouvoir déterminant sur les stratégies de l'entreprise et ont tendance à considérer cette dernière comme un réseau de contrats destinés à maximiser le profit rapidement. Dans l'autre modèle, les intérêts qui pèsent le plus sont ceux du management et des travailleurs. Comme le note à ce propos Albert [1991], la conception même de l'entreprise est différente. En Allemagne, elle est une véritable « communauté d'intérêts ». L'idée de l'entreprise comme communauté d'appartenance est encore plus marquée au Japon.

Une autre dimension institutionnelle importante différencie les deux types de capitalisme : la régulation de la *formation professionnelle*. Grâce à la formation, les travailleurs ont la possibilité d'acquérir une polyvalence qui leur permet d'accomplir des tâches variées et de participer plus activement à la production, en contribuant à sa flexibilité et à sa qualité. Dans les économies de marché faiblement régulées, les institutions financières sont peu disposées à accorder des prêts sans garantie pour un objectif comme la formation, dont le rendement est difficile à prévoir. L'opération conjuguée de ces facteurs détermine un niveau de formation professionnelle inférieur à celui requis par les exigences de l'innovation. En effet, les entreprises n'investissent pas dans la formation au-delà de leurs nécessités spécifiques et immédiates, de peur que les travailleurs ne les abandonnent pour d'autres firmes. Plus la gestion est orientée sur la rentabilité à court terme, plus cette tendance s'affirme. Par ailleurs, les individus sont amenés à investir de façon limitée pour améliorer leur compétence de base, en raison de l'incertitude des résultats. La formation professionnelle pose donc le problème de la production d'un bien collectif que les entreprises et les travailleurs n'ont pas intérêt à offrir, sinon de façon limitée, mais dont dépendent pourtant la capacité d'innovation des entreprises et le bien-être de ces mêmes travailleurs.

Dans les économies fortement régulées, le problème est résolu par un plus grand engagement de l'État dans la formation professionnelle (offerte comme un service public), et surtout par une coopération entre les entreprises et leurs organisations. Pour éviter que la formation de base ne soit trop abstraite, pour qu'elle réponde aux exigences concrètes de l'innovation, il faut que les entreprises participent aux programmes de formation et qu'elles soient encouragées à accueillir les travailleurs en apprentissage, à l'instar du système allemand. Au Japon, la formation initiale dépend surtout des caractéristiques techniques et organisationnelles de chaque entreprise à laquelle le travailleur est durablement lié. En général, les systèmes de régulation qui ont tendance à stabiliser davantage les relations de travail incitent plus les entreprises à investir dans la formation professionnelle de leurs employés, dont ils ne peuvent facilement se libérer.

La formation professionnelle est étroitement liée aux *relations industrielles à l'intérieur de l'entreprise*. Dans les économies faiblement régulées, la rentabilité à court terme est renforcée par la faiblesse des organisations syndicales et par des normes juridiques de licenciement plus souples. Les firmes ont la possibilité d'augmenter et de réduire la main-d'œuvre en fonction des exigences de rentabilité à court terme. En revanche, elles instaurent plus difficilement un rapport de coopération active des travailleurs et des cadres. Elles éprouvent des difficultés à cultiver la flexibilité fonctionnelle, essentielle pour l'innovation.

Dans les économies fortement organisées, le système de régulation des rapports de travail dépend en partie de la négociation entre les syndicats et les organisations patronales, en partie de la réglementation juridique. Ce modèle de relations industrielles est globalement plus rigide que le précédent, d'une part parce qu'il limite la liberté d'engager et de licencier, de l'autre parce qu'il reconnaît un rôle plus actif aux organisations syndicales dans la gestion des entreprises. Dans le cas des pays européens, la négociation s'effectue par l'intermédiaire de syndicats nationaux hautement centralisés et, dans celui du Japon, par des syndicats d'entreprise. La régulation des rapports de travail favorise la flexibilité fonctionnelle. Les entreprises sont poussées à investir dans la formation pour valoriser les ressources humaines : la plus grande stabilité de l'emploi encourage l'implication plus active des travailleurs et le développement de formes de travail flexibles. En outre, les règles institutionnelles récompensent l'engagement des salariés par rapport aux objectifs de l'entreprise.

Les économies faiblement organisées sont généralement moins pourvues de *réseaux sociaux informels et formels liés à l'associationnisme entrepreneurial*. Or, ces réseaux de confiance sont très importants pour la production et la circulation des informations nécessaires à l'innovation. Ils permettent de mieux faire face à un contexte économique dans lequel la vitesse et les coûts d'introduction de nouveaux produits augmentent, tandis que leur rendement dans le temps diminue. Le capitalisme anglo-saxon tend donc à s'en remettre davantage au marché et à la hiérarchie comme mécanisme de régulation, ce qui en limite la capacité d'innovation.

Dans les économies fortement régulées, la situation est inversée. L'État intervient davantage dans la régulation, et les réseaux de coopération informels et l'associationnisme entrepreneurial sont aussi très présents. En Europe du Nord, l'associationnisme entrepreneurial et les réseaux informels développent la coopération surtout au niveau du secteur industriel. Au Japon, au contraire, la coopération s'articule au niveau des grands groupes industriels.

Reste enfin à considérer le problème de la *restriction des salaires* par rapport à la croissance de la productivité. Les économies fortement régulées se servent généralement de formes de contrôle liées à la négociation centralisée entre syndicats puissants, organisations patronales et gouvernements. Soskice insiste cependant sur le fait que les mêmes résultats peuvent être obtenus au moyen de relations industrielles décentralisées, avec des syndicats d'entreprise qui partagent les objectifs de la firme et qui sont intégrés institutionnellement dans sa structure interne (comme c'est le cas au Japon).

Par contre, pour les économies faiblement régulées, la modération salariale repose davantage sur le chômage comme moyen de pression sur les revendications salariales. Cette situation crée toutefois des problèmes, puisque les entreprises ressentent de plus en plus la nécessité de disposer d'une main-d'œuvre hautement qualifiée et adaptée à leurs besoins. Il devient donc coûteux de licencier des travailleurs qui possèdent la compétence requise pour les remplacer par des chômeurs non qualifiés. Comme le montre l'approche *insider-outsider* [Lindbeck et Snower 1988], le pouvoir des travailleurs actifs en est renforcé, même en présence d'un taux de chômage élevé. Les entreprises sont devant un dilemme : soit elles décident d'investir dans la formation pour faire face aux exigences de l'innovation, mais elles s'exposent alors au problème du coût élevé de la main-d'œuvre ; soit elles décident de ne pas investir et de miser sur des salaires plus bas (qui rendent plus facilement remplaçable des travailleurs en activité), mais avec comme effet de décourager les ressources pour l'innovation.

L'intervention sociale de l'État est différente. Dans le cadre des économies fortement régulées (ou du capitalisme germano-nippon), on constate des différences significatives : dans le modèle rhénan, le *welfare* public et la redistribution de l'État à travers la fiscalité sont plus importants que dans le modèle japonais, où le *welfare* d'entreprise est plus élevé et la pression fiscale plus basse. Toutefois, ces sociétés sont globalement plus égalitaires que celles du capitalisme anglo-saxon. Les différences de revenus entre les divers groupes sociaux sont en effet beaucoup plus contenues. Cette diversité semble refléter, en dernière instance, un patrimoine culturel qui est influencé soit par le libéralisme et par l'individualisme (capitalisme anglo-saxon), soit par des conceptions qui assignent une plus grande responsabilité à la collectivité à l'égard des chances de l'individu (formes de capitalisme plus organisées).

En règle générale, les chercheurs engagés dans la recherche sur la variété des capitalismes ont souligné l'avantage compétitif du capitalisme rhénan-nippon par rapport au modèle anglo-saxon. Sur un plan plus théorique, leurs travaux signalent la difficulté du marché à garantir des résultats satisfaisants en matière d'équité sociale et d'efficience économique, dès lors que son action n'est pas soumise à des contraintes institutionnelles qui en limitent le rôle au profit d'autres principes de régulation (État, associations, réseaux informels) [Streeck 1994 ; Hollingsworth et Boyer 1997]. Or, dans les années 1980, les capitalismes américains et anglais reposent de plus en plus sur le marché comme seul mécanisme de régulation, notamment suite à la présidence Reagan aux États-Unis et au gouvernement Thatcher en Grande-Bretagne.

2. LA REPRISE DU CAPITALISME ANGLO-SAXON

À la fin des années quatre-vingt, le dynamisme économique de l'Allemagne et du Japon s'essouffle, tandis que les capitalismes anglo-saxons (surtout celui américain) montrent des signes nouveaux de dynamisme, notamment en matière d'emploi. Les processus de globalisation et d'unification européenne suscitent de multiples interrogations sur la capacité des économies fortement organisées à dominer les nouveaux défis. Toutefois, dans l'état actuel des connaissances, il est encore impossible d'établir dans quelle mesure la croissance du capitalisme anglo-saxon et les difficultés de l'autre modèle sont dues à des facteurs conjoncturels ou, au contraire, à des mutations plus structurelles.

Pendant la dernière décennie, les États-Unis créent le plus d'emplois (surtout dans les services) et réduisent leur taux de chômage aux niveaux les plus bas. Bien que globalement positifs, les résultats obtenus par l'Angleterre sont plus modestes et toujours concentrés dans les services privés. Les tendances sont plus ambiguës en ce qui concerne le cours de l'industrie manufacturière. En Grande-Bretagne, on ne constate aucun signe d'inversion de tendance par rapport au passé et les capacités d'innovation se maintiennent à des niveaux plutôt bas. Aux États-Unis, la restructuration industrielle est significative ; la productivité recommence à croître à des taux importants et l'emploi reste stable, avec un déplacement vers de nouveaux secteurs d'activité qui compense ceux en crise.

L'amélioration de l'industrie américaine n'est pas simple à interpréter. Alors que beaucoup d'entreprises moyennes et grandes, à la recherche de profits à court terme, suivent la « voie basse » d'une réduction de la force de travail et de la décentralisation des phases de production (souvent à l'étranger, à la recherche des coûts les plus bas), d'autres entreprises s'engagent au contraire sur les chemins de l'innovation de plus longue portée. Elles prennent la « voie haute » et adoptent des solutions proches de celles expérimentées par les entreprises des capitalismes organisés (engagement dans la formation, flexibilité fonctionnelle, rapports de coopération, etc.) [Lester 1998]. Outre la réduction du travail (« voie basse ») et l'amélioration de la compétitivité (« voie haute »), la dévaluation du dollar par rapport au mark et au yen a aussi fortement contribué à la croissance de la productivité. Il est donc difficile d'établir dans quelle mesure la reprise américaine est due à des facteurs conjoncturels (cours du change) ou structurels.

L'industrie américaine montre des points de force dans le domaine des technologies (industrie aérospatiale, informatique et télécommunications, biotechnologies, etc.). Les commandes militaires alimentent des flux considérables de dépense pour la recherche et l'innovation technologique dans les secteurs de pointe. Les structures universitaires et la recherche de haut niveau entretiennent des liens étroits avec le monde des entreprises innovantes. Les échanges de personnel sont fréquents. Enfin, les *venture capital* sont des institutions capables de fournir un capital « risque » pour le financement de projets innovants, souvent proposés par de petites entreprises, avec une entrepreneurialité « schumpeterienne ».

Le système économique qui se profile comporte des secteurs de pointe très innovants non seulement dans l'industrie, mais aussi dans le tertiaire (services aux entreprises, services financiers...). Ce système est aussi capable de créer de l'emploi, surtout dans le secteur des services privés aux consommateurs, à faible valeur ajoutée. La croissance des emplois dans ce secteur tire profit de la déréglementation des rapports de travail et du déclin sensible de la présence syndicale, qui permettent un rapprochement entre le coût du travail et la faible productivité de beaucoup de services aux consommateurs. C'est un avantage par rapport au capitalisme plus organisé, souvent européen, où l'existence de systèmes de régulation des rapports de travail plus coordonnés au niveau central n'autorise pas ce degré de réduction du coût du travail et cette flexibilité de l'emploï. Pour remédier à ce problème, les pays scandinaves ont misé sur l'élargissement de l'emploi féminin dans le *welfare* public. Dans les pays européens avec un système de protection sociale de type « conservateur-corporatiste », fondé sur les transferts en faveur des travailleurs, les personnes à la recherche d'un emploi sont en partie protégées par des formes de redistribution familiale. Ces deux stratégies ont toutefois tendance à accentuer la dépense publique, la pression fiscale et les charges sociales et, par conséquent, à agir négativement sur les investissements et la création de nouveaux emplois. Certes, le capitalisme anglo-saxon crée des emplois, mais il s'accompagne d'une diminution des salaires réels, d'une inégalité croissante des revenus ; d'une augmentation de la polarisation sociale qui accroît sensiblement les différences entre la composante plus riche et plus instruite de la stratification sociale et celle plus pauvre et moins qualifiée.

3. CONVERGENCE OU DIVERSITÉ ?

La phase de décélération des taux de croissance des économies des pays plus développés, initiée au début des années soixante-dix, s'est également prolongée dans la période suivante. De 1975 à 1995, le taux moyen de croissance du PIB représente environ moitié de celui enregistré entre 1955 et 1975. Cette croissance limitée s'accompagne néanmoins d'une forte augmentation du *commerce international*. Le montant global du flux des échanges annuels entre les différents pays est multiplié par vingt entre 1967 et 1994, passant de 294 à 6 490 milliards de dollars. Durant cette même période, le PIB mondial est multiplié par dix, passant de 2 290 à 2 550 milliards de dollars [Lafay 1996]. Parmi les pays membres de l'OCDE, la part des exportations sur le PIB a presque doublé entre 1960 et 1990, passant de 9,5 à 20,5 %. La concurrence pour s'approprier des parts de marché mondial s'intensifie. Même la géographie de la production mondiale change. On note un déclin du poids des États-Unis et de l'Europe et une croissance surtout concentrée au Japon et dans les autres pays de l'Asie (figure 10.1).

Deuxième indicateur de l'intégration mondiale de l'économie, les *investissements directs à l'étranger* sont en progression parce que les entreprises des pays industrialisés recherchent des localisations plus favorables, soit pour contrôler les débouchés, soit pour bénéficier de coûts avantageux (voir figure 10.2). Selon certaines estimations, la part de la production manufacturière sous le contrôle étranger pourrait atteindre 25 % du total de la production manufacturière

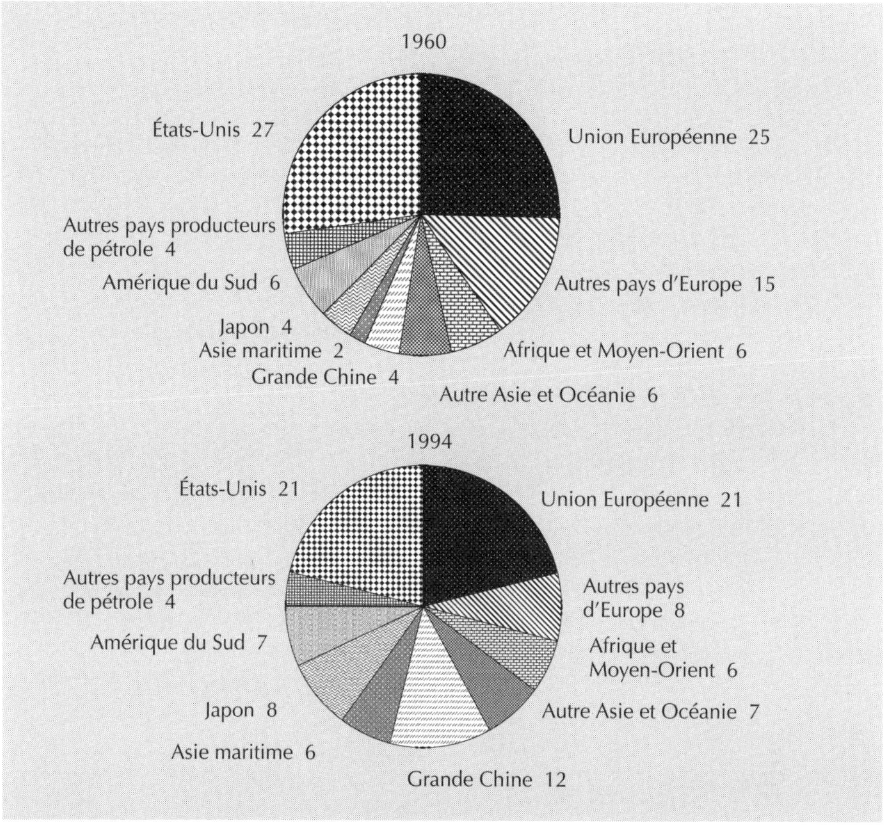

Figure 10.1. La production mondiale par grandes zones géographiques (en pourcentage)

Source : Lafay [1996]

mondiale dans les années 2000 [Lafay 1996]. Au cours des années 1980, les investissements directs à l'étranger ont quadruplé et atteint des taux trois fois supérieurs à ceux de la production globale [Wade 1996].

Enfin, l'*intégration des marchés financiers* signale de façon encore plus nette l'interdépendance entre les différentes économies. L'internationalisation commerciale et industrielle stimule le mouvement des capitaux nécessaire pour financer commerce et investissements. La rupture du système monétaire international basé sur des taux de change fixe accélère le processus, provoquant une forte croissance du marché des produits financiers comme les contrats à terme ou options. Les « dérivés financiers » font leur apparition pour venir au-devant d'une demande de capitaux à la recherche d'investissement, provenant en particulier des pays producteurs de pétrole. Par ailleurs, l'amélioration des communications liée aux nouvelles technologies informatiques baisse considérablement les coûts de transaction et favorise l'intégration en temps réel entre les principales places financières. Parallèlement, les

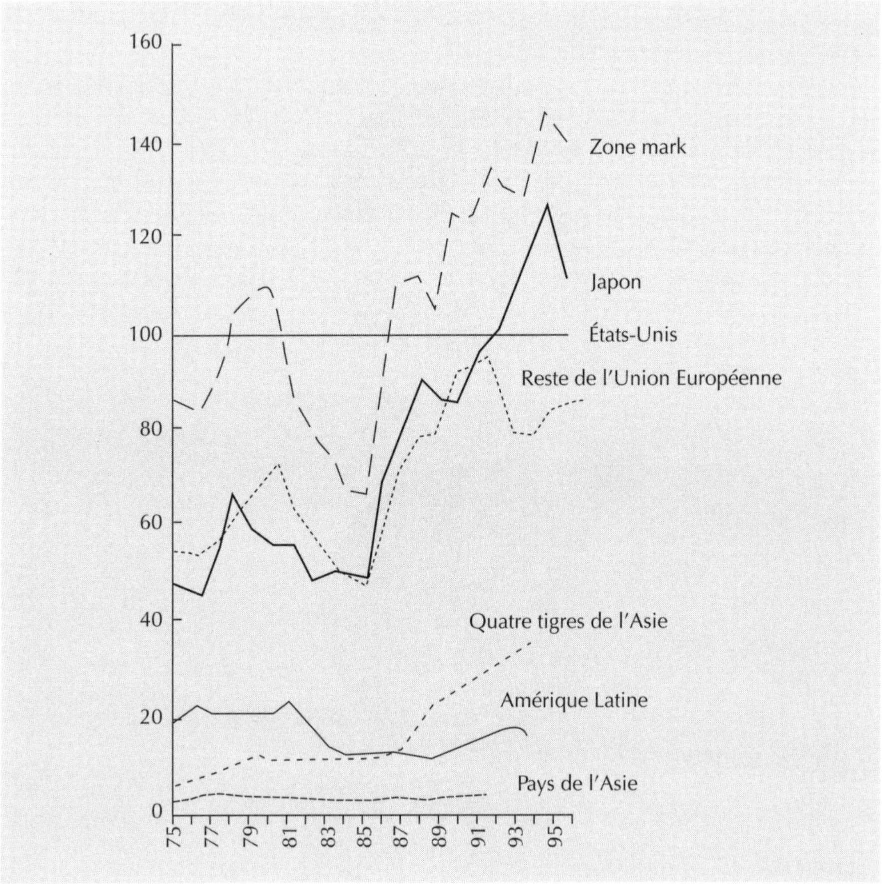

Figure 10.2. Coût du salaire horaire dans les différences régions du monde (base 100 = États-Unis)

Source : Lafay [1996]

pressions sur les gouvernements nationaux pour libéraliser les mouvements des capitaux augmentent. Quotidiennement, transitent des masses considérables de capitaux, d'obligations et d'actions, de contrats à terme. Au début des années 1990, on estime que sur le seul marché des échanges, transite chaque jour près de 900 milliards de dollars, alors que les réserves monétaires globales de toutes les banques centrales ne dépassent pas les 700 milliards de dollars [Albert 1991]. Les prêts bancaires internationaux (ceux réalisés à l'étranger, et ceux intérieurs évalués en devises étrangères) sont passés de 4 % du PIB des pays les plus industrialisés (les pays membres de l'OCDE) en 1980 à 44 % en 1990. On estime que les flux monétaires internationaux sont plus de trente fois supérieurs à ceux commerciaux [Wade 1996].

Mais quelles sont les conséquences de ce processus sur les différents modèles de capitalisme ? L'intensification de la mondialisation favorisera-t-elle le capitalisme anglo-saxon, au détriment des capitalismes plus organisés ?

Enfin, jusqu'à quel point pouvons-nous considérer comme fondée l'idée d'une convergence institutionnelle vers des modèles plus régulés de marché ?

4. L'AVENIR DES CAPITALISMES

Il ne faut pas exagérer la portée du phénomène. Bien que le commerce international et les investissements directs à l'étranger soient en progression, dans les pays plus développés (sauf ceux de petite dimension) près de 90 % de la production reste encore tournée vers le marché intérieur. Le même constat vaut pour l'origine des produits qui y sont consommés [Wade 1996 ; voir également Hirst et Thompson 1996]. Robert Boyer [1996] signale également qu'il n'y a pas de convergence significative des indicateurs macroéconomiques, excepté pour les huit pays les plus industrialisés, uniquement pour les années plus récentes. Les différences persistantes dans les taux de croissance, dans ceux de l'emploi, du profit ou des intérêts renvoient à l'influence exercée par le contexte institutionnel. Enfin, il est probable que le coût du travail plus faible des pays en voie de développement représente une menace pour les économies à salaires plus élevés. Toutefois, il est également vrai que les capitalismes plus organisés disposent d'un niveau d'économies extérieures et d'un environnement institutionnel leur permettant encore de contrôler les processus d'innovation et les phases de production à plus forte valeur ajoutée. Dans l'ensemble, il faut donc interpréter prudemment les phénomènes de globalisation, même s'ils sont incontestablement en croissance.

À cela, les défenseurs de la thèse de la convergence institutionnelle pourraient objecter que c'est la tendance globale qui compte, même si elle est lente et contrastée. Suzanne Berger [1996] a repéré trois types d'argumentations.

1. La pression des marchés et la concurrence croissante au niveau international augmentent les coûts de la protection sociale et la redistribution qui pèsent sur la fiscalité et les charges sociales, et indirectement, par le biais de la réglementation du marché du travail et le soutien juridique aux relations industrielles et à la négociation. Ces formes plus incisives de redistribution et de régulation des rapports de travail peuvent pousser les entreprises à se délocaliser. L'autonomie des États dans la définition de la politique économique (tant au niveau macro que micro) se réduit, ce qui avantage les systèmes fondés sur le marché.

2. Les processus d'imitation des règles institutionnelles donnent de bons résultats en termes de rendement économique, à la fois au niveau macro et micro : par exemple dans la finance et le gouvernement des entreprises (*corporate governance*). Elle peut aboutir à des phénomènes d'hybridation entre des formes institutionnelles différentes et, en ce sens, favoriser la convergence.

3. L'introduction négociée, au moyen d'accords internationaux, de formes de régulation similaires apporte des références communes. Un exemple

particulièrement significatif est le processus d'intégration économique et monétaire de l'Union européenne.

À ces arguments, Suzanne Berger en oppose d'autres.

1. La concurrence accrue exige des ajustements, par exemple dans la politique économique ou dans les relations industrielles, mais elle est incapable d'imposer une solution institutionnelle standard. Les solutions émergent sur la base du patrimoine institutionnel hérité du passé et des conflits d'intérêts entre les défenseurs des règles anciennes et les partisans du changement. Les choix seront donc *path dependent*, contraints par un « sentier de dépendance ».

2. La compétition dans les divers secteurs peut donner lieu à des réponses institutionnelles différentes (par exemple, l'entreprise allemande, la firme japonaise, l'État français ou les districts industriels italiens) qui néanmoins se valent en termes de capacité productive.

3. Enfin, des formes spécifiques d'interdépendances entre les différentes institutions caractérisent chaque réalité nationale et sont liées à une matrice culturelle et historique commune [Hollingsworth et Boyer 1997]. Il est difficile d'introduire des variations dans des aspects particuliers des mécanismes de régulation sans intervenir sur la construction globale. Ronald Dore a attiré l'attention sur ce phénomène à propos des tentatives d'imitation de l'entreprise japonaise.

Les arguments fournis d'un côté comme de l'autre ne se prêtent pas à formuler des réponses simplifiées aux interrogations sur les conséquences institutionnelles de la globalisation. Dans l'état actuel des choses, nous pouvons prudemment reconnaître que la globalisation comportera (et comporte déjà) une série de conséquences déstabilisantes surtout pour les capitalismes plus organisés, plus riches d'institutions étrangères au marché. Il semble cependant peu probable que de telles mutations détermineront une convergence effective.

La libéralisation des mouvements de capitaux et l'intégration croissante des marchés financiers posent de sérieuses limites à l'autonomie des États dans la détermination des politiques économiques (voir, par exemple, Strange [1997]). Les politiques macro-économiques traditionnelles, de type keynésien, sont de plus en plus difficiles à mener. Les marchés financiers privilégient la stabilité. Or, les politiques d'expansion — qui comportent un accroissement du déficit et de la dette publique — génèrent rapidement des attentes négatives et des pressions défavorables sur le taux de change de la monnaie nationale. Elles peuvent provoquer une augmentation des ventes de cette monnaie, à l'origine de crises monétaires et de dévaluations. De même, les politiques restrictives — qui s'appuient sur la hausse des taux d'intérêt — peuvent ne pas aboutir aux effets escomptés, parce que les entreprises sont de plus en plus en mesure de s'approvisionner à l'extérieur, à des conditions très avantageuses. Une politique expansive peut comporter une croissance des importations, si l'appareil de production national est peu compétitif, parce que la pression fiscale ou le coût du travail sont élevés. Des taux d'intérêt élevés ou une charge fiscale importante constituent aussi un stimulant pour les investissements directs à l'étranger. Enfin, pour les pays engagés dans l'Union monétaire européenne, les conditionnements imposés par la globalisation sont renforcés par ceux dérivant des accords souscrits par les États eux-mêmes (comme dans le cas du Traité de Maastricht) qui déterminent des contraintes spécifiques à la dépense publique.

Crouch et Streeck [1996] soutiennent que la perte d'autonomie des politiques macroéconomiques se traduira à la longue par un affaiblissement global de l'État qui s'étendra à d'autres sphères de régulation : le *welfare* et le rôle des associations et de la concertation dans les capitalismes plus organisés. Autrement dit, contraintes macroéconomiques et déréglementation iraient de pair, et pénaliseraient plus les économies coordonnées qui dépendent davantage du soutien étatique. Les industries allemandes seraient donc plus touchées que les PME des districts industriels italiens. Il y aurait donc un affaiblissement du capitalisme plus organisé, une perte globale de compétitivité des pays développés et une plus grande inégalité sociale. En somme, même si le capitalisme rhénan-nippon est plus efficient sur le plan économique et social, il perdrait inévitablement du terrain et finirait par se conformer au modèle anglo-saxon, selon l'hypothèse déjà formulée par Albert [1991].

L'accélération de ce processus dériverait également de la pression du capital financier sur la *corporate governance*, le gouvernement des entreprises. En effet, la possibilité d'obtenir des profits à court terme sur le marché international tend à déstabiliser le rapport de longue durée entre banques et entreprises qui caractérisait le capitalisme de type germano-nippon. D'un côté, les banques des capitalismes organisés se dirigent vers les marchés boursiers étrangers et investissent dans les pays de capitalisme anglo-saxon. De l'autre, le capital financier américain ou britannique pénètre dans les entreprises des capitalismes plus organisés. En outre, une sorte d'« isomorphisme normatif » est favorisé par les grandes sociétés internationales de conseil et d'expertise. Il s'agit d'un ensemble de pratiques de régulation qui renforce le rôle du capital dans la gestion des entreprises, au détriment du poids qu'avaient traditionnellement, surtout en Europe et au Japon, les *stakeholders*, c'est-à-dire le management et les travailleurs. En somme, le capital devient moins « patient ». Malgré l'importance et le fondement reconnus aux argumentations précédentes, d'autres travaux partagent une vision plus nuancée sur les issues en termes de convergence à travers la voie de la déréglementation [Zisman 1994, 1995 ; Bergers 1996]. Ces études soulignent que les contraintes macroéconomiques ne compriment pas nécessairement les espaces d'autonomie pour les politiques de régulation et de redistribution, et pour les interventions ayant une incidence micro-économique. Pour accroître la compétitivité au niveau micro et compenser les contraintes macro, d'autres options sont possibles : la formation professionnelle, la recherche et le développement, la réglementation des secteurs d'activité et des rapports de travail. Les interventions n'assument pas nécessairement la forme de la déréglementation et de la privatisation. En outre, si les contraintes macro qui pèsent sur la dépense publique nécessitent de restructurer le *welfare* étatique et d'accroître la flexibilité du marché du travail, les directions du processus de réorganisation sont variées et se ressentent du patrimoine institutionnel de chaque pays. Autour de ce patrimoine, qui limite les options probables, le conflit est ouvert entre ceux qui défendent les anciennes institutions, plus favorables à leurs intérêts, et ceux qui veulent les modifier. Les issues de ce conflit ne sont cependant pas prédéterminées de manière rigide par les contraintes d'efficience.

Si les vieilles formes de concertation centralisée destinées à contrôler l'inflation se sont affaiblies, la mondialisation et la construction européenne créent en revanche des formes de concertation différentes. Elles favorisent une réorganisation du *welfare* et une mise au point d'interventions microéconomiques destinées à soutenir la productivité et la croissance de la compétitivité. Par ailleurs, il ne fait aucun doute que la persistance des spécificités institutionnelles sera d'autant plus forte que s'affirmeront des formes de réglementation au niveau international, pour combler l'écart entre les marchés et les institutions ancrées dans l'État-nation [Dore 1997]. Ce processus de réduction des écarts est particulièrement évident en Europe, où l'intégration économique et monétaire a étendu la régulation des marchés au détriment de la régulation des États nationaux, alors que les institutions politiques de l'Union Européenne restent fragiles et faiblement légitimées [Scharpf 2000].

En conclusion, il est raisonnable de supposer que les tendances à la mondialisation s'accompagneront de mutations institutionnelles et d'une redéfinition des frontières entre les différents modèles d'organisation de l'économie. Toutefois, les différences institutionnelles et leurs conséquences pour l'économie et la société ne seront pas moindres. Cette perspective rejoint l'idée d'équilibres multiples, plutôt que d'un équilibre unique qui s'affirmerait inexorablement. La globalisation des marchés créera des pressions et des contraintes qui continueront à être filtrées et interprétées par des contextes institutionnels et historiques spécifiques. Des combinaisons variables d'efficience économique et d'équité sociale perdureront entre les pays et les régions. Certaines sociétés pourront choisir de moins progresser économiquement et de maintenir une forte cohésion sociale. D'autres pourront opter pour un équilibre différent. Chacune d'elles n'aura pas à se conformer à la logique inexorable de la déréglementation, mais devra mettre au point une régulation intelligente et consciente, une action qui cherche à utiliser au mieux le patrimoine institutionnel hérité du passé. Dans cette perspective, la sociologie économique est promise à un bel avenir. Conformément à sa tradition, désormais séculaire, elle contribuera à éclairer les processus de construction sociale du marché.

Annexe

Note complémentaire

Les autres composantes de la sociologie économique

par Marco Oberti

La sociologie économique connaît depuis quelques années un regain d'intérêt qui s'est traduit par un foisonnement de recherches. Rendre compte de l'étendue, de la diversité et de la complexité du champ s'avère être une opération sans doute trop ambitieuse. Le livre de Trigilia ne vise donc pas l'exhaustivité et propose une présentation du champ qui privilégie clairement l'analyse du capitalisme en tant que système économique et social caractérisé par diverses formes institutionnelles qui en assurent la régulation. Ce sont donc les aspects macro et institutionnels qui sont les plus développés même si, par exemple sur le thème des actions économiques, certains aspects micro sont également traités. Aussi, pour ces raisons mais aussi celles indiquées dans la préface, liées au parcours et à la formation de l'auteur, d'autres thématiques structurant le champ de la sociologie économique sont absentes. Il convient de les rappeler brièvement tant elles participent au renouveau de la sociologie économique et tout particulièrement en France.

Même si les travaux de l'école de la régulation (Robert Boyer) apparaissent à juste titre, étant donné leur proximité avec la *Political Economy* concernant l'analyse des modes de régulation, les compromis institutionnalisés et le fordisme, les références de l'auteur restent modestes eu égard à la production de ce courant de pensée et son importance aujourd'hui en France. Très centré sur la notion de régime d'accumulation et de rapport salarial, ce courant regroupe économistes, mais aussi sociologues et politologues intégrant les logiques économiques dans leurs travaux autour de la revue *l'Année de la régulation.*

La sociologie d'inspiration néo-marxiste mais aussi critique telle qu'elle se définit en France autour de Pierre Bourdieu est également assez peu traitée. Pourtant plusieurs analyses critiques du capitalisme se situent à un niveau macro et parfois comparatif. Nombre de travaux néo-marxistes sur la crise du fordisme et la question de la post-modernité par exemple ont été publiés par des Anglais ou des Américains. David Harvey est l'une des grandes figures de ce courant qui analyse l'impact de l'internationalisation de la finance et les nouvelles formes d'exploitation et d'aliénation qui caractérisent la post-modernité. Leslie Sklair a également beaucoup travaillé sur l'émergence d'une classe transnationale capitaliste, en lien avec les processus de globalisation, en mesure de développer des ressources et des codes qui échappent aux cadres nationaux et locaux. Même lorsque des auteurs associés au néo-marxisme ou à une pensée critique sont mobilisés (O'connor, Habermas, Offe), Trigilia a tendance à en atténuer les dimensions critiques.

En France, une réflexion critique sur l'économie, son savoir, les effets de son expertise sur les croyances économiques s'est développée autour de Pierre Bourdieu. Ce courant propose à la fois une analyse de l'État, du champ économique et de ses connexions avec d'autres sphères du pouvoir, mais aussi une lecture critique de la diffusion d'une vulgate économiciste qui se traduit par une hégémonie de l'argumentation économique dans les débats publics, à partir entre autres de l'idée de rationalité sous-jacente.

De la faible place accordée à la sociologie critique de la société capitaliste et de ses rapports sociaux découle également l'absence des travaux sur les conséquences sociales de la restructuration des économies capitalistes et de l'État-providence. Dans les parties portant sur la globalisation et la diversité des capitalismes, le modèle anglo-saxon est largement développé sans qu'il soit fait référence aux processus d'exclusion et de relégation qui l'ont accompagné. En France, les questions de précarité, de paupérisation, de nouvelles formes d'exclusion, et plus largement de transformations des structures des inégalités ont fait l'objet de nombreux travaux reposant sur des démarches différentes (Robert Castel, Serge Paugam, Pierre Bourdieu, François Dubet et Didier Lapeyronnie).

Un autre courant s'inscrit de manière spécifique dans la sociologie économique française, celui de l'anti-utilitarisme de la revue du MAUSS, autour d'Alain Caillé. Il propose une sorte de théorie critique des paradigmes dominants d'analyse des comportements économiques et sociaux (utilité, stratégie, rationalité, gain/perte, avantage/désavantage, etc.) en réhabilitant la logique du don/contre don. Le courant de l'économie sociale et solidaire (autour de J.-L. Laville) s'est développé également à partir de paradigmes voisins mais en centrant davantage l'analyse sur les formes intermédiaires et non strictement marchandes (associations, tiers secteur).

Le courant des économies des grandeurs et des conventions (autour de L. Boltanski, L. Thévenot, R. Salais et A. Desrosières) représente également un courant original dans la sociologie française. C'est surtout autour de Luc Boltanski et Laurent Thévenot que s'est développée une sociologie des principes et des valeurs que les individus engagent pour justifier leurs actions dans les diverses situations sociales. Dans leur dernier livre sur « l'esprit du capitalisme », Boltanski et Chiapello analysent les changements idéologiques qui ont accompagné les transformations récentes du capitalisme et proposent de comprendre « l'ensemble des croyances partagées, inscrites dans les institutions, engagées dans des actions et par là ancrées dans le réel ». Ces auteurs s'intéressèrent moins aux structures du capitalisme et davantage aux principes qui justifient l'engagement dans le capitalisme.

Une tradition française existe également dans le domaine de l'histoire des idées et des conditions d'émergence et de développement de la sociologie économique (Gislain et Steiner). Ce courant est aussi porté par des auteurs qui réfléchissent sur les rapports entre sociologie et économie (Menger).

Des travaux importants ont vu le jour sur les changements de la dimension spatiale et temporelle de l'économie (Pierre Veltz). L'espace y est présenté comme support de processus sociaux, relationnels et organisationnels non-marchands. Cet auteur insiste sur le rôle central joué par la maîtrise du temps dans le rapport à l'espace des acteurs économiques. Les phénomènes de localisation des activités économiques ne se traduisent pas seulement par la régionalisation mais surtout par la polarisation croissante autour de grandes aires métropolitaines qui viennent se superposer aux découpages étatiques et constituent une véritable Europe des villes.

Ces précisions sur le paysage français de la sociologie économique ne seraient pas complètes sans indiquer le vaste courant de la sociologie des entreprises et du travail. Ce champ a constitué un domaine essentiel de la reconstruction de la sociologie française après-guerre autour de Friedman, Reynaud et Touraine, et n'a cessé d'être l'un des plus productifs, autour de la revue *Sociologie du travail.* Les transformations du marché du travail et de l'emploi (avec l'arrivée massive des femmes), de l'organisation de la production et des services, des cultures professionnelles, du travail ouvrier, des relations syndicales, etc. ont fait l'objet d'un grand nombre de recherches qui constituent tout un pan d'une sociologie de la transformation des sociétés capitalistes. Ce courant, bien que directement intéressé par les aspects économiques de la société capitaliste, n'est pas toujours associé au champ de la sociologie économique, et constitue en tant que tel un champ à part entière de la sociologie. Les délimitations sont ici très fluctuantes et nombre d'articles ou de livres publiés en sociologie du travail trouveraient facilement leur place dans la sociologie économique. On pense en France à de nombreux auteurs : Denis Segrestin, Emmanuelle Reynaud, Margaret Maruani, Pierre Tripier et Claude Dubar, Michel Lallement, Renaud Sainsaulieu, et d'autres qui, de par leur objet d'étude, recouvrent largement les secteurs de la société directement impliqués dans la vie économique.

BIBLIOGRAPHIE[1]

Cette bibliographie a le souci d'indiquer principalement des ouvrages permettant de mieux connaître la diversité de la sociologie économique en France, mais aussi d'autres auteurs peu traités par Trigilia. On y retrouve donc les références de courants et d'auteurs indiqués dans la première partie de la préface. Elle contient également les ouvrages d'histoire des idées portant sur ce champ.

ARRIGHI G., *The Long Twentieth Century,* Londres, Verso, 1994.

BOURDIEU P. (2000), *Les structures sociales de l'économie,* Paris, Seuil.

BOLTANSKI L., THÉVENOT L. (1991), *Les économies de la grandeur,* Paris, PUF.

1 Bibliographie générale, p. 231.

Boltanski L., Chiapello E. (1999), *Le nouvel esprit du capitalisme* Paris, PUF.

Boyer R. (1986), *La théorie de la régulation*, Paris, La Découverte.

Boyer R., Saillard Y. (1995), *La théorie de la régulation : l'état des savoirs*, Paris, La Découverte.

Caille A. (1989), *Critique de la raison utilitaire : manifeste du MAUSS*, Paris, La Découverte.

— (2000), *Anthropologie du don*, Paris, Desclée de Brouwer.

Castel R. (1995), *Les métamorphoses de la question sociale : une chronique du salariat*, Paris, Fayard.

Gislain J.-J., Steiner P. (1995), *La sociologie économique (1890-1920) : Durkheim, Pareto, Schumpeter, Simiand, Veblen et Weber*, Paris, PUF.

Harvey D. (1989), *The condition of postmodernity : an enquiry into the origins of cultural change*, Oxford, Blackwell.

Laville J.-L. (dir.) (1994), *L'économie solidaire, une perspective internationale*, Paris, Desclée de Brouwer.

Lebaron F. (2000), *La croyance économique : les économistes entre science et politique*, Paris, Seuil.

Levesque B. *et al.* (2001), *La nouvelle sociologie économique*, Paris, Desclée de Brouwer.

Menger P.M. (1997), « Sociologie et économie », *Revue française de sociologie*, vol. 38 : n° 3, p. 421-633.

Paugam S. (dir.) (1996), L'ex*clusion, l'état des savoirs*, Paris, La Découverte.

Piore M.J., Sabel F. (1984), *The Second industrial Divide. Possibilities for Prosperity*, New York, Basic Books.

Salais R., Storper M. (1993), *Les mondes de production*, Paris, École des Hautes Études en Sciences Sociales.

Steiner P. (1999), *La sociologie économique*, Paris, coll Repères, La Découverte.

Swedberg R. (1994), *Une histoire de la sociologie économique*, Paris, Desclée de Brouwer (édition originale, Londres, 1987).

Sklair L. (2001), *The Transnational Capitalist Class*, Oxford, Blackwell.

— (1984), *Capitalism and Development*, Londres, Routledge.

Veltz P. (1996), *Mondialisation, villes et territoires : l'économie d'archipel*, Paris, PUF.

— (2000), *Le nouveau monde industriel*, Paris, Gallimard.

Utilitaires

Bibliographie

Introduction

BOUDON RAYMOND, *La place du désordre. Critique des théories du changement social*, Paris, PUF, 1984.

FRIEDLAND R., ROBERTSON A.F. (dir.), *Beyond the Marketplace. Rethinking Economy and Society*, New York, Aldine de Gruyter, 1990.

GISLAIN J.,STEINER PH., *La sociologie economique 1890-1920*, Paris, PUF, 1995.

GRANOVETTER M., SWEDBERG R. (dir.), *The Sociology of Economic Life*, Boulder Co., Westview Press, 1992.

MERTON ROBERT KING [1949], *Éléments de théorie et de méthode sociologique*, Paris, Armand Colin, 1997.

MINGIONE ENZO, *Sociologia della vita economica*, NIS, Rome, 1997.

POLANYI KARL, *The Livelihood of Man*, New York, Academic Press, 1977.

SCHUMPETER JOSEPH [1954], *Histoire de l'analyse économique*, Paris, Gallimard, 1983.

SMELSER N.J., SWEDBERG R., « The Sociological Perspective on the Economy », in N.J. Smelser et R. Swedberg (dir.), *The Handbook of Economic Sociology*, Princeton, Princeton University Press, 1994, p. 3-26.

STEINER P., *La sociologie économique*, Paris, La Découverte, 1999.

SWEDBERG R. (dir.), *Explorations in Economic Sociology*, New York, Russell Sage Publication, 1993.

WEBER MAX [1922], *Essai sur la théorie de la science*, Paris, Plon, 1965.

ZUKIN S., DIMAGGIO P. (dir.), *Structures of Capital. The Social Organization of the Economy*, Cambridge, Cambridge University Press, 1990.

Chapitre 1

ARON RAYMOND, *Les étapes de la pensée sociologique*, Paris, Gallimard, 1965.

BELL DANIEL, « Models and Reality in Economic Discourse », in D. Bell et I. Kristol (dir.), *The Crisis in Economic Theory*, New York, Basic Books, 1981, p. 46-80.

BLAUG, M., *Economic Theory in Retrospect*, 4th ed., Cambridge, Cambridge University Press, 1968.

BRAUDEL FERNAND, *La dynamique du capitalisme*, Paris, Flammarion, 1977.

COMTE AUGUSTE [1830-1842], *Cours de philosophie positive*, Paris, Bachelier.

ELSTER J. [1985], *Karl Marx : une interpretation analytique*, Paris, PUF, 1989.

GALBRAITH KENNETH-JOHN [1987], *L'économie en perspective : une histoire critique*, Paris, Seuil, 1989.

GIDDENS ANTHONY, *Capitalism and Modern Social Theory*, Cambridge, Cambridge University Press, 1971.

HOSELITZ B., *Sociological Aspects in Economic Growth*, Glencoe, Ill., The Free Press, 1960.

JEVONS STANLEY, *The Theory of Political Economy*, Londres, MacMillan, 1871.

LEFREVE H., *Sociologie de Marx*, Paris, PUF, 1966.

Malthus Thomas Robert [1798], *Essai sur le principe de population*, Paris, Flammarion, 1992.

— [1820], *Principes d'économie politique considérés sous le rapport de leur application pratique*, Paris, Calmann-Lévy, 1969.

Mandeville Bernard [1714], *La fable des abeilles*, Paris, Vrin, 1998.

Marshall Alfred [1890], *Principes d'économie politique*, Paris, Gordon & Brench, 1971.

Marx Karl [1847], *Misère de la philosophie*, Paris, Payot & Rivages, 1996.

— [1852], *Le 18 Brumaire de Louis-Napoléon Bonaparte*, Paris, Éditions Sociales, 1963.

— [1850], *La lutte des classes en France*, Paris, Éditions Sociales, 1948.

— [1867], *Le capital, critique de l'économie politique*, Paris, Champs Flammarion, 1985.

Marx Karl, Engels Friedrich [1845-1846], *L'idéologie allemande*, Paris, Nathan, 1994.

— [1848], *Le manifeste du parti communiste*, Paris, Nathan, 1995.

Menger Carl [1871], *Grundsätze der Volkswirthschaftslebre.*

— [1882], *Investigations into the method of the social sciences, with special reference to economics*, New York et Londres, New York University Press, 1985.

Pareto Vilfredo [1916], *Traité de sociologie générale*, Genève, Droz, 1968.

Parsons [1934], « Some Reflections on the Nature and Significance of Economics », in *Quaterly Journal of Economics*, vol. 4, p. 511-545.

— [1937], *Éléments pour une sociologie de l'action*, Paris, Plon, 1955.

Poggi, G., *Images of Society. Essays on the Sociological Theories of Tocqueville, Marx and Durkheim*, Stanford, Stanford University Press, 1972.

Polanyi Karl [1944], *La grande transformation : aux origines politiques et économiques de notre temps*, Paris, Gallimard, 1983.

— *Primitive, Archaic and Modern Economies*, New York, Doubleday, 1968.

Quesnay François [1758], *Tableau économique des physiocrates*, Paris, Calmann-Lévy, 1969.

Ricardo David [1817], *Des principes de l'économie politique et de l'impôt*, Paris, Flammarion, 1992.

Robbins L. [1932], *An Essay on the Nature and Significance of Economic Science*, London, MacMillan, 1984.

Rosenberg N., « Some Institutional Aspects of the Wealth of Nations », in *The Journal of Political Economy*, n. 6, 1960, p. 556-570.

Say Jean-Baptiste [1803], *Traité d'économie politique*, Paris, Calmann-Lévy, 1972.

Schumpeter Joseph [1954], *Histoire de l'analyse économique*, Paris, Gallimard, 1983.

Smith Adam [1759], *Théorie des sentiments moraux*, Paris, PUF, 1999.

— [1776], *Enquête sur la nature et les causes de la richesse des nations*, Paris, PUF, 1995.

Spencer Herbert, *Principes de sociologie*, Paris, Baillère, 1878-1887.

Walras Léon [1874], *Théorie mathématique de la richesse sociale et autres écrits d'économie pure*, Paris, Economica, 1993.

Weber Max [1922a], *Essai sur la théorie de la science*, Paris, Plon, 1965.

Chapitre 2

Cavalli A., *La fondazione del metodo sociologico in Max Weber e Werner Sombart*, Pavia, Istituto di Sociologia, Università di Pavia, 1969.

Frisby D., *Georg Simmel*, Bologna, Il Mulino, 1985.

Kern M., Phillips B.S., Cohen R.S. (dir.), *Georg Simmel and Contemporary Sociology*, Dordrecht, Kluwer Academic Publ., 1990.

Parsons T., « « Capitalism » in Recent German Literature : Sombart and Weber », in *The Journal of Political Economy*, n. 6, 1928, p. 641-661.

POGGI G., *Denaro e modernità. La « Filosofia del denaro » di Georg Simmel*, Bologna, Il Mulino, 1998.

SIMMEL GEORG [1903], *La philosophie de la modernité*, Paris, Payot, 1990.

— [1908], *Sociologie : étude sur les formes de la socialisation*, Paris, PUF, 1999.

— [1911], « Die Mode », in *Philosophische Kultur. Gesammelte Essays*, Leipzig, Klinkhardt.

— [1917], *Philosophie de l'argent*, Paris, PUF, 1987.

SOMBART WERNER [1902, 1916], *Le bourgeois : contribution à l'histoire morale et intellectuelle de l'homme économique moderne*, Paris, Payot, 1966.

— « Capitalism », in *Encyclopedia of the Social Sciences*, New York, MacMillan, 1929.

Chapitre 3

BESNARD PHILIPPE, *Protestantisme et capitalisme : la controverse post-weberienne*, Paris, Armand Colin, 1970.

BOUDON RAYMOND, *La place du désordre. Critique des théories du changement social*, Paris, PUF, 1984.

CAVALLI LUCIANO, *Max Weber : religione e società*, Bologna, Il Mulino, 1968.

COLLINS R., « Weber's Last Theory of Capitalism : A Systematization », in *American Sociological Review*, XLV, décembre, 1980, p. 925-942.

MARSHALL G., *In Search of the Spirit of Capitalism*, London, Hutchinson, 1982.

PARSONS TALCOTT [1937], *Éléments pour une sociologie de l'action*, Paris, Plon, 1955.

POGGI GIANFRANCO, *Calvinismo e spirito del capitalismo*, Bologne, Il Mulino, 1984.

SCHLUCTER W., *Rationalismus der Weltbeherrschung*, Suhrkamp Verlag, Frankfurt Am Main, 1980.

TCHAYANOV ALEXANDRE [1925], *L'organisation de l'économie paysanne*, Paris, Librairie du Regard, 1990.

WEBER MAX [1894], *La bourse*, Paris, Transition, 1999.

— [1904-1905], *L'éthique protestante et l'esprit du capitalisme*, suivi de *Les sectes protestantes et l'esprit du capitalisme*, Paris, Plon, 1990.

— [1919], *Le savant et le politique*, Paris, Plon, 1959.

— [1920-1921], *Sociologie des religions*, Paris, Gallimard, 1996.

— [1922], *Économie et société*, Paris, Pocket, 1995.

— [1924], *Gesammelte Aufsaetze zur Sozial- und Wirtschaftsgeschichte*, Tuebingen, Mohr.

— *La ville*, Paris, Aubier-Montaigne, 1982.

— *Histoire économique : esquisse d'une histoire universelle de l'économie et de la société*, Paris, Gallimard, 1991.

Chapitre 4

AIMARD G., *Émile Durkheim et la science économique*, Paris, PUF, 1962.

DURKHEIM ÉMILE DURKHEIM ÉMILE, « La science positive de la morale en Allemagne », in *Revue philosophique*, XXIV, 1887, p. 33-48, 113-142, 275-284.

— [1893], *De la division du travail social*, Paris, PUF, 1996.

— [1895], *Les règles de la méthode sociologique*, Paris, PUF, 1995.

— [1897], *Le suicide*, Paris, PUF, 1995.

— [1928], *Le socialisme*, Paris, PUF, 1971.

— *Leçons de sociologie*, Paris, PUF, 1950.

— *La science sociale et l'action*, Paris, PUF, 1987.

GIDDENS A., *Durkheim*, Londres, Fontana/Collins, 1978.

HALBWACHS M., *La classe ouvrière et les niveaux de vie*, Paris, Alcan, 1913.

Hodgson G.M., *The Return of Institutional Economics*, in N. Smelser et R. Swedberg (dir.), *The Handbook of Economic Sociology*, Princeton, Princeton University Press, 1994, p. 58-76.

Lukes S., *Émile Durkheim. His Life and Work : A Historical and Critical Study*, London, Penguin Books, 1973.

Mauss M., *Sociologie et Anthropologie*, Paris, PUF, 1950.

Simiand F., *Le salaire des ouvriers des mines de charbon en France. Contribution à la théorie économique des salaires*, Paris, Cornely, 1907.

Steiner Ph., *La sociologie de Durkheim*, Paris, La Découverte, 1994.

Tilman R., *Thorstein Veblen and His Critics, 1891-1963*, Princeton, Princeton University Press, 1992.

Veblen Thorstein [1899], *Théorie de la classe du loisir*, Paris, Gallimard, 1978.

— [1904], *The Theory of Business Entreprise*, New York, Scribner's.

— [1915], *Imperial Germany and the Industrial Revolution*, New York, Macmillan.

— [1934] « The Opportunity of Japon », in *Essays in Our Changing Order*, New York, Kelley, 1964.

— *Le capitalisme* suivi de *Nature du capital*, Paris, Londres, Gardon and Broad, 1971.

Chapitre 5

Block F., Somers M.R., « Beyond the Economistic Fallacy : The Holistic Social Science of Karl Polanyi », in T. Skocpol (dir), *Vision and Method in Historical Sociology*, Cambridge, Cambridge University Press, 1984.

Bottomore T., *Between Marginalism and Marxism : The Economic Sociology of J.A. Schumpeter*, New York, Harvester Press, 1992.

Cella Gian Primo, *Le tre forme dello scambio*, Bologne, Il Mulino, 1997.

Landes David [1969], *The Unbound Prometheus*, Cambridge, Cambridge University Press, 1969.

Malinowski Bronislaw [1922], *Les Argonautes du Pacifique occidental*, Paris, Gallimard, 1996.

Polanyi Karl [1944], *La grande transformation : aux origines politiques et économiques de notre temps*, Paris, Gallimard, 1983.

— *Primitive, Archaic and Modern Economies*, New York, Doubleday, 1968.

— *The livelihood of Man*, New York, Academic Press, 1977.

Polanyi K., Levitt K. (dir), *The Life and Work of Karl Polanyi*, Montréal, Black Rose Books, 1990.

Schumpeter Joseph [1912], *Théorie de l'évolution économique : recherches sur le profit, le crédit, l'intérêt et le cycle de la conjoncture*, Paris, Dalloz, 1935.

— [1919], *L'impérialisme et les classes sociales*, Paris, Minuit, 1972.

— [1942], *Capitalisme, socialisme et démocratie*, Paris, Payot, 1979.

— [1954], *Histoire de l'analyse économique*, Paris, Gallimard, 1983.

— *Éthique et économie, et autres essais*, Paris, PUF, 1993.

Swedberg R., « Introduction », in J. Schumpeter, *The Economics and Sociology of Capitalism*, Princeton, Princeton University Press, 1991, p. 3-98.

Thurnwald R. [1933], *Economics in Primitives Communities*, Londres, Oxford University Press, 1965.

Chapitre 6

Arrow Kennet Joseph, *Choix collectifs et préférences individuelles*, Paris, Calmann-Lévy, 1974.

Bell Daniel, « Models and Reality in Economic Discourse », in D. Bell et I. Kristol (dir.), *The Crisis in Economic Theory*, New York, Basic Books, 1981, p. 46-80.

Chamberlin E.H. [1933], *La théorie de la concurrence monopolistique : une nouvelle orientation de la théorie de la valeur*, Paris, PUF, 1953.

Chandler Alfred D. [1977], *La main invisible des managers*, Paris, Economica, 1988.

DIMAGGIO PAUL, « Culture and the Economy », in N. Smelser et R. Swedberg (dir.), *The Handbook of Economic Sociology*, Princeton, N.J., Princeton University Press, 1994, p. 27-57.

GISLAIN JEAN-JACQUES, STEINER PHILIPPE (dir.), *La Sociologie Économique 1890-1920*, Paris, PUF, 1995.

GOUREVITCH PETER, *Politics in Hard Times. Comparative Responses to international Economic Crises*, Ithaca, N.Y., Cornell University Press, 1986.

HALBWACHS MAURICE, *L'évolution des besoins dans la classe ouvrière*, Paris, Alcan, 1933.

HIRSCH P., MICHAELS S., FRIEDMAN R., « « Dirty Hands'versus Clean Models ». Is Sociology in Danger of Being Seduced by Economics ? » in *Theory and Society*, n° 16, 1987, p. 317-36.

HIRSCHMAN ALBERT, *The Strategy of Economic Development*, New Haven, Conn., Yale University Press, 1958.

— *Exit, Voice and Loyalty*, Cambrigde, 1970.

— *Shifting Involvements Private Interest and Public Action*, N.J., Princeton University Press, 1982.

KEYNES JOHN MAYNARD [1926], *The End of « Laissez-Faire ». Suis-je un libéral ?*, Montréal, Comeau & Nadeau, 1999.

— [1936], *Théorie générale de l'emploi, de l'intérêt et de la monnaie*, Paris, Payot, 1969.

— *Essai sur la monnaie et l'économie*, Paris, Payot, 1972.

KHUN THOMAS, *The Structure of Scientific Revolutions*, Chicago, Chicago University Press, 1962.

PARSONS TALCOTT [1934], « Some Reflections on the « Nature and Significance of Economics », in *Quaterly Journal of Economics*, vol. 4, p. 511-545.

PARSONS TALCOTT [1935a], « Sociological Aspects in Economic Thought I », *Quaterly Journal of Economics*, vol. 49, p. 411-453.

— [1935b], « Sociological Aspects in Economic Thought II », *Quaterly Journal of Economics*, vol. 49, p. 646-667.

— [1937], *Éléments pour une sociologie de l'action*, Paris, Plon, 1955.

— [1951], *Le système des sociétés modernes*, Paris, Dunod, 1973.

PARSONS T., SMELSER N.J. (dir.), *Economy and Society*, Londres, Routledge and Kegan, 1956.

ROBINSON J. [1933], *L'économie de la concurrence imparfaite*, Paris, Dumont, 1975.

SEN AMARTYA, *Collective choice and social welfare*, Londres, Oliver and Boyd, 1970.

SHONFIELD ANDREW [1965], *Le capitalisme aujourd'hui : l'État et l'entreprise*, Paris, Gallimard, 1969.

SIMMEL GEORG [1911], « Die Mode », in *Philosophische Kultur. Gesammelte Essays*, Leipzig, Klinkhardt.

SKIDELSKY ROBERT, *Keynes*. Oxford, Oxford University Press, 1996.

SWEDBERG RICHARD, *Economics and Sociology*, Princeton, Princeton University Press, 1990.

SWEDBERG RICHARD, HIMMELSTRAND ULF, BRULING GÖRAN, « The Paradigm of Economic Sociology », in *Theory and Society*, n° 16, 1987, p. 169-213.

WARNER W., LUNT P., *The Social Life of a Modern Community*, New Haven, Conn., Yale University Press, 1941.

WEBER MAX [1922], *Économie et société*, Paris, Pocket, 1995.

Chapitre 7

ALMOND GABRIEL, POWELL SIDNEY, *Comparative Politics. A Developmental Approach*, Boston, Mass., Little Brown & Company, 1966.

BATES R., « Modernization, Ethnic Competition and the Rationality of Politics in Contemporary Africa », in V. Olorunsola et D. Rothchild (dir.), *Ethnicity, State Coherence, and Public Policy : African Dilemmas*, Boulder, Colo., Westview Press, 1982.

BENDIX REIHNARD, « Tradition and Modernity Reconsidered », in *Comparative Studies in Society and History*, IX, 1967, p. 292-346.

— *Kings or People.* Berkeley : University of California Press, 1978.

CARDOSO FERNANDO, FALETTO ENZO, *Dependencia y desarollo en America Latina*, Santiago, 1967.

DEYO FREDERIC C. (dir.), *The Political Economy of the New Asian Industrialism*, Ithaca, N.Y., Cornell University Press, 1987.

DORE RONALD, « Reflections on Culture and Social Change », in G. Gereffi et D. Wyman (dir.), *Manufacturing Miracles. Paths of Industrialization in Latin America e East Asia*, Princeton, Princeton University Press, 1990, p. 353-367.

— *Taking Japan Seriously*, Londres, The Athlone Press, 1987.

EISENSTADT SHMUEL NOAH, « Social Change, Differentiation and Evolution », in *American Sociological Review*, XXIX, 1964, p. 235-247.

— *Tradition, Change and Modernity*, New York, Wiley & Son, 1973.

— *Approche comparative de la civilisation européenne*, Paris, PUF, 1994.

EVANS P., STEPHENS J., « Development and the World Economy », in N. SMELSER (dir.), *Handbook of Sociology*, Newbury Park, Calf. Sage, 1988, p. 739-773.

GEREFFI GARY, WYMAN DONALD L. (dir.), *Manufacturing Miracles. Paths of Industrialization in Latin America e East Asia*, Princeton, Princeton University Press, 1990.

GERMANI GINO [1971], *Politique, société et modernisation*, Gemboux, J. Duculot, 1972.

GOLDTHORPE JOHN, « Theories of Industrial Society : Reflections on the Recrudescence of Historicism and the Future of Futurology », in *Archives Européennes de Sociologie*, XII, 1971, p. 263-288.

GRANOVETTER MARK, « The Idea of « Advancement » in the Theories of Social Evolution and Development », in *American Journal of Sociology*, LXXXV, 1979, p. 489-515.

HAGEN EVERETT, *On the Theory of Social Change*, Homewood, Ill., The Dorsey Press, 1962.

— *Économie du développement*, Paris, Economica, 1982.

HAMILTON GARY, BIGGART NICOLE, « Market, Culture and Authority : a Comparative Analysis of Management and Organization in the Far East », in *American Journal of Sociology*, XCIV, 1988, p. 52-93.

— « Civilizations and the Organization of the Economy », in N. Smelser et R. Swedberg (dir.), *The Handbook of Economic Sociology*, Princeton, Princeton University Press, 1994, p. 183-205.

HOSELITZ B. [1960], *Sociological Aspects in Economic Growth*, Glencoe, Ill., The Free Press.

INKELES ALEX, SMITH DAVID, *Becoming Modern*, Londres, Heinemann, 1974.

KERR CLARK et al., *Industrialism and the Industrial Man*, Cambridge, Mass., Havard University Press, 1960.

LERNER DANIEL, *The Passing of Traditional Society : Modernizing the Middle East*, Glencoe, Ill., Free Press, 1958.

LEVY MARION JOSEPH, *Modernization and the Structure of Societies*, 2 vol., Princeton, N.J., Princeton University Press, 1966.

LINDBERG LEON N., MAIER CHARLES S. (dir.), *The politics of Inflation and Economic Stagnation*, Washington, D.C., The Brookings Institution, 1985.

MCCLELLAND D., *The Achieving Society*, Princeton, Van Nostrand, 1961.

MOORE BARRINGTON JR, *Social Origins of Dictatorship and Democracy*, Boston, Beacon Press, 1966.

NISBET ROBERT, *Social Change and History*, Londres, Oxford University Press, 1969.

OFFE CLAUS, *Varieties of Transition : The East European and East German Experience*. Cambridge, MIT Press, 1997.

PARSONS TALCOTT [1951], *Le système des sociétés modernes*, Paris, Dunod, 1973.

PARSON TALCOTT, SMELSER NEIL J. (dir.), *Economy and Society*, Londres, Routledge and Kegan Paul, 1956.

PASQUINO GIANFRANCO, *Modernizzazione e sviluppo politico*, Bologne, Il Mulino, 1970.

ROSTOW WALT WHITMAN [1960], *Les étapes de la croissance économique*, Paris, Economica, 1997.

RUESCHEMEYER D., EVANS P., « The State and Economic Transformation : Toward an Analysis of the Conditions Underlying Effective Intervention » in P. Evans, D. Rueschemeyer et T. Skocpol (dir.), *Bringing the State Back in*, Cambridge, Cambridge University Press, 1985, p. 44-77.

SMELSER NEIL, *Essays in Sociological Explanation*, Englewood Cliffs, N.J., 1968.

STARK D., « Bending the Bars of the Iron Cage : Bureaucratization and Informalization in Capitalism and Socialism » in *Sociological Forum*, n° 4, 1989, p. 637-64.

SZTOMPKA PIOTR, *La fiducia nelle società post-comuniste*, Soveria Mannelli, Rubettino, 1996.

WALLERSTEIN IMMANUEL [1974], *The Modern World-System : Capitalist Agriculture and the Origins of the Sixteenth Century*, New York, Academic Press, 1974.

— *The Capitalist World-Economy*, Cambridge, Cambridge University Press, 1979.

Chapitre 8

BENDIX R., *Nation-Building and Citizenship*, New York, Wiley & Sons, 1964.

BERGER SUZANNE (dir.), *Organizing Interests in Western Europe*, Cambridge, Cambridge University Press, 1981.

BORDOGNA L., PROVASI G., *Politica, economia e rappresentanza degli interessi*, Bologne, Il Mulino, 1984.

— « La Conflittualità » in G.P. Cella et T. Treu *Le nuove relazioni industriali*, Bologne, Il Mulino, 1998, p. 331-60.

BRITTAN SAMUEL, « The Economic Contradictions of Democracy », in *British Journal of Political Science*, n° 5, 1975, p. 129-159.

— « Inflation and Democracy », in F. Hirsch et L. Goldthorpe (dir.), *The political Economy of Inflation*, Londres, Routledge & Kegan, 1978, p. 161-185.

BUCHANAN JAMES, TOLLISON R., *Theory of Public Choice*, Ann Arbor, University of Michiga Press, 1972.

BUCHANAN J., TULLOCK G., *The Calculus of Consent*, Ann Arbor, University of Michigan Press, 1962.

BUCHANAN J., WAGNER R., *Democracy in Deficit*, New York, Academic Press, 1977.

CAGAN Ph., *Persistent Inflation*, New York, Columbia University Press, 1979.

CAMERON D., « Does Government Cause Inflation ? Taxes, Spending and Deficits », in L. Lindberg et C. Maier (dir.), *The politics of Inflation and Economic Stagnation*, Washington, D.C., The Brookings Institution, 1985, p. 224-279.

CROUCH COLIN, « Conditions for Trade Union Wage Restraint », in L. Lindberg et C. Maier (dir.), *The politics of Inflation and Economic Stagnation*, Washington, D.C., The Brookings Institution, 1985, p. 105-139.

CROUCH COLIN, *Class Conflict and the Industrial Relations*, Londres, Heinemann, 1977.

CROUCH COLIN, *Industrial Relations and European State Traditions*, Oxford, Oxford University Press, 1993.

CROUCH COLIN, PIZZORNO ALESSANDRO (dir.), *The resurgence of class conflict in Western Europe since 1968*, New York, Holmes & Meier, 1978.

DORE RONALD, *Taking Japan Seriously*, Londres, The Athlone Press, 1987.

DOWN ANTHONY, *An Economic Theory of Democracy*, New York, Harper and Row, 1957.

ESPING-ANDERSEN GØSTA, *Politics against Markets*, Princeton, Princeton University Press, 1985.

— [1990], *Les trois mondes de l'État-providence*, Paris, PUF, 1999.

— « Il Welfare State senza il lavoro. L'ascesa del familismo nelle politiche sociali dell'Europa continentale », in *Stato e Mercato*, n° 32, p. 219-247, 1995.

— *Social Foundations of Postindustrial Economies*. Oxford, Oxford University Press, 1999.

FERRERA MAURIZIO, *Modelli di solidarietà*, Bologne, Il Mulino, 1993.

FLORA P., HEIDEBHEIMER A.J. (dir.), *The Developpements of Welfare States in Europe and America*, New Brunswick, N.J., Transaction Books, 1981.

GOLDTHORPE JOHN, « The Current Inflation. Towards a Sociological Account », in F. Hirsch et L. Goldthorpe (dir.), *The political Economy of Inflation*, Londres, Routledge & Kegan, 1978, p. 186-214.

— « I problemi dell'economia politica alla fine del periodo postbellico », *Stato e Mercato*, n° 7, 1983, p. 47-87.

— (dir.), *Order and Conflict in Contemporary Capitalism*, Oxford, Clarendon Press, 1984.

HABERMAS JÜRGEN [1973], *Raison et légitimité : problèmes de légitimation dans le capitalisme avancé*, Paris, Payot, 1988.

HALL PETER, *Governing the Economy : The Politics of State Intervention in Britain and France*, Oxford, Polity Press, 1986.

HIRSCH F., *Social Limits to Growth*, London, Routledge & Kegan, 1977.

HIRSCH FRED, GOLDTHORPE JOHN H. (dir.), *The political Economy of Inflation*, Londres, Routledge & Kegan, 1978.

HOLLINGSWORTH R., LINDBERG L., « The Governance of the American Economy. The Role of Markets, Clans, Hierarchies and Associative Behaviour » in W. Streeck et Ph. Schmitter (dir.) *Private Interest Governments -Beyond Markets and State*, London, Sage, 1985, p. 221-54.

KATZENSTEIN P., *Corporatism and Change : Austria, Switzerland and the Politics of Industry*, Ithaca, N.Y., Cornell University Press, 1984.

LANGE P., REGINI M., « Regolazione sociale e politiche pubbliche : schemi analitici per lo studio del caso italiano », in *Stato e Mercato*, n° 19, 1987, p. 97-121.

LEHMBRUCH GERHARD, « Liberal Corporatism and Party Government », in *Comparative Political Studies*, X, 1977, p. 127-152.

LEHMBRUCH G., SCHMITTER PH., *Patterns of Corporatist Policy-Making*, London, Sage, 1982.

LINDBERG LEON N., MAIER CHARLES S. (dir.), *The politics of Inflation and Economic Stagnation*, Washington, D.C., The Brookings Institution, 1985.

MARSHALL T.H., *Class, Citizenship and Social Development*, Garden City, Doubleday & Company, 1964.

MARTINELLI ALBERTO, SCHMITTER PHILIPPE, STREECK WOLFGANG, « L'organizzazione degli interessi imprenditorial », in *Stato e Mercato*, n° 3, 1981, p. 423-445.

NORDHAUS WILLIAM, « The Political Business Cycle », in *Review of Economic Studies*, n° 42, 1975, p. 169-190.

O'CONNOR J., *The Fiscal Crisis of the State*, New York, St. Martin's Press, 1973.

OFFE CLAUS [1981], « The Attribution of Public Status to Interest Groups : Observations on the West German Case », in S. Berger (dir.), *L'organizzazione degli interessi nell'Europa occidentale, Bologne*, Il Mulino, 1983, p. 165-216.

— Contradictions of the welfare state, Londres, Hutchinson, 1984.

— *Strukturprobleme des kapitalistischen Staates*, Frankfurt/Main, Suhrkamp, 1972.

OLSON M., *The Rise and Decline of Nations*, New Haven, Yale University Press, 1982.

OUCHI W., « Markets, Bureaucracies and Clans », in *Administrative Science Quaterly*, n° 25, p. 129-141.

PACI MASSIMO, « Il sistema italiano di welfare fra tradizione clientelare e prospettive di riforma », in U. Ascoli (dir.), *Welfare State all'italiana*, Bari, Laterza, 1984, p. 297-325.

— (dir.), *Pubblico e privato nei sistemi di Welfare, Naples*, Liguori, 1989.

PIZZORNO ALESSANDRO, « Scambio politico e identità collettiva nel conflitto di classe », in C. Crouch et A. Pizzorno (dir.), *Conflitti in Europa*, Milan, Etas Libri, 1977, p. 407-433.

REGINI MARINO, « Le condizioni dello scambio politico. Nascita e declino della concertazione in Italia e Gran Bretagna », in *Stato e Mercato*, n° 9, 1983, p. 353-384.

— *Confini mobili. La costruzione dell'economia fra politica e società*, Bologne, Il Mulino, 1991.

SALVATI MICHELE, « Strutture politiche e esiti economici », in *Stato e Mercato*, n° 4, 1982, p. 3-43.

SCHARPF FRITZ, « Economic and Institutional Constraints of Full-Employment : Sweden, Austria and West Germany », in J. Goldthorpe (dir.), *Contemporary Capitalism*, Oxford, Clarendon Press, 1984.

— *La sociale démocratie européenne face à la crise*, Paris, Economica, 1990.

SCHMITTER PHILIPPE, « Still the Century of Corporatism ? », in *The Review of Politics*, XXXVI, 1974, p. 85-131.

SCHMITTER PHILIPPE, GROTE J., « Sisifo corporatista : passato, presente e futuro », in *Stato e Mercato*, n° 50, 1997, p. 183-215.

SCHMITTER PH., LEHMBRUCH G. (dir), *Trends Toward Coropratist Intermediation*, London, Sage, 1979.

SCHMITTER PHILIPPE, STREECK WOLFGANG, *Comunità, mercato, stato e associazioni ? Il possibile contributo dei governi privati all'ordine sociale*, in *Stato e Mercato*, n° 13, 1985, p. 47-110.

SHONFIELD ANDREW [1965], *Le capitalisme aujourd'hui : l'État et l'entreprise*, Paris, Gallimard, 1969.

SOSKICE DAVID, « Le relationi industriali nelle società occidentali », in C. Crouch et A. Pizzorno (dir.), *Conflitti in Europa*, Milan, Etas Libri, 1977, p. 377-406.

STREECK WOLFGANG, « Imprenditori e sindacati : eterogeneità degli interessi e capacità organizzativa », in *Stato e Mercato*, n° 1, 1991, p. 7-45.

TITMUSS RICHARD MORRIS, *The Gift Relationship : from Human Blood to Social Policy*, Londres, Allen & Unwin, 1970.

— *Social Policy*, London, Allen & Unwin, 1974.

TUFTE EDWARD, *Political Control of the Economy, Princeton*, N.J., Princeton University Press, 1978.

WILENSKY H., *The Welfare State and Equality*, Berkeley, University of California Press, 1975.

ZYSMAN J., *Governments, Markets, and Growth*, Ithaca, N.Y., Cornell University Press, 1983.

Chapitre 9

BAGNASCO ARNALDO, TRIGILIA CARLO [1988], *La construction sociale du marché. Le défi de la troisième Italie*, éditions de l'ENS-Cachan, 1993.

BAUDRILLARD JEAN, *Le système des objets*, Paris, Gallimard, 1968.

— [1970], *La société de consommation : ses mythes, ses structures*, Paris, Denoël, 1997.

BECCATTINI GIACOMO, *Mercato e forze locali : il distretto industriale*, Bologne, Il Mulino, 1987.

BERGER SUZANNE, PIORE MICHAEL J., *Dualism and Discontinuity in Industrial Societies*, Cambridge, Cambridge University Press, 1980.

BOURDIEU PIERRE, *La distinction : critique sociale du jugement*, Paris, Minuit, 1979.

— « Le capital social : notes provisoires » in *Actes de la Recherche en Sciences Sociales*, 31, 1980, p. 2-3.

BOYER ROBERT, « Alla ricerca di alternative al fordismo : gli anni Ottanta », in *Stato e Mercato*, n° 24, 1988, p. 387-423.

BOYER ROBERT, DORE RONALD, *Les politiques des revenus en Europe*, Paris, La Découverte, 1994.

BOYER ROBERT, SAILLARD YVES, *Théorie de la régulation : l'état des savoirs*, Paris, La Découverte, 1995.

BRUSCO SEBASTIANO, *Piccole imprese e distretti industriali : una raccolta di saggi*, Turin, Rosenberg & Sellier, 1989.

BURT R., *Corporate Profits and Cooptation*, New York, Academic Press, 1983.

CHANDLER ALFRED D. [1977], *La main invisible des managers*, Paris, Economica, 1988.

COLEMAN JAMES SAMUEL, *Foundations of Social Theory*, Cambridge, Mass, Harvard University Press, 1990.

DIMAGGIO PAUL, « Culture and the Economy », in N. Smelser et R. Swedberg, (dir.), *The Handbook of Economic Sociology*, Princeton, Princeton University Press, 1994 p. 3-26.

DORE RONALD, « Goodwill and the Spirit of Market Capitalism », in *British Journal of Sociology*, n° 34, 1983, p. 459-482.

— *Flexible Rigidities*, Stanford, Calif., Standford University Press, 1986.

— *Taking Japan Seriously*, Londres, The Athlone Press, 1987.

Douglas Mary, Isherwood Baron, *The World of Goods*, New York, Basic Books, 1979.

Friedland R., Alford R., « Bringing Society Back In : Symbols, Practices and Institutional Contradictions » in W. Powell et P. DiMaggio (dir.), *The New Institutionalism in Organizational Analysis*, Chicago, University of Chicago Press, 1991, p. 232-63

Fukuyama Francis, *Trust : the social virtues and the creation of prosperity*, New York, The Free Press, 1995.

Gallino Luciano (dir.), *Il lavoro e il suo doppio*, Bologne, Il Mulino, 1985.

Garfinkel Harold, *Studies in Etnomethodology*, Englewood Cliffs, N.J., Prentice-Hall, 1967.

Gershuny J., *After Industrial Society : The Emerging Self-Service Economy*, London, MacMillan, 1978.

Granovetter Mark, « The Strenght of Weak Ties », in *American Journal of Sociology*, n° 78, 1973, p. 1360-1380.

— *Getting a Job. A Study of Contacts and Careers*, Cambridge, Mass., Havard University Press, 1974.

— « The Strenght of Weak Ties. A Network Theory Revisited », in *Sociological Theory*, n° 1, 1983, p. 201-233.

— « Economic Action and Social Structure : The Problem of Embeddedness », in *American Journal of Sociology*, n° 91, 1985, p. 481-510.

— « The Old and the New Economic Sociology : A History and an Agenda », in R. Friedland et A. Robertson (dir.), *Beyond the* Marketplace : Rethinking Economy and Society, New York, Aldine, 1990, p. 89-112.

Kern H., Schumann M., *Des Ende der Arbeitsteilung. ? Rationalisierung in der industriellen Produktion*, Munchen, Verlag Bech'sche, 1984.

Marshall Alfred [1890], *Principes d'économie politique*, Paris, Gordon & Brench, 1971.

— *Industry and Trade*, London, Macmillan, 1919.

Miller Daniel [1987], *Material Culture and Mass Consumption*, New York, Basil Blackwell.

Mutti Antonio, *Capitale sociale e sviluppo. La fiducia come risorsa*, Bologne, Il Mulino, 1998.

Orrù Marco, Biggart Nicole, Hamilton Gary, « Organizational Isomorphism in East Asia » in W. Powell et P. DiMaggio (dir), *The New Institutionalism in Organizational Analysis*, Chicago, University of Chicago Press, 1991, p. 361-389.

— *The Economic Organization of East Asian Capitalism*, Thousand Oaks, Calif., 1997.

Paci Massimo (dir.), *Famiglia e mercato del lavoro in un'economia periferica*, Milan, Angeli, 1980.

— (dir.), *Pubblico e privato nei sistemi di Welfare*, Naples, Liguori, 1989.

Pahl R., Wallace C., « Household Work Strategies in Economic Recession » in N. Redclift et E. Mingione (dir), *Beyond Employment. Household, Gender and Subsistence*, Oxford, Basil Blackwell, 1985, p. 189-227.

Piore Michael J., Sabel Charles F. [1984], *Les chemins de la prospérité. De la production de masse à la spécialisation souple*, Paris, Hachette, 1989.

Portes Alejandro, « The Informal Economy and Its Paradoxes », in N. Smelser et R. Swedberg, (dir.), *The Handbook of Economic Sociology*, Princeton, Princeton University Press, 1994, p. 426-449.

Powell Walter, DiMaggio Paul (dir.), *The New Institutionalism in Organizational Analysis*, Chicago, Ill., University of Chicago Press, 1991.

Putman Robert, *Making Democracy Work : Civic Traditions in Modern Italy*, Princeton N.J., Princeton University Press, 1993.

Sabel Charles, « Flexible Specialisation and the Re-emergence of Regional Economies », in P. Hirst et J. Zeitlin (dir.), *Reversing Industrial Decline*, Oxford, Berg, 1988, p. 17-70.

— « Leanrnin by Monitoring : The Institutions of Economic Development », in N. Smelser et R. Swedberg, (dir.), *The Handbook of Economic Sociology*, Princeton, Princeton University Press, 1994, p. 137-165.

SAHLINS MARSHALL [1976], *Au cœur des sociétés : raisons utilitaires et raisons culturelles*, Paris, Gallimard, 1980.

SIMON HERBERT [1957], *Administration et processus de décision*, Paris, Economica, 1983.

SMELSER NEIL, SWEDBERG RICHARD (dir.), *The Handbook of Economic Sociology*, Princeton, N.J., Princeton University Press, 1994.

STEINER P. (1999), *La sociologie économique*, Paris, coll. Repères, La Découverte.

STREECK WOLFGANG, *Social Institutions ad Economic Performance*, Londres, Sage, 1992.

SWEDBERG RICHARD, « Markets as Social Structures », in N. Smelser et R. Swedberg (dir.), *The Handbook of Economic Sociology*, Princeton, Princeton University Press, 1994, p. 255-282.

TAYLOR FREDERICK WINSLOW [1911], *Organisation du travail et économie des entreprises*, Paris, Les Éditions d'Organisation, 1990.

VELTZ P. (1996), *Mondialisation, villes et territoires : l'économie d'archipel*, Paris, PUF.

WHITE H., « Where Do Markets Come From ? » in *American Journal of Sociology*, 87, 1981, pp.517-47.

WILLIAMSON OLIVIER, [1985], *Les Institutions de l'économie*, Paris, InterÉditions, 1994.

— *Markets and Hierarchies : Analysis and Antitrust Implications*, New York, The Free Press, 1975.

ZELIZER VIVIANA, *Morals and Markets. The Development of Life Insurance in the United States*, New Brunswick, N.J., Transaction, 1983.

— *The Social Meaning of Money*, New York, Basic Books, 1994.

ZUKIN S., DIMAGGIO P., « Introduction », in S. Zukin et P. DiMaggio (dir), *Structures of Capital*, Cambridge, Cambridge University Press, 1990, p. 1-36.

Chapitre 10

ALBERT M., *Capitalisme contre capitalisme*, Paris, Seuil, 1991.

BERGER SUZANNE, « Introduction » in S. Berger et R. Dore (dir.), *National Diversity and Global Capitalism*, Ithaca, N.Y., Cornell University Press, 1996, p. 1-25.

BERGER SUZANNE, Dore Ronald (dir.), *National Diversity and Global Capitalism*, Ithaca, N.Y., Cornell University Press, 1996, p. 1-25.

BOYER ROBERT, (dir.), *Capitalismes fin de siècle*, Paris, PUF, 1986.

BOYER ROBERT, « The Convergence Hypothesis Revisited : Globalisation but Still the Century of Nations », in S. Berger et R. Dore, (dir.), *National Diversity and Global Capitalism*, Ithaca, N.Y., Cornell University Press, 1996.

CROUCH COLIN, STREECK WOLFGANG (dir.), *Les capitalismes en Europe*, Paris, La Découverte, 1996.

DE JONG H., « European Capitalism : Between Freedom and Social Justice » in *Review of Industrial Organization*, 10, 1995, 399-419.

DORE RONALD, *Taking Japan Seriously*, Londres, The Athlone Press, 1987.

— « *Un commento a Crouch e Streeck* », in *Stato e Mercato*, n° 49, 1997, p. 31-38.

HIRST PAUL, THOMPSON GRAHAME, *Globalization in Question : the international economy and the possibilities of governance*, Cambridge, Polity Press, 1996.

HOLLINGSWORTH JOSEPH ROGERS, BOYER ROBERT (dir.), *Contemporary Capitalism. The Embeddedness of Institutions*, Cambrigde, Cambridge University Press, 1997.

HOLLINGSWORTH JOSEPH ROGERS, SCHMITTER PHILIPPE, STREECK WOLFGANG, *Governing Capitalist Economies*, Oxford, Oxford University Press, 1994.

LAFAY GÉRARD, *Comprendre la mondialisation*, Paris, Economica, 1996.

LESTER R., *The Productive Edge*, New York, Norton, 1998.

Lindbeck A., Snower D.J., *The Insider-Outsider Theory of Employment and Unemployment*, Cambridge, MIT Press, 1988.

Maurice Marc, Sellier François, Silvestre Jean-Jacques [1984], « Rules, Contexts and Actors : Observations Based on a Comparison Between France and West Germany », in *British Journal of Industrial Relations*, n° 22, p. 346-353.

Mendras Henri, Schnapper Dominique (dir.), *Six Manières d'être européens*, Paris, Gallimard, 1990.

Moerland P., « Corporate Ownership and Control Structures : An International Comparison » in *Review of Industrial Organization*, 10, 1995, p. 443-64.

Ohmae K., *The Borderless World*, New York, Harper Collins, 1991.

Powell Walter, DiMaggio Paul (dir.), *The New Institutionalism in Organizational Analysis*, Chicago, Ill., University of Chicago Press, 1991.

Rhodes M., Apeldoorn B. Van., *The Transformation of West European Capitalism ?*, Florence, European University Institute Working Papers RSC. 97/60, 1997.

Scharpf Fritz, *Gouverner l'Europe*, Paris, Presse de Sciences Po, 2000.

Schmitter Philippe, Grote J., « Sisifo corporatista : passato, presente e futuro », in *Stato e Mercato*, n° 50, 1997, p. 183-215.

Soskice David, « Perché variano i tassi di disoccupazione : economia e istituzioni nei paesi industriali avanzati », in *Stato e Mercato*, n° 27, 1989, p. 333-378.

— *Product market and Innovation Strategies of Companies and Their Implications for Enterprise Tenure. A Comparative Institutional Approach to Cross-Country Differences*, Berlin, Wissenschaftszentrum, 1993.

— « Divergent Production Regimes : Coordinated and Uncoordinated Market Economies in the 1980s and 1990s » in H. Kitschelt, P. Lange, G. Marks, J.-D. Stephans, *Continuity and Change in Contemporary Capitalism*, Cambridge, Cambridge University Press, 1999, p. 101-34.

Strange Susan, *The Retreat of the State. The Diffusion of Power in the World Economy*, Cambridge, Cambridge University Press, 1997.

Streeck Wolfgang, *Social Institutions ad Economic Performance*, Londres, Sage, 1992.

Wade Robert, « Globalization and Its Limits : Reports of the Death of the National Economy are Greatly Exagerated », in S. Berger et R. Dore (dir.), *National Diversity and Global Capitalism*, Ithaca, NY, Cornell University Press, 1996, p. 60-88.

Zysman J., « National Roots of a « Global » Economy » In *Revue d'économie industrielle*, 71, 1995, p. 107-121.

Index des noms propres

Index thématique

M

N

O

P

S

V

W

Table des matières

Deuxième Partie

La sociologie économique contemporaine

Annexe

Utilitaires

Photocomposition : Nord Compo
59650 Villeneuve-d'Ascq

Armand Colin
21, rue du Montparnasse • 75006 Paris

N° projet 10086031 (I) 1,2 (OSBS 100°) NC

Dépôt légal : mars 2002

Achevé d'imprimer sur les presses de la
SNEL S.A.
Rue Saint-Vincent 12 - B-4020 Liège
tél. 32(0)4 344 65 60 - fax 32(0)4 343 77 50
février 2002 – 24283